内村鑑三聖書注解全集

第四巻

例　言

一、本巻はヨブ記に関する注解文を集め、その内容にしたがって配列編集したものである。

一、ヨブ記に関する注解文で本巻以外の他の巻に編集されているものもある。これらの関係については第十七巻の聖句索引につかれたい。

一、本文および引用の聖句には書きかえが加えられた。

一、各編の終りの年月および誌名はその編が発表された年月と掲載誌名とを、また年月および書名ならびに「初版」はその編が書籍として発行された書名および初版発行の年月を示す。

一、以上の諸点の詳細については、第一巻の「編集に関することば」を参照されたい。

一、本巻には巻末に解説をつけた。

目次

角筈聖書　ヨブ記

ヨブ記の研究 (三)

ヨブ記の研究

第一回

ヨブ記一―二章

今日からヨブ記のお話をしようと思います。これを思いついたのは、先ごろから本誌に出ているゴーデー先生の雅歌の研究によるのです。これはえらい研究でありま す。読者にとっては実に大なる福音であります。たぶん来月号で終わりになりますから、今度は私がゴーデー先生にかわってこれを述べたいと思います。ここに注意すべきは、雅歌を了解するにはまずヨブ記の了解がたいせつであることであります。喜びにあっていかに処すべきかを教うるものは雅歌であります。困苦にあっていかに処すべきかを教うるものはヨブ記であります。日本の今日のごとき困難の状態にあってはヨブ記を要するのであります。しかし、かかる困難の中にも、たまたま得意の境遇にある人があります。かかる人には雅歌がたいせつであります。

ヨブ記は四十二章あります。聖書中、最も長き書の一つであります。これをくわしく了解するには大いに学問がいります。されどもヨブ記が教えます主要な点はたれにでもわかります。学問がなくとも、老人でも少年でも、男でも女でもわかります。細部にわたりましては私にもわからぬ所がたくさんありますが、しかし重要な点は諸君に伝うることができると思います。諸君はたとえわからぬところはありましても、努めて毎日二、三章ずつ読んで来てください。

ヨブ記は偉大なる書であることはいうまでもありません。世界の最大著述といえば、ダンテの神曲、シェークスピアの劇作、ゲーテの『ファウスト』でありましょう。しかしこれらの最大の書以上の書で、価値を付くることができないほど無限に貴重なる書はヨブ記であります。世界にこれにくらぶる書はありません。しかしてヨブ記はその要点はだれにでもわかります。大著述の特徴は、その書の主要なる点はだれにでもわかるということであります。この無限に貴いヨブ記は実に偉大なる書でありますが、作者はだれであるかわかりませんが、人類がある間決して滅びざる貴い書であります。

ヨブが絶大の困苦と災厄に会うていかに身を処したか、いかにこれを耐え忍んだか、その艱難をいかに了解したか、彼の心の最も深き所をいい表わしたものであります。私はダンテとシェークスピアの書を読みました。ゲーテの『ファウスト』も読みました。読んでその偉大なるに驚嘆しました。しかしヨブ記を読んでこれにくらぶれば、ヨブ記ははるかに上であります。すなわち第一等の著であります。諸君は今これをよく了解できんでも、漸次に齢が進み経験が加わるに従ってよくわかって来ます。ますますこの書の価値を認むるに至ります。カーライルがある人に世界最大の書は何であるかと問われたときに聖書であると答え、聖書の中で最大なものはヨブ記であると答えたそうです。そこで彼は友人の請いに応じてヨブ記を朗読したそうです。その時あの気むずかしのカーライルは知らず知らず書中の人となり、音吐朗々みずからヨブのごとき気分になり、聴者は恍惚として、あたかもヨブ自身が語っているように感じたそうです。しかしてカーライル自身どこまで読んだかわからなかったということです。


ヨブ記の著者は明らかでありません。かかる著述をなす人は世界に二人とありませんから、たぶんモーセが書いたろうという人があります。この書の内容には古代の種々なことがあります。鉱山のこと、冶金のことがあります。もし人が鉱山や冶金の歴史を書こうとしたら、たぶんこの書から材料を取りましょう。モーセが書いたという説は傾聴に値するも、証拠がありません。これが雅歌と並んで読むべき書であるということから考えますれば、やはりソロモン時代のえらい人が書いたものでしょう。かかる大著述は、たとえ著者が不明であっても、これによって当時の社会を知ることができます。とにかくこの書は人生の最も深刻なることを表わしております。また人類のいろいろな事をしるしております。この書がよくわかれば現代の劇などはとうていくらべものになりません。あたかも児戯に類しております。富士山をヒマラヤ山にくらぶるようなものであります。

ヨブ記は単に著者の想像からできたものではありません。一つの事実を基礎として書いたのであります。あたかも忠臣蔵の作者がこれを書くにあたって吉良上野之介と浅野内匠頭の事実を基礎としたようなものであります。たぶんヨブという人があってその人の経歴を骨子として作者が自分の心底を書いたものでありましょう。ですからこれを全部文字どおりに事実として解釈するときは誤ります。

第一章一—五節　これは序幕で、ヨブの家庭のありさまであります。この記事を見れば、ヨブの家は最もうるわしい繁昌の家であることがわかります。ウツという所はどこにあったか不明でありますが、たぶんアラビヤにありましたろう。子の数は男女適当の数であります。家畜もたくさんあります。すなわち最も裕福な家でありま す。燔祭をささげたとありますから、彼は信仰のあつい人であったことがわかります。

六—一二節　幕が変わって天上の場となります。神の子たちがエホバの前に来て立っております。サタンも来て評定に加わっております。この記事は事実であるかどうかはわかりませんが、人生の事はこの世ばかりでなくまた天上においてもあるのです。すなわち舞台の上ばかりでなく楽屋（がくや）の内にもあるのです。ヨブの事はまさにそうであったのです。ヨブが地上にあって天上の事は何も知らないのに、天上では神の子たちが、エホバの前でヨブをほめていたのです。しかしてその中に一人の悪い者、すなわちサタンがあって、ヨブを誣告していたのです。

この世においても、われわれの間にかかる事がしばしば演ぜられるのです。少しく政治に通ずる人は、このサタンのやるようなことをよくやる人を見るのです。サタンとは何でありますか。人に真善なるものはないと信ずる者であります。彼は善も義もみな利益を目的としてなさるるものであると信ずるのであります。ある紳士がかつて私に問うて、「君、今まで宗教をやっていくらたまったか」ということがあります。その人はかかる問いを発することをべつに無礼とも思わないのであります。かような考えを持っている者は世間にたくさんあります。サタンはかかる者の頭（かしら）であります。彼らのやることはみなそろばんずくめであります。みな利益の打算であります。今日、世界の国際間の事もまたみな利益問題が主となるのです。

エホバはサタンの請いをいれてヨブの処置を彼にまかせました。今日の語でいいますれば、ヨブは真のクリスチャンであるかいなかをためされたのです。すなわち神とサタンの賭（か）け事であります。この世で信者と不信者とはその数はなはだ異なっておりますが、われわれがもし信者不信者をためす場合にはやはりこんな方法を取るのであります。サタンは神と賭けをして地上にくだりました。

一三―二二節　ヨブの家に臨んだ悲劇の場であります。一日の中に四つの災禍が起こりました。人生においてかような事は珍しい事であるが、不運が続く時は続くもので、これに類した事はあるのです。一年の中に数人の子を失った人の例もあります。しかしヨブはおのれを全く神にささげてあるから、この連続せる凶変に会うてかえって神をほめました。ヨブの信仰はこれによりて少しも動揺しません。神に向かって一言も愚かなことをいいません。ここにおいてサタンが負けてエホバが勝ちました。

第二章一―六節　再び天上の場であります。サタンがエホバに向かって、人間の最もたいせつなものは生命である、生命をそこなわれても不平をいわず信仰を維持する者はない、いかにヨブといえども、生命に危害を加えらるれば不平をいわずにいない、必ず神をのろわん、乞う、試みよといいました。ここに「皮をもて皮に換うる」ということはいかなる意味であるか、よくわかりませんが、たぶんむかしのことわざであって、人間は自分の命のためには何ものをも犠牲にするという意味でありましょう。

七―一〇節　幕は変わって、サタンはエホバの許しを得て再び地上に現われてヨブを打ちました。この時ヨブに臨んだ病気は、ある医師の言によれば、癩病の一種で白象病といういやな病気であったろうということであります。ヨブはかわいた灰の中にすわって身をかいております。これを見てヨブの妻は耐えきれなくなったのです。ヨブに向かって、神をのろうて死ねといいました。妻は第一番に負けたのです。しかしヨブは屈しませんでした。病も神の恩恵であるといいました。彼はくちびるでは神をのろいませんけれども、心の中には大戦争が始まったのであります。

一一―一三節　ヨブの三人の友人が彼の災いを聞いて見舞に来ました。第一の友は老人で、経験を語ります。第二の友は学者で、学問を語ります。第三は青年で、元気を表わします。一同、衣を裂いて悲歎を表わしました。ヨブは今日までは友人がおりませんでしたから、黙って耐えることができたのです。しかるに今までのあたり同情してくれる友を見ては耐えきれなくなったのです。これ人情であります。われわれはただ一人の場合には悲しみを忍ぶことができるものです。ヨブは今までは裕福で安楽な家庭にあって友人を慰める地位にあったのです。しかるに今反対に彼らから慰めを受ける境遇に変わったのですから一層悲歎におちいったのであります。

ここに問題となるのは、この世の人生観ははたして人間の苦痛を慰むることができるかどうかということであります。ヨブに臨んだような苦痛は連続して来ないにせよ、何びとにもある種類の苦痛は必ず来るのであります。この場合に何ゆえにかかる苦痛が臨むのであるかとの疑問が起こるのであります。作者は天にあった事の結果として地上のヨブに災いが臨んだことは知っているけれども、ヨブには天上のことはわからないのでありま す。われわれの苦痛の原因が天にあることを知れば、どんな苦痛でも耐え忍ぶことができますが、それを知らないから奮闘が起こるのです。あたかも学生が問題を与えられてその解答に苦しんでると同様であります。先生が解答を与えてくるれば、なるほどとすぐ合点がゆきますが、そうでないと、なかなか苦しむのです。人間と神との関係も同じであります。幕が開けて苦痛の原因が天にあったことがわかった時には、われわれの終生の奮闘努力がこれを解くためであったことを初めて悟るのであります。教授の良法は、学生をして自分で問題を解くに努力せしむることであります。神は人生の問題を解く方法をはじめから教えたまわないのであります。ここにおいて、ヨブ記は実に人生大問題の解釈を教うる最も偉大なる書であることがわかります。

第二回

ヨブ記三—四章

ヨブ記は長篇であるから普通に講義せば二年も三年もかかります。しかしこの度は研究というよりもむしろ大体のお話であります。大体の要点がわかれば、後は諸君がひとりで読んでも了解ができると思います。

四十二章より成る長篇でありますけれども、その内容にははっきりとした区別があります。前にも申しましたとおり、これは一つの劇《ドラマ》と見ることができます。

ドラマの文体であるということを念頭に置いて読めば大いに了解しやすいのです。劇としては登場人物ははなはだ少ないのですから、だれにでもすぐわかります。劇としてはその外形においてはごくつまらないものです。ヨブ記の尊いところは人の心中にある劇であります。先日ある人が私に向かって、ヨブ記は劇であるというからこれを芝居にして演(や)ってみたらどうですかと問いました。私はヨブ記の芝居を演るようなえらい役者がないと答えました。この芝居を演るにはカーライルのような人が役者とならなければできません。これを見る人もまたこれに相当した人でなければなかなか見るに堪えないと思います。ヨブ記は劇的にはできておりますけれども、むかしからまだ演ぜられたことはありません。近ごろサロメという劇があります。私はこれを見ませんけれども、その人物はたぶんヘロデ王、サロメ、その母なる王妃ヘロデヤ、バプテスマのヨハネらでありましょう。サロメ劇はこの世の普通の事柄を演ずるものでありますから、わかりやすいですが、ヨブ記はあまり心霊的で、これをはっきりわかるように舞台に上ぐることができません。

ヨブ記の内容を区分すれば次のようになります。

第一―二章　緒　言
第三―二六章　ヨブ対三友人
第二七―三一章　ヨブ独語
第三二―三七章　ヨブ対エリフ
第三八―四一章　ヨブ対エホバ
第四二章　結　論

第一は序幕でありまして、前にも申しましたとおり、天上の場と地上の場、すなわちヨブに臨んだ災厄の光景が見えます。これは Prologue とでもいいましょう。次はヨブと三人の友人との議論であります。これは第三章より第二十六章まで、全篇の半分以上を占めております。これがすめば次はヨブの独語(monologue)であります。時に少年エリフなるものがあって一部始終を聞いておりましたが、両方に誤りがありますことを認めましたから憤慨して、一方にはヨブを戒め、他方には三人を戒めて仲裁を試みたが結末がつきません。エリフの言も不完全で効果がありませんから、最後には神ご自身が語りたまいました。すなわち「ヨブ対エホバ」であります。ここでようやく結末がついて、その結果は第四十二章に明瞭にしるしております。この書は長篇でありますけれども次のごとく一言にいうことができます。

一、ヨブ自身の場合
二、三人の友人とヨブとの議論
三、ヨブが議論に勝って独言すること
四、少年エリフが、ヨブのことばも三人の友人のことばも誤れることを認めたから、仲裁のため飛び入りしたこと
五、エホバ自身語りたもうこと
六、結末がついて、ヨブは前よりも幸福な人となったこと

ヨブ記の内容は右のごとくでありますが、その主要な点はヨブと三友との議論であります。すなわち第三章より第二十六章まででありまず。この部分は全体いかなる事を教えているかがわかればヨブ記の大体がわかり、したがってあなた方各自がひとりで読んでもヨブ記全体がわかるようになります。

ヨブを慰めに来た三人の立場を考えて見れば、彼らは年齢と学才と境遇とがおのおの異なっております。しかし彼らは共通の人生観を持っておりました。それゆえにいっしょにヨブを慰めるために来たのです。されど三人の友人の立場とヨブの立場とが異なっておりますから、ここにヨブと三友との間に思想の大衝突があったのです。ゆえに第一にこれらの人々の立場を知ることがたいせつであります。第二章の終わりに三人の友がヨブの惨状を目撃して声をあげて泣いたとありますが、これはわれわれ日本人にはちょっと了解に苦しむところでありまず。そはわれわれは声をあげて泣くなどということはまことにざまの悪いことで人に笑われるのです。この点において日本人は西洋人と大いにちがっております。西洋人は悲しい時には声を出して泣きます。彼らはその真情を表わすのです。これはまことにうるわしいことであると思います。

第三章　七日七夜、悲歎の沈黙にくれていましたが、ついにヨブは耐えきれないで声を出しました。その声の出し方が変わっております。神をのろわない、また自分の身をのろわない、しかし何かのろわざるを得ませんでした。ここにおいて、何のとがもなき自分の誕生日をのろいました。そののろい方は実に猛烈であります（ここにレビヤタンうんぬんのことがありますが、この解釈は

他日に譲ります)。ヨブののろいの言葉は一々説明せば説明できますが、要するに生まれた日と母の胎にやどりし日を繰り返してのろったのです。何事でも言葉を反復していえば意味が強くなるものです。ヨブは言葉の許すかぎり強くのろったのです。五十歳以上になって進退これきわまり死を願うような逆境に遭遇しない人はめったにないと思います。ヨブの場合は実に逆境以上の非常なる逆境であります。彼がかようなのろいの言葉を発するのはむりのないことであります。クリスチャンの最も悲しいことは、自分の唯一の信頼(たより)としている神が見えなくなることであります。神が見えなくなると、自分が何のためにこの世に生まれて来たか、そのことがわからなくなるのです。人生には必ず懐疑があります。これが解決できないで華厳の滝に飛び込んだ者もあります。

しかしクリスチャンの懐疑はこれとちがいます。今まで照らしていた光が見えなくなった時、すなわち今までたよりにしていた神が見えなくなった時に彼の懐疑が来るのです。金満家や身分のある人が零落したほどあわれなものはありません。そのごとくに、クリスチャンが神が見えなくなった時ほど悲しいことはありません。これほどあわれなことはないのです。ヨブはすなわちこの最もあわれな場合に遭遇したのです。彼ののろいの言葉、歎きの声は、ここに書いてある言葉だけで説明してもよく了解ができません。もし諸君の中で少しにてもヨブのごとき境遇に会った人は、その経験から顧みて、ヨブが自己の生命を苦痛に感じたように、その生命すなわち生きてるということを苦痛に感ずるでありましょう。神を愛するクリスチャンにもかかる災いが臨むのであります。しかしクリスチャンにはこれは恩恵として来るのです。私にも自分が生きていることが苦痛になったほどの災いが臨んだことがありました。その時、私は苦痛に堪えませんから、ある牧師に相談に行きましたら、その牧師は私に向かって「君は便通がないからそんなに苦しむのだろう」といいました。かかる苦痛を実験したことのない人にはわからないのです。少しでも悪魔に打たれた経験を持てるクリスチャンにはヨブの経験はわかるのです。世間の多くの人にはわからないのです。われわれはこの世の人にいれられないために歎きません。われわれクリスチャンにはわれわれの歎きがあるのです。それはわれわれの唯一のたよりである神が見えなくなった時であります。われわれにはこれより大きい歎きはないのです。青年諸君は多くはかかる苦痛を了解できないでしょう。しかし諸君は他日経験を積むに従ってこれを了解することができるようになります。

第四章　テマン人エリパズのことばであります。この人は三人の中の老練家であります。すなわち彼らの代表者であります。これによって三人の人生観と彼らのヨブに対する態度がわかります。テマンという所はどこであったかは、聖書の他の所よりわかります。すなわちエドムという国で、死海の南にある商業上たいせつな所でありました。商業上繁盛な所でありましたから、この地にいた学者も商売上の感化を受けて、いわゆる商売的人生観を持っていたのです。すなわちテマン主義とも称すべき一種の人生観を持っていたのです。単にエリパズ一人の人生観ではないのです。

二節以下　「さきになんじは多くの人を教えさとせり……」

ヨブはこれをいわれた時は一言もなかったのです。かつては人を慰めた身がかかることをいわれてはたまらなくなったのです。しかしエリパズのいうたようなことは、人生の艱難をつぶさになめた人はいわないのです。エリパズは老練家であったけれども、まだ人生の真の艱苦をなめたことのない人です。彼はまだ艱難の学校を卒業しないのです。ヨブ記の作者は人生の艱苦をつぶさに味おうた人であることがわかります。エリパズのことばは慰めのためのことばであったけれども、最初にまず一針をヨブに喰らわしたのです。

一〇節以下　ここには、ししの種類をあげております。要するに、ししのような猛（たけ）きものでも、神にあえばすぐに滅ぶ、いわんや弱い人間においてをやと、ヨブにあてこすったのです。これヨブに与えた第二針であります。人の盛衰はみなその所業の結果による、罪なくして滅ぶる者はない、ヨブに臨んだ災いもみなその罪の結果であるといってヨブを責めたのです。私にもこのようなことがありました。私が非常に逆境にあった時に、キリストの深いことを知らない残忍、無慈悲なる教会信者が来て、それは「あなたの罪の結果である」というて責めました。かくいわれた時には私は一言もないのです。エリパズのその多くのことばは、ヨブには慰めとならないで、かえって苦痛となったのです。非常なる歎きの上にまた歎きが加わったのです。

　十二節以下　これは有名なるヨブ記の幽霊談で、文学的価値のあるものです。いかなる文学にもかほどにぞっとする幽霊の話はないのです。シェークスピアのマクベス劇の幽霊もこれには如《し》かないのです。しかし訳文ではそんなにおそろしくあらわれておりません。幽霊の話はわれわれは始終聞く話であるから、この記事もいたって平凡に聞こえます。

　しかし平凡に聞こえますけれどもその中に深い真理があります。人生蜉蝣のごとしとか、空《くう》の空なるかなというようなことは常套語であるからそんなに強く響きませんが、しかしただ一人寝ている時に、しかも幽霊が出てこれをいうときは、たれか感じないものがありましょう。深い印象が骨身にしみわたるのです。場合によりて単純なる真理も深く印象を与うるものでありますから、ここに幽霊の話をもって人生観を語ったのでありましょう。

　人生蜉蝣のごとく何びとも必ず滅びるということは、この場合ヨブにはだいぶ慰めとなったのでしょう。三人の友人の立場はエリパズのこのことばでわかります。義人には幸福が来たり悪人には不幸が来るとは彼らの人生観であります。ゆえに彼らは、不幸が臨んだ人はその人は隠れて悪事をした結果であると主張したのです。ここにおいてヨブは自分のことを解することができなかったのです。これまでヨブもまたテマン人と同様の人生観を持っていたのです。忠実に神に仕えていれば幸福が来たり、罪を犯せば不幸が来ると考えていたのです。しかるに自分は罪を犯した覚えがないのにかかる不幸が臨んで来たから、自分で自分のことがわからなくなったのです。ここにヨブの弱味は、彼は三人と同様の人生観を持っているから、すなわち自分で自分と三人とに反対しなければならないことです。平常の健康なる場合には三人の友人の反対に対することができますが、今は彼は悲惨におちいっていて、一方には唯一の望みである神が見えなくなり、すなわち神が彼を捨てたかのごとく思われ、他方には自己の申し分は三人の友と共に自分を裏切っているのですから、彼の苦痛のほどは実に察するに余りあるのです。

　彼ら三人の友人はヨブが始終彼らに話していた言葉を捕えて彼を責めたのです。しかしてエリパズは経験をもって、ビルダデは学問をもって、ゾパルは元気をもってヨブを責めたのです。なんじは何か隠れて罪悪を犯したにちがいないから、今それをいい表わして謝せよ、さすれば再び元の幸福にならんとは、彼らがひとしく主張するところであります。

私はある知人が姦淫罪を犯したという嫌疑を受けてその教会の老牧師より白状せよと手ひどく詰責せられたことを聞いたことがあります。その人は全く覚えのないことでありますからずいぶん苦しい目にあったということです。かかることは教会には珍しくないのです。ヨブの場合もまたそのとおりです。彼は犯罪の覚えがないから、彼にのぞんだ不幸の解決がつかないのです。ここに劇的価値があります。神がわれらに災難を与えるのはわれわれが不善をなしたためではありません。何か他に深い目的があってわれわれに災いをくださるのです。災難の大小によりてわれわれの罪悪の大小を判別することができないのです。ヨブの三人の友人にはそれがわからなかったのです。これヨブの苦痛が大なるわけでありますす。ここに起こる問題は、神は不公平ではないかの問題であります。われわれは天道是か非かと叫ぶことがあります。かかる場合には解決を与えるものはヨブ記であります。

第三回

ヨブ記三—三一章

前述のごとくヨブ記は六つの部分に明らかに区分することができます。今日述ぶる所は第二および第三の部分であります。すなわちヨブ対三友人の議論とヨブの独語とであります。ヨブと三友人は交互（かわりばん）に三回ずつ議論しました。あたかも法廷における原告と被告の弁論のようなものであります。弁論はヨブから始まって、しかしてヨブは三友人のおのおのに答えたから、都合九度したことになります。第三回目にはエリパズのみ極端に論じ、ビルダデはわずかに一言をなし、ゾパルは一言をもなし得ざるに至りました。ここにおいてヨブは戦場を全くわがものにして長い独語をしたのであります。前にも申しましたとおり、三人の友人のいう趣意は明白であります。神は正義の神であるから、正義には幸福をもって報い不義には不幸をもって報ゆること、さればヨブに不幸が臨んだのはヨブが不義を犯した明白なる報いであること、よって元の幸福なる境遇に帰るにはヨブは悔い改めて神と彼らの前に謝罪することであります。彼ら三友人はさすが教育ある人々でありますから、最初から明らさまにヨブに向かって「なんじは悪人である」とはいいません。ヨブがおのずから自分の罪を悟るようにいいかけました。われわれの場合においてもそうであります。初めから強くはいわないものであります。しかるにヨブには彼らの第一回のことばは了解できませんでしたから、彼らは第二回目に強くいい放ったのであります。それでもヨブは悔い改めませんから、第三回目に老人のエリパズは思い切ってヨブは罪悪を犯したと鋭く攻撃したのであります。彼らの考えによれば、ヨブに臨みし災難は彼が罪悪を犯した何よりの証拠であるのです。しかしヨブは罪悪を犯した覚えは少しもありませんから、エリパズの極端なる攻撃に対して少しも屈しません。第二十二章はエリパズの最後のことばでありますが、実に深刻をきわめております。第五節からは強きいい方であります。これを見れば、ヨブは無慈悲な事をした明白な証拠となるのであります。今日の裁判法から見れば何の取るところもありませんけれども、当時の因果応報を信ずる人には唯一の証拠となるのであります。私自身もまたかかる経験を持てる友人を知っております。かの神癒を信ずる人の病気の解釈は多くはこれであります。人の病気にかかるのは罪悪の結果であるから、これを癒やす最良の方法はその罪悪を発見してこれを除くことである、罪がきよまれば病気はなおると信ずるのであります。天理教などもまたそうであります。天理教信者の考えには何病気でもなおらぬことはない、病気は神の刑罰であるから、罪を悔いて天理王の命(みこと)にささげ物をすればなおると信じております。ある盗賊は重い病気にかかって非常に苦しんでいる時に天理教のご利益(りやく)をきいて、罪ほろぼしのために今まで盗んだたくさんの金を天理王の命にささげたら、病気はすぐになおったということであります。

ヨブが三友人に対する答えを研究すれば非常に興味あることであります。三友の議論は堂々たるものであります。正義には幸福が来たり不義には不幸が来るという因果応報の理を自由に振り廻しております。ゆえに議論ではヨブは負くるのであります。論理からいえばヨブの議論は支離滅裂であります。三友人はかつてヨブが健康の日に彼らに語ったことばを捕えて来て主張しますから、ヨブには一言も弁解の余地はないのであります。しかしヨブにはこれぞという思い当たる罪悪の覚えがありませんから、エリパズがたくさんに並べた罪悪に対してはその誣告を大いに怒らざるを得ないのであります。ヨブは神は正義には幸福、不義には災いをもって報ゆることは大体において信ずるも、かくも大なる災いが臨んだことは全く神に対する不義の結果であると信ずることはできないのであります。ヨブのことばは多くは感情に走っておりますから、ある時は友人をののしり、ある時は神に不平をいい、議論としては筋目は立っておりません。しかしヨブ記の作者はよく人生を知ってる人であります。議論の勝利は筋目が立っているか立っていないかにあるのではないのです。論者の深い経験が勝利を与うるのであります。この作者はこれをよく知っております。たぶんこの作者は大いに人生の経験に富み、加うるに大なる天才であったことが察せられます。議論の立場としては、論理上のことは敵にすべてを与え自分はただ経験という一事を握っているにすぎないのであります。人の深き良心の声は犯すべからざるものであります。人を議論でやりこめたことは勝利にはなりません。吾人には論理で圧服することができないものがあるのです。ルーテルはローマ法王から派遣せられた当時第一の神学者エックと対立して議論したときに、論理ではりっぱにエックのためにやりこめられました。しかしルーテルは負けたけれども勝ちました。これルーテルは論理をもって侵すことのできない信仰の実験を深く内心に持っていたからであります。かくのごとく、ヨブも議論では負けたけれども実験で勝ったのであります。ユダヤ人は元来律法主義、論理主義であるから、ロマ書やガラテヤ書にあるパウロの議論を見て、論理上はなはだ価値がないものとして冷笑しております。論理上より見ればさもあることであります。パウロの議論には整然たる論理がありませんけれども、彼には論理を超越した実験があるのであります。その実験が彼をして最後に勝たしめたのであります。今日の語でいえば、ヨブは実験家で三友人は神学者であります。われこそは第一流の神学者であるとの自信を有する舶来の神学博士は、議論では実に堂々たるもので、精神界の事は解決できないものはないと信じているのです。もし試みに悲哀に打ち沈める老婆が来たって精神上の煩悶を打ち明け、その観決を求めまするときには、彼神学博士は贖罪の原理はどうの、神の摂理はどうの、ルーテルいわく、アウガスチンいわく……と、その煩悶の原因を堂々と論ずるも、その老婆にはあたかも雲をつかむようなもので、何の解決にもならないのであります。しかし信仰の実験家はこの老婆に解決を与うることができるのであります。学校に学んだ人と実験家とはかような区別があるのです。実験は学問以上であります。諸君の中のごく年の若い人でも、世界の大学者もわからぬ大真理を実験することがあります。エリパズの極端な攻撃は、彼をしてついにヨブに対しては「なんじは悪人である」といい放たしめました。今の宣教師は悪意をもって横暴をきわむるのでありませんが、その神学にたより、それで万事を解決せんとするのであります。「一寸の虫にも五分の魂あり」、境遇を異にし生活を異にする日本人には、彼ら宣教師が解釈のできざる事があるのであります。西洋の宣教師が何百人来ておるも日本人を教うることができないのは、彼らはわれらのような内心の実験を解することができないからであります。

まことに前に申しましたとおり三友人は当時の神学者でヨブは実験家であります。ヨブのことばの中で私の好むところのものを諸君に紹介しましょう。

第六章一四―二〇節　これは有名なことばであります。日本の文章では意味はよく現われませんが、英文で読めばなおよくわかります。パレスチナやアラビヤにおいては川の水のあるのは春の雪解けの時節だけであります。ゆえに旅人にとって最も慕わしいのは水であります。今旅人は、雪解けしてまだ間もないから、あそこに見ゆる谷川には必ず水があるにちがいないと信じて行って見れば、水は絶え果ててないから、旅人の失望思うべきであります。（ここに「テマの旅人」といいましたのは、たぶんテマン人エリパズに当て付けていうたのでありましょう。）ヨブは彼ら三友人を谷川の水のように慕うたのであります。すなわちヨブは彼らから慰めを得ようとしましたが、会うて見れば砂漠の川のようで何の慰めにもならないのであります。私自身もまた時には諸君にさように思わるることがあるかも知れません！

第一六章二節　この日本訳も不完全であります。日本訳で読めば、なんじらはわれを慰めんとしてかえってわれを困らせるものであるとの意味でありますが、これではあまり意味がなさすぎます。英訳で読めばさらに強く深く響きます。

第一六章二〇節　これ実に心臓をえぐらるるようなことばであります。しかして何ともいい得ない情がこもっております。ヨブは彼らに絶望して涙をもって神に向かったのであります。

第一九章　この章はヨブの思想の絶頂であります。彼は友人をののしっているばかりでなく、二十一節では友の同情を呼び求めたのであります。「わがこの苦痛は人がわれを打ったためではない、神が打ったのだから同情してくれ。無益な議論などはよして同情してくれ」という深刻なる叫びであります。これをもって見れば、ヨブの友人に対する態度は始終変わっていくのがわかります。これ冷静な学者から見れば冷笑に値するにすぎません。しかし慰安を得んとするの真情はここにあるのです。批評家の立場は議論でありますけれども、ヨブはここに議論するのでありません。ヨブは感情に訴えますから、あたかも川が洪水をみなぎっているようなものであります。ヨブはかく変わっていく間にますます神に近づきつつあり、また彼の思想はいよいよ聖められつつあるのです。彼は責められれば責めらるるほど神に近づいているのであります。苦痛に会うほど、責められるほど、光明に向かいつつあるのであります。これ実に動かすことのできない実験の結果であります。わきから見ればヨブは寄る所の港のない船のように見えますけれども、実はそうでないのであります。彼はますます安全な港に向かって進みつつあるのであります。いよいよ近く光明に向かっているのであります。十三節にあるように、不幸連続し、ついに最もいとうべき癩病にかかった時はだれでもこんな考えになるのでありましょう。二十三節—二十四節の

わがことばの書き留められ、鉄の筆と鉛とをもて…

は、ヨブが苦痛の絶頂に達して何にたとえんようもないから自然に出た言葉であります。ヨブは苦痛のこの絶頂に達して神の光に接したのであります。神は確かに現われてヨブのために弁護してくださる、たとえこの肉の身は朽ち果てても自分は神を見たてまつることができる、神を友人として見ることができる、神を救い主として仰ぐことができるとの確信に達したのであります。これを

もって見れば、ヨブはキリストより千年も前でありますけれども、おのずからキリストを望んだことがわかります。信仰はキリストに至って絶頂に達するのでありまず。信仰の進歩は非常に値(あたい)貴くあります。ヨブが信仰の進歩には貴き代価を払わなければなりません。ヨブが信仰の極致に達したのは実に言語に絶した苦痛の代価を払うたからであります。ヨブは先生から教えられたのではありません。苦痛の絶頂に達し自分自身弁護することができなくなったから、どうしてもキリストのようなお方が出でて彼を弁護してくださるという信仰に達したのであります。彼ら友人にはこれがわからなかったのであります。ヨブはもう信仰の絶頂に達して、ある都を見たのであります。その後は彼は安心したのであります。友人の攻撃に対しても苦痛を感じないのであります。第十九章はヨブ記の絶頂で真に壮絶美大の所であります。神が新しく見えたからヨブは勝利を得たのであります。議論でなく実験で勝ったのであります。神が見えたから安心ができたのであります。まだ完全な安心ということはできませんけれども、彼は彼の苦痛に耐えることができるようになったのであります。

第二九章　これはエリパズの乱暴なことばに対するヨブの答えであります。直接の答えではありませんが、ヨブが前の健康な時、幸福な時のありさまを追想して、彼は決して無慈悲な事はしなかったということを述べたのであります。

第四回

ヨブ記三二—四一章

第三二—三七章　これはエリフのことばであります。ある点からいえばヨブ記の中で最も興味のない所であると思います。ヘブライ語で読んでもおもしろくないということであります。言語の使用法も劣等であるし、第三十二章前にあるような偉大なものでありません。私は自分で読んでみて、あまりくどくどしく感じます。でありますから、ある人は、エリフのことばはヨブ記の記者が書いたものでない、前の章とくらべてあまりに変化が著しいから、たぶん後の人が書き加えたものであろうといいます。しかし私はこれはヨブ記の中でやはりたいせつな部分を占めていると思います。他の所に比較せばきわめて平凡でありますけれども、よく熟読せばなかなかたいせつであることがわかります。

エリフは青年であります。ヨブ対三友の議論を立ち闘きしていたのです。三友がとうとうヨブにやり込められ、ヨブは議論の戦場を独占しているのを見て、エリフは大いに憤慨したのです。両方共にいうべきことがあるのに沈黙したのは心得がたしと感じて、いわゆる飛び入り演説をしたのであります。第三十二章四節は大いに東洋流であります。第八節は有名なことばであります。第九節はあてこすったことばでありますが、この場合には適切であります。「私はつまらない一青年であるけれども、神より知恵をもらえばいうことができる」という謙遜な態度であります。そうしてエリフのいい方は三人の友とはちがっております。エリフはヨブに同情をもって話しました。三友はヨブをはげしく攻撃して彼に同情がありませんでした。エリフのことばも強くはありますが、しかしその内に同情があります。彼はどこまでもヨブの弁護者をもって任じたのであります。無名の一青年にかかる同情心を持たせたヨブ記記者の神学はよくわかります。三人の友は、神は正義の神であるから悪人には不幸を下し善人には幸福を与える、換言せば、不幸が臨めばその人は悪人であるという何よりの証拠であるからヨブは確かに悪人である、罪を犯したに相違ないと主張したのであります。エリフはこれに反対していいました、人に災難の臨むは悪人を罰するためばかりではない、他にも目的があるのである、それは神は人に災難を下してその人の弱きことを悟らしめ、またより大なる不幸が臨まないように警戒せしむるためである、不幸は罰としてのみ来たるものでない、人は傲慢にならんとした時に神はその人に苦難を下してその不遜をさとらしめるのである、その人の傲慢をそのままに打ち捨てておけばそれがためについには霊魂までも失うに至るから、彼を警戒するために災難をくださるのである。三友のことばは単刀直入でありますがエリフのことばはそうではありません。善人にも災難が来る、しかしそれは彼により大なる災難が来ないためであると。これ実に大なる神学思想であります。同情はより善き知識のみなもとであります。もし私が非常な災難に会うて困っているときに、三人の教会の神学者が私を慰めるために来たと仮定せば、これらの神学者は三人の友がヨブに対したように私をやり込めなければやまないでありましょう。そうして彼らのいうことは私には何の慰めにもならないのでありま す。しかし私の家にいる女中か書生でありましても、私に対する大なる同情をもって語りまするならば、そのいうところは神学者以上のことばをいうのであります。エリフのいう「人に災難の臨むは、より大なる災難が臨まないためである」とは大なる真理であります。私どもが盗難に会うたときに、これに警告を加えられて、それよりもより大なる盗難をまぬがるることができたことを感ずることがしばしばあるのであります。病気にかかった時などもそうであります。吾人にとって最大の災難不幸は、神を見失い、永遠の生命の信仰を失い、それに対する欲求さえもなくなることであります。吾人にこれよりも大災禍はありません。われわれはかく神を見失うような大不幸が来ないように常に祈るのであります。以上は、エリフの思想の第一であります。第二は、災難を右のように考えてそれでも解決がつかないときは、人はすべて神を解決することができないものであるから、神の命令はこれを解することができんでも、絶対に彼に服従しなければならないということであります。エリフの長いことばの中で有名なるは第三十三章十三節―三十節であります。以上述べました二つの事を念頭に置いて読めば了解することができます。その第十三節はエリフの第二の思想であります。人生はあまりむずかしく、こみ入っているから、吾人に起こるすべての事の理由を残らず見出だすことができないのであります。信仰の浅い人は吾人に起こる事をただちに説明します。あの人はかくかくの悪事をしたからあの不幸が臨んだ、かの人はかくかくの善事をなしたからかの幸福が臨んだと。

第三三章二三、二四節は、半分わかって半分わからないような預言であります。これ神が肉体となってわれわれ人間の間に下りたもう、すなわちキリストの現われたもう預言でありましょう。デリッチ氏のごときはそういうております。私もそう思います。一つの仲保者が神と人との間に立ちて二者の和合を計り、人の神に対しまつるべき態度を教えてくださるならば、神は人をゆるしてくださるというのであります。吾人と神との間にかかる友人が来て二者の和合を計るならば、吾人に真の平和が臨むのであります。しかしかかる仲保の役を務むるのは人間ではできないのであります。真の仲保者は神ご自身でなければなりません。エリフはここに彼自身以上すなわち神なる仲保者のことについていい得ることは明らかであります。吾人の煩悶の最後の解決は人間同士ではできません。イエス・キリストは最後の解決を与えてくださいます。実はヨブに臨める苦難はキリストに臨める苦難を代表せるにすぎないのであります。ヨブに臨める苦難の説明は、キリストに臨めるさらに大なる苦難の説明であります。神は仲保者によりて吾人をあがない、幸福を奪回（とりかえ）してくださるのであります。しかしこの場合、吾人の肉体が健康になり財産はもとのようにたくさんになったとて幸福が奪回されたということはできません。仲保者によりて神よりゆるされたときは、健康以外、財産以外に吾人に幸福が来たるときであります。要するに苦難（くるしみ）はより大なる苦難に対する警告であります。そうしてそのことの解釈ができなくとも、神のなしたもうことであるから服従せよという、これがエリフのことばの大意であります。最後の解決は神がわれわれに与えたもうのであります。いま一つのたとえをもってお話ししましょう。ここに一人の父に五人の子がありました。第四男は孝行者で家の誇りであります。しかるにどういうわけですかわかりませんが父は突然その子を打擲（ちょうちゃく）してひどい目にあわせたのです。その理由はだれにもわかりません。むろんその子にわかりません。また兄弟たちにもわかりません。そこで三人の兄はその打たれた弟のもとに行いて、お前がお父さんから打たれたのは何か悪いことをしたためであるからその悪事を白状しろ、そうすればお父さんはきっとゆるしてくださる、さあ白状せよというて責むるのです。しかしその弟には悪事をした覚えはないからますますわからなくなります。大いに煩悶します。兄弟からは攻められるし、その理由はわからないし、悲歎やるせなく大いに困っている時に、季（すえ）の弟が来て、打たれた兄に同情して慰めます。その時に彼は少しは慰められましたけれども全然満足せられませんから沈黙しております。その時に父自身が現われます。さきに打擲した理由はべつに説明しませんけれども、温顔もってその子に接します。するとその子には、理由は聞かんでも父の温顔を見ただけで煩悶は解決します。再び精神に平和が来ます。これと同様に、第三十八章において神ご自身が現われてヨブに答えたもうたのであります。このことばは実に偉大なことばであります。エホバのヨブに対することばの大意は二つあります。一、なんじは宇宙人生の事はみな了解できると思うや。二、よし了解できるとしても、われなんじに宇宙万物の支配をゆだねんに、なんじはこれに堪えあたうや（むろんできませんといわしむるためである）。神にかくいわれましたためにヨブは一言もなく沈黙したのであります。私は青年時代にヨブ記を読んで思いました、三友人の説明は説明にならず、エリフの説明は半説明である、されば最後に神ご自身が完全に説明せらるることであろうと。しかるに神ご自身のことばは読んでも説明にならないと思いまして失望したことがありました。諸君もこれを読まれたならばそのように感ぜらるるでしょう。

第四〇章三―五節　エホバはヨブのこの服従のことばを聞き、再び空中より語りたもうたのであります。しかしてヨブはついにまのあたりエホバを仰ぎ見たのであります（四二・一―五）。ヨブの悔い改めと服従と、しかしてヨブが最後に目でエホバを見たことが万事を解決したのであります。前述の、父に打たれた第四子が最後に父の威厳あり愛のある顔を見て解決ができたと同様であります。私は諸君にいかに完全なる説明を与えても諸君の煩悶疑問に解決を与うることができません。諸君自身が心霊（こころ）の目に神を見ることができた時に、諸君の大問題の解決ができるのであります。吾人信仰生活において最もたいせつなることは、霊眼をもって神を見ることであります。神を見ることができたときに吾人の大問題が解決せらるるのであります。

第五回

ヨブ記四二章

前回に述べましたとおり、ヨブの三友のことばに一面の真理はありますけれども、これだけでヨブに臨んだ災難のすべてを解決することはできません。ここにおいて青年エリフは飛び入り演説をしましたが、これとてもヨブの心を平和にせしむることができません。でありますから、最後にエホバご自身が大風の中より語りたまいました。諸君はこのエホバのことばを読んで、ヨブはどうして満足することができたかを疑わざるを得ないでしょう。第四十章十五節以下に河馬のことがあります。ヘブライ語のベヘモスという語を河馬と訳したのです。第四十一章に至って、河馬のことを措《お》いて、わにのことを述べております。これは前にありましたレビヤタンをわにと訳したのです。河馬もわにも獰猛でありますから、当時の人の考えにては、人間に支配することができないとしていたのであります。もっとも今日では河馬もわにも動物園に飼養しておりますからその支配は容易であります。しかしヨブの時代は今より三千年も前でありますから、かかる獰猛な動物は人間には支配ができないと思われたのはむりないことであります。とにかく宇宙万物は人間が支配することができないということを示したのであります。艱難が臨んだ理由をいかに哲学的に解釈ができましても、真の平和が来ないのであります。ただ神の愛のみ顔を拝し、み声を聞いて初めてすべての疑問が氷解し、真の平和が来るのであります。ヨブには神のことばが解釈ができませんでも、その愛のみ顔を見たばかりですべてが解決し、真に満足することができたのであります。もしこれが仏教の書であるならば、ヨブに艱難の臨んだすべての理由をことごとく説明して、しかる後に神が現われ来たるでありましょう。キリスト教はこれと異なります。神自身が現われて直接に語りたもうのであります。そうしてそれで万事の解決がつくのであります。

第四二章一—六節　ヨブよりこのことばを聞かんがためにヨブにかかる大災難が臨んだのです。このことばをもって結着がついたのであります。第七節以下は人情ありのままを表わしております。正義の報いとして苦難が去り幸福が来たるというこの世的の応報をよく表わしております。ここにはなんじの友を「怒る」とありますが、これは「喜ばず」というくらいの意味であります。「一ケセタ」は幾らにあたりますか、よくわかりません。三人の娘の名は、第一は鳩、第二は情美、第三は富裕繁昌の意味であります。かくしてヨブは旧に倍した幸福を得て、いわゆるこの世的にめでたし、めでたしの終わりを全うしたのであります。

ヨブの災難は罪の結果であると詰問した三友のことばは雄大であります。エリフのことばに至っては大いに低下するように思われますが、しかしその中にもまた真理の真珠があります。エホバのことばに至ってはべつに深遠なる真理と称すべきものはありません。ヨブに宇宙万物の支配ができるやいなやを問われたのであります。ヨブは自分に臨んだ災禍の説明を与えられませんでしたけれども、神ご自身のお顔を見たので解決ができたのであります。ゆえにもしこの書が信仰の書であるならば、第四十二章六節にて終わりになることを望むのでありま す。ある人は、第七節以下を見ては宗教の書としては不適当であるといいます。私もさように思います。ヨブは第七節以下のごとく倍旧の幸福な身になったとせば、はたして三友のことばのごとく災難は神の刑罰として臨み幸福は神の報いとして来たるということに帰着します。このわずか十節ばかりの記事にてヨブ記がこわされるような感がします。

この終わりの記事を誤解している信者が多くありま す。ヨブ記の読者が途中をいそいで早く結末を知りたがるのはむりないことであります。この記事よりして、ある人は不幸に沈んでる人を慰むるに「あなたが今苦痛に悩んでいるのはただしばらくの間です。やがてヨブのように再び幸福になります。しかも旧に倍した幸福が来ます」といいます。しかしかかることをいうのはよろしくありません。こういうことを聞かされる人は実に不幸であります。ヨブ記は第四十二章六節で終わっていれば害はないのです。私自身でさえも災難に出会わしたときは、ヨブのように最後には楽になると思うたことがあります。されどパウロやペテロやルーテルなどの終わりはこれとちがいます。彼らはヨブの最後のように幸福にはなりませんでした。全く反対でありました。かかる点から考えてみますれば、この記事は後世の付加物であると思わるるも当然であります。でありますから、諸君はヨブ記を読まるるときは、第四十二章六節で終わってるものと思われんことを望みます。ヨブがはたして真に信仰の人であったならば、第四十二章六節の状態は彼にとっては幸福の絶頂であったにちがいありません。その後の数字上の幸福はヨブにとりては最大なるものではありません。単に付け加えられた幸福にすぎないのです。ヨブはこの最後の数字上の報いをもって幸福であると考えたならば、彼はいたずらに苦難のやり損をしたのであります。

この最後の記事はかく有害であるように思われますが、しかしわれわれはこの部分を必ずしもヨブ記から取り除かないでもよろしいと思います。旧約聖書には来世の観念ははなはだ少ないのであります。神の事を説明するには舞台があまり狭くあります。ですから神が人間の正義に報いらるることを説明せんにはどこかにその場所を見出ださなければならんのであります。第十二節に

エホバかくのごとくヨブを「めぐみて」

とありますが、この「めぐみて」は「報いて」とは意味が大いにちがいます。もし「報いて」とあれば、三友のことばのごとくになるのです。「めぐんだ」とあれば、ヨブが神の子として父なる神に対しなすべきことをなしたゆえに、神の方でも父なる神としてそのなすべきことをなしたのであります。われわれが自分の子に対してもそうであります。子が父に対してなした善事に対し、父は義理ずくめにそれに報ゆるのではなく、父として恵んでやるのであります。ヨブが沈黙を守り、子として絶対的服従の態度に帰ったときに、神は父としての恵みの態度に帰ったのであります。前に述べましたとおり、旧約には来世の観念がはなはだ微弱であったゆえに、この世の事をもって来世の事をいい表わさなければならなかったのであります。であるから、ヨブは羊一万四千匹、らくだ六千匹……等の数字上倍旧の財産および子女を与えられ、またこの世の長寿を得て子孫四代までも見ることができたともあるのであります。西洋文学ではかかるい表わし方を Poetic justice といいます。事実は苦難をもって終わっても、それでは気休めにならんから、何かめでたし、めでたしの句切りをつけなければならないのであります。ヨブのこの最後の事は事実であるかいなかは不明でありますが、これはたとえ事実であったとしても、ヨブにとってはだいじな事ではなかったのであります。諸君がゲーテの『ファウスト』を読まるるならば、その結末のこれに彷彿していることを見ます。これファウストのこの世の苦難の生涯を句切りよくせんためであります。これと同様に、ヨブにとっては神を見たことが最大の幸福であったのであります。ヨブが信仰の人であった以上、彼は神を見ないでこの最後の幸福だけで満足ができなかったことは明らかであります。どんなに家が繁昌し、どんなに子孫がふえたとて、いったん失った子が帰って来なければ真の幸福にはならないのであります。私自身の実験から考えてもそうであります。ゆえにヨブは羊一万四千匹……得たにせよ、それらはヨブの心全体を慰むる根源とならないことは明らかであります。ヨブ記の最大の目的はヨブに神を示すことであります。

人間の最大の幸福は神を見ることであります。第四十二章六節は人間最大幸福の絶頂であります。われわれは最愛の妻子を失ったにせよ、もし神を見ることができれば、その神は自分から取りたもうた妻子をば決して悪しくは取り扱いたまわないことがわかるのであります。私は一年の中に五人の実子を失った人がなお神は愛なりというたことを聞いております。またある人が信者なる癩病人に向かって、もし神が真に愛であるならば君の癩病を取り去りたもうにあらずや、しかるに君が癒えないでますます悪しくなるのはどういうわけであるかと問いました。時にその癩病人は「私は現世のこの不幸を歎かない。復活の時には美しい小児のような肉体をもって生まれるから」と答えたそうです。信仰は事実に勝ちます。五人の子を失うてもなお神を讃美します。癩病にかかっても神をのろわずに来世の希望に輝いております。ヨブにおいてもそうであります。この最後の記事はヨブ記の記者に必要であったので、ヨブには必要ではありませんでした。

次に注意すべきことは、ヨブ記の記者はヨブの災難の説明を最後までしないことであります。ヨブ記を終わりまで読んでも、どこにその説明があるかわかりません。しかしよく注意せば、その説明が最初にあることがわかります。これによってヨブ記の記者が非常なる大文学者であったことがわかります。ヨブに臨みし災難は悪魔の所為の結果であるのです。最初天上において悪魔はエホバに向かい、「善といい義というも、もともと勘定ずくのことである、ヨブが正しくあるもやはり勘定ずくである、それがうそならためしてごらんなさい」というたのであります。しかしてサタンとエホバとの議論の結果、ヨブに大災難が臨んだのであります。しかしてその結果は神の勝利に帰したのであります。これがすなわち説明であります。われわれに起こる事はこの世で説明はつきませんでも、天において確実なる説明があるのでありま す。天における何かの理由でわれわれに災難が臨むのであります。これを説明するによき例があります。英国の一陸軍大将がある時客を晩餐に招待して、食事中ふと気が付いて客に向かっていいまするには、「私は今夕ロンドン橋上において私の子と会うことを約束してあったことを思い出しましたから、時間がたっておりますけれども今から行って会って来ます」といいまするとと、客は、すでに時間がたってるから今から行ってもだめでしょうからよしなさいと止めました。すると大将は、わが子には軍隊的精神をもって命令を厳守すべきことを教えてあるからキット待っているに相違ないといって、馬車を駆って行って見れば、はたして子は橋上に待っていたそうです。父なる大将はこれを見て大いに喜び、抱いて馬車に乗せて帰って、その客に誇ったということであります。そうしてその子は、父のおそくなったのは自分にはわからないが何か理由があるに相違ない、自分にはその理由がわからないでも、お父さんはおそくとも必ず来るに相違ないと信じて待っていたそうであります。ヨブの場合もこれに類したものであります。神の事は吾人にはわかりません。けれども神はわれわれを決して悪くはなさらない。必ず父の善き心をもってなさるに相違ありません。この大将は客に対してどんなに誇りであったでしょう。これと同様に、神はサタンに対してヨブを誇ったのであります。しかしてこの宇宙に善のために善をなし義のために義をなすという信仰を有する人があることを神が誇りたもうでありましょう。この事についてヨブ記は明らかに説明してはおりませんけれども、最初の二章を読めばこれを知ることができます。

以上でヨブ記の梗概を終わりました。まだ述べたいことはたくさんありますけれども、これでひとまずやめておきます。この書の偉大なることはおわかりになったと思います。終わりの第四十二章を誤解せぬよう、ご注意を願います。（坂田祐筆記）　（一九一五年八月「聖書之研究」）

ヨブ記の概要

内村生いう、この稿は前号に掲げしヨブ記研究の講演を別人の手をもって筆記したものである。ヨブ記のごとき大著述を学ばんと欲するにあたっては、これを幾回繰り返し、幾多の方面よりこれを見るも損失はないのである。中田君の筆記によりて、余は読者が新たに大いに得るところあるを疑わない。

ヨブ記一―二章

聖書中、人が喜びにありていかに処すべきかを教えたるものが雅歌であって、艱苦にありていかに処すべきかを教うるのがヨブ記である。しかして人の多くは艱難の中にあるものなれば、ことにヨブ記は人類に切要なる書である。しかしながら人の生涯には失意の時ありまた得意の折りもあれば、雅歌の研究もまたおろそかにしてはならぬ。昼夜明暗の両面を学ぶの要は何びとにもある。ヨブ記の解釈ははなはだ困難であって、これに該博なる知識と深き経験とを要するも、その教えんとする精神は、老若男女、博学の人も無学の人も、何びともこれを解し得るのである。すべて世界の大著述として伝えらるるものに、ダンテの『神曲』あり、ゲーテの『ファウスト』あり、沙翁の劇作ありて、喧伝さるるといえども、しかもこれ碁、将棋における八段の格であって、それ以上いわゆる名人に当たるものを求むれば実に聖書であって、これは大著述以上の大著述である。なかんずくヨブ記のごときは真に比すべきもののなき大著述であって、一たびこれに接しては、沙翁もゲーテもダンテもわれらの最上の感興を引くには足らぬ。しかもこの著述は何びとにも解し得らるるので、これが大著述たるの確証である。『ファウスト』も『神曲』も一部の人に解さるるにとどまりて万人の書ではないが、わがヨブ記は天下万民の書である。ヨブがいかに深き所にて人生に臨む艱難を解してこれに耐えしかはこの書が示すところであって、年少者がこれに接してその意の存するところを解するを得ざれば二十年を待ち、二十年にして得ざれば三十年を待ち、齢四十歳、五十歳ないし六十歳に至らばついに解し得るの日が来たるであろう。カーライル、ある時友人の家に招かれたる席上において世界の大著述は何かとの問いに答うるにヨブ記をもってし、試みに彼みずからこれを朗読せしに、一座いずれもヨブを眼前に髣髴して感興に魅せられ、章節の進むを覚えざりしとのことである。この書に接して、知識経験の深き人は深きだけに、浅き人は浅きだけに、分に応じてその精神を解し得るのである。

　しかしてこの大著述の著者は何びとであるかは今日に至りてなお不明である。ヨブ自身の自伝なりといい、あるいはソロモンの作といい、エレミヤの自白なりという。書中、モーセ的記述の多きところより見れば、あるいはモーセの心霊的実験録なりというに信を置くべきかとも思われ、いずれとも判明されないのであるが、いずれにしても非常に該博なる知識を有する人が深き敬虔の念をもって書いたものであることは、その内容の豊富深遠なることが証明している。これに接して、ひとり人生のきわめて深き所に触れるのみでなく、最古のあらゆる学術技芸に関して知ることができる。科学、文芸、医術、冶金に至るまで、およそ人類に関係せしことにしてヨブ記に記載されないものはないといい得るほどである。思うにソロモン時代の偉人の手に成りしものならんか。かかる大著述を出だせし著者の名の不明であった当時の時代がいかに偉大にして、多くの偉人を有せしかがしのばるるのである。偉人は単独に生ずるものでなく、偉人を輩出せし時代は必ず特殊偉大の時代である。いかなる劇も文学も、ヨブ記に比しては児戯にひとしきものである。これ決して世の大著述を貶（へん）する傲慢の言ではなく、ヒマラヤ山と富士山との高さの比較が何びとにもできるがごとく、ただ比較したまでである。いかなる讃嘆の辞をつらぬるともわれらの語をもってしてこの書の価値をいい表わすことはできぬ。

さてヨブ記はヨブの生涯を骨子として作者の精神を述べたるものにして、わが国の忠臣蔵が作者の理想をえがいたものではあるがしかも架空のことではなく事実のあったことでありしがごとく、ヨブ記もまた事実を書いたものではあるがしかし歴史ではない。義人ヨブはウヅの地（たぶんアラビヤ地方）において繁栄富裕にして信仰的の生活を営んでいた。その富は莫大にして七男三女はすこやかに育ち、今はおのおの一家を有し、各自の誕生日には兄弟姉妹宴筵（ふるまい）を設けて歓を共にして和楽堂に満ち、宴筵終わればヨブは必ず燔祭をささげて彼らのためにきよめの祭をなしたという。一族の繁栄あり、信仰あり、まことに彼は古代のうるわしき家長の模範であった。これは地上におけるヨブの恵まれたる生活状態であった。

ここに天上においては会議が開かれ、神とサタンの問答があった。これが事実であるやいなやは別問題として、要はこの世はこの世のみにあらずして、宇宙間に人間以上の実在物ありて世を支配することを知るにある。神はサタンに対してヨブの行動の正しきと信仰の深きを称揚せられた。人の善について聞くことを好まざるサタンは、ヨブの信仰をもって神の恵み豊かにして繁栄きわまりなきによるものとして争い、ついに神の許しを受け地上にくだりてヨブを試むることになった。サタンそもそも何ものであるかは他日に譲るとして、このことばは現世においていずれの代にも放たれるところである。人が利欲の計算を離れて善事をなすごときことのあるべきはずなしとは常にサタンのいうところであって、これに道理がある。文化の進みたる今日において、国と国とのなすところみなことごとく利欲を標準としてである。サタンは神の前に立ち、戦慄(おののく)くことなくこれをいったのである、真のクリスチャンたるものの世にありようはずがない。金銭のためまたは名誉のため、ないしは天国を望む欲心よりの信者にあらずして、神の恵みを離れてなお彼を愛し慕うの人ありやいなやと。かくて神とサタンとの間に賭(かけ)が設けられた。しかして地上においてヨブの身辺にひんぴんたる災厄が襲うた。栄えに栄えて和楽にたたえられし彼の家に、霹靂一声、大変災の報をもたらしたる使者は野外より馳せ帰った。彼のおびただしき牛と雌ろばとは、シバ人の襲撃に会うて掠(かす)め去られ、若者は殺されたとの報である。報告の言はなお終わらざるに第二の使者は来たりて、羊と若者とが雷火に撃たれて死せるを報じ、続いて第三、第四の使者は、らくだのカルデヤ人に掠められ、彼の子女は長兄の家にて宴飲中、大風に襲われてことごとく変死せるを報じ来たった。富豪ヨブはたちまちにして無一物となり、あまつさえその七男三女をまでことごとく失うた。実に激しき災厄であった。かくのごときは人生の実験に徴してしばしば見るところにて、一日の中にあらずとも災難は多くくびすを接して来たるのである。ヨブたるもの悲しみかつ喪神せざるを得ない。神の厚き加護を謝しつつありし者がかかる災厄に会うては、あるいは神をのろうに至るであろう。これサタンの期せしところであった。しかしながらヨブはのろうことをせず、感謝していうた、

エホバ与え、エホバ取りたもう、エホバのみ名はほむべきかな

と。災厄に会うて全く罪を犯さず、愚かなることをいわずして神を賛美した。偉なるかな、ヨブ。サタンは第一戦においてついに敗北した。

神との賭の第一戦に敗れたるサタンはなおも執念(しゅうね)く神の前に立って我見を述べた。およそ人の信仰の終局の目的は身命の保存にあり、彼はこれがためには時に骨肉を犠牲に供するを辞せぬ、さればいかにヨブの信仰にして堅固なりとも、一度その身命に脅迫を加うるにおいては必ず神をのろいてこれを捨てんと。ここに再びサタンはエホバの許しを受けてヨブを試むることとな

った。その結果としてヨブは不治の天刑病にかかった。わけても悪質にて、今日のいわゆる白象病の徴であるとのことである。産は奪われ子女は変死し、今や彼自身また恥ずべき不治の病に犯され、灰の中に坐し土瓦(やきもの)の砕片(くだけ)にて身をかきつつあるあわれむべき者となった。かてて加えてただ一人の親近者であった彼の妻もまたそむき、

　神をのろいて死ぬるにしかず

と彼をそしりて去るに至った。しかも彼は妻のいうところを愚かなる女の言としてしりぞけ、

　われら神より幸いを受くるなれば、災いもまた受けざるを得んや

と毅然として動かなかった。しかし

　ヨブ全くそのくちびるをもて罪を犯さざりき

の一句の裏には、心中に限りなき苦しき戦いのあったことが想像される。

　ここに彼の友、エリパズ、ビルダデ、ゾパルの三人は、彼の不幸を聞いて同情に堪えず、これを慰めんとて、その住居はおのおの遠く隔たりしが、いい合わせて同じく彼のもとに来たりて見れば、昔日富家の主人たりしおもかげはさらになく、見知りがたきほどの痛ましき姿であった。ひとしく声を挙げて泣き、遠来の友相会して七日七夜、一語を発し得なんだとの惨たる状況が髣髴(ほうふつ)される。友情真に謝すべし。道の遠きをいとわずして窮厄の底になやめる友を慰めんとて来たる。しかしながらヨブの苦痛はこれがために幾倍されしことぞ。妻去り近親遠ざかる零落の極にありては孤独なお忍ぶべきも、同情者に接しては堪えがたきは人情の常である。万感胸に狂いしことであろう。三人の中エリパズは年長者にして人生の経験に富み、ビルダデは学深くして知識に富み、ゾパルは年少にして元気に満つ。この三人の者はおのおのその有するところのものをもって不幸なるヨブを慰めんとて来たのである。世は常にこの三つのものをもって人の不幸を慰めんとするのであるが、現世の人生観ははたして苦痛を慰むるに足るであろうか。ヨブの生涯はこれに答えを供したものである。作者は天上の事を熟知してこれを書きしなるも、ヨブは天上においていかなる事がありしか少しも知らずしてかく処したのである。一、二章はヨブ記の発端なれども、実はこの二章にて全きものである。われらもし天上の会議を拝聴するを

得しならば、艱難辛苦あるいは耐えがたきことにあらざらんも、地上にありてこれをうかがい知るを得ないのであって、災厄をわれらの身に下す神のみ心を推察し得るものはただ信仰あるのみである。あるいはかくのごとくしてわれらを苦しき試みに会わせたもう神の無慈悲を恨むの念きざすこともあろうが、これ世の良教師が学生に問題を与えて彼らが幾昼夜の苦心思索をもっての解答を待ち、あえて易々と解答を示して生徒の労をはぶき一時の労を除きて永久の損失をなさしむるごとき不親切をなさぬと同じことである。神はかくしてわれらの完成をひたすらに待ちたもう大慈悲者である。人生の問題は難解なれども神の恵みによりてついには解き得るのである。われらはこれが解決に五十年七十年の生涯を費やし尽くすもまた惜しむべきではない。聞く、ドイツ皇帝がいまだ東宮のころ、一教師が、難解なる試験問題が彼を苦しましめんことをおそれて、あらかじめひそかにこれを明かせしに、資質英邁の彼は翌日衆生徒の前に出て、本日の試験問題はかくかくと黒板に大書して教師を赧顔せしめしという。良教師はかくのごときことをなさず、神また慈愛に富みたもうがゆえにかくのごときことはなさずして、われら自身の解決を待ちたもうのである。

ヨブ記三―四章

ヨブ記は全体の結構よりこれを一の劇として見ることができる。しかもこの劇たるや外面の劇でなくて内側の劇である。しかしいまだこれを劇に演じたる者あるを聞かない。思うにいかなる名優といえどもヨブを演ずることはできないからであろう。またこれを演じ得るほどの人物ならばおそらく俳優にはならないからであろう。またあまりに霊的であってこれに興味を持つことのできる観客がないからであろう。しかし組織は劇的であって、全部四十二章中、明らかなる区分がある。第一は一、二章の緒言であって、ヨブの場合をしるし、第二はヨブ対三友人の問答であって、三章より二十六章に至り、ヨブ記の大部分を占めている。第三はヨブが三人との議論に勝ちて後の独語にて、二十七章より三十一章に至り、第四は三十二章より三十七章に至るヨブ対エリフの記事にて、エリフは傍にありてヨブと三人の者との議論が結末が付かぬため仲裁に出で、一方にはヨブを戒めまた一方には三人の者を戒めたのである。第五はヨブ対エホバの記事である。エリフのいうところもまた不完全であったために、ついにエホバご自身現われてヨブと語りたもうたので、これが三十八章より四十一章に及ぶ。しかして第六が最後の四十二章にて、元の緒論にかえりて、簡単明瞭にヨブは元にまさる幸福をもって恵まれたりとの結末の記事である。

ヨブ記の主要部は第二のヨブ対三友人の記事であって、これが教えんとするところは何であるかを知って、他は講義や注釈を待たずして諸君おのおの自身にてこれを解することができ、ヨブ記は諸君の最もおもしろき読み物となるのである。

三人の友人の立場はいかに。三人各自、経験、知識、年令において多少の相違はあれども、大体同じ人生観を持っていたのである。彼らはヨブのもとに来たりて七日七夜ただ声を挙げて泣くのみにて、一語をも発することができなかった。ヨブはついに堪えかねて火山の噴火のごとくに発言した。ヨブ、語を発して神をのろいしか。人を怨みしか。はたおのれを責めしか。これ、ともにヨブにはできないことであった。しかもこの苦しみの中にありて何ものかをのろわずしてはおられぬ。ここにヨブはおのれの誕生の日をのろったのである。神をのろうあたわず、人を怨みまた自己を責むるあたわずして、おのが誕生の日をのろう、まことに無意味のごとくであって、しかもわれら何びとも遭遇する実験である。種々の語をもって繰り返して誕生の日をのろい、胎にやどりし夜をのろう。許す限りの語をもって「生まれざりせば」の意を痛切にいい表わさんとしたのである。何ゆえにかくまではげしき艱難がヨブの身に臨んだのであろうか。彼は神を探る者の立場として最もつらき所に立つのである。人には何びとにも多少の苦しみの経験はあれども、ヨブはさらにさらに深き苦しみを持ったのである。普通の懐疑ではなく、艱難の底におちいりて神を見失って一点の光もなくなった深刻なる苦しみである。世の極貧者はなお最もあわれむべき者でない。かつて富み栄えたる者の一蹟して極貧者となりし者が最もあわれむべきであって、栄華の味を知れるだけにひとしおの苦痛があるのである。クリスチャンが光を失いし苦痛はこれであり、ヨブののろいはこれがためである。ヨブにおいて最も善きは生まれないことにて、次は生まれてただちに息の絶えることであり、その次は育てられないことである。人生が無意味となりし時の歎きは実にかくも切なるものである。ヨブのこの歎きの語がいかに力あるものであるかは説明はできぬが、たとえヨブほどでなくとも、艱難に遭遇して訴うるところなく、ひとりもだえ苦しみし経験を有する者は、これを読みて最もよくわかり、繰り返されたる語の中に一も冗漫の言語なく、深き苦痛を発表せるものであることが知らるるであろう。この経験なき者に対しては説明損である。世の多くの人はクリスチャンの歓喜を知らないと同時にまたその苦痛を知らないのである。われらにはわれら特別の歎きがある。富のなきことではない。事業の失敗ではない。一家の不幸事のごときことではない。深き深き心霊の奥の歎きである。年少者にしてこの消息のわからぬ者はすべからく他日を待ってわかるべきである。あわれむべきかな、ヨブ。神を見失い光に離れてもだゆる彼は隠れたる宝をたずぬるよりも切なる思いをもって死を望み、墓のかなたの休息こそ今は唯一の慕わしきものであった。

正直なる老人テマン人エリパズは口を開かざるを得なかった。おのが人生観を説いてヨブの苦痛を癒やさんとした。テマンは死海南方に位する当時商業上枢要の大都会であって、学者をも多く出し、一種の人生哲学を持っておったので、エリパズはこれを代表した者と見ることができる。しかしてその説くところはヨブには何の慰めとはならずして、まさに傷所に針の痛みであった。

なんじはかつて人に教えこれに力を与えしも、今なんじの身に艱難臨めばおじまどうではないか

とはエリパズが発したる最初の語であった。彼は学者ではあったが、いまだ苦痛の学校に入ったことのない、世に多くあるところの友人たるにすぎなんだため、艱難にある者を慰むるの道を知らなかった。彼はさらに語を続けていうた、

人はおのおのそのまくところのものを刈る。罪なくして滅び正しくして絶たれし者はいにしえよりかつてない。猛獣ししの群れも一朝神のいぶきに会えばもろく四散す

と。ひっきょう人の栄枯盛衰は自己の行為の結果によるとするものにして、今や艱難の極にあるヨブにはこれおのれの不義を責めらるるの言であって、傷所に刺さるる第二針、歎きの上の歎き、実に堪えがたき痛棒である。

まことに無慈悲なる慰めである。第十二節（四章）以下は世界文学に有名なるエリパズの幽霊談と称せられるものにして、ある人は沙翁のマクベス劇の幽霊もかくまですごくはないといったほどである。

人いかで神より正しからんや

今日のわれらにはすでにしばしばこれを聞きしがゆえにいたって平凡の語ではあるが、人生の奥義をかかるものすごき時に聞かされて、生涯深く心魂に入るのである。同じ真理もこれを聞く場合によりて深く心に徹するのである。この語、ヨブにはやや慰めとなるもまた神に対してつぶやくの資格なしとの伏線になるのである。要するにエリパズの根本精神は、不義には必ず災いあり、義者には必ず幸福が報いらるるというにあるのである。ヨブもまたかつてはかく信ぜしも、今や自身がこの災難に会うてはわからなくなった。もちろんヨブは自己をもって完全なる者とは思わぬが、さりとておのが行為の罰としてかかる災難が臨もうとは思われぬ。単に友人に責めらるるのみにあらずして、自己の半分と友人とに責めらるるのである。外には友人に責められ内に自己の謀叛（むほん）があるのである。友人に対するはむしろ易けれども、内なる自己の征服が至難である。かつては三人の者と同じ信仰を語ったことであろうが、今は境遇一変して信仰もまた同じからず、三人の者はそれぞれの経験と学識と元気とにより各方面より好意をもってヨブに迫り、その身に臨みし災難をもって罪の確証となし、懺悔（ざんげ）をしいんとするのである。ヨブは今大難の中にありて神は見えず、わら一すじの助けにもすがる。あたかもかよわき少女が骨肉親戚の迫害の中に危く所信を保つがごときつらき場合である。ヨブにしてここにおのが罪を懺悔して神に謝すれば、友人と説は合うけれども、ヨブにはそれはできない。ヨブの信ずるところは、災難は神が不義の罰として下すものではなくて原因は他にあるのである。ここに劇的の興味がある。ヨブは今いいがたき苦痛の中にその原因を知るあたわずして苦しんでいるが、神は彼を憎むためではなくてこれを救わんとして秘密の中に災難を与えたもうのである。神は不公平なる者であろうか。あるいは人を翻弄さるるのであろうか。天道はたして是か非かの疑問をいだく者多き時に、ここにヨブ記のあるありて、われらに大なる慰めを供するのである。

ヨブ記三―三一章

ヨブ対三人の議論は三回繰り返されている。ヨブ語りエリパズ答え、ヨブ語りビルダデ論じ、ヨブ論ずればゾパル答え、ヨブ述ぶるごとに友人はかわるがわる語る。かくして友人は三回ずつ、ヨブは九回にわたりて論議した。ヨブの議論は漸次に強烈となりてさすがの三人もついにはことばなきに至り、最後にはビルダデが第二十五章における短き答えをなせしほか答うることができなくなった。答えざれば負けとなるゆえにやむを得ず答えたのである。ヨブはなおもこれに答えて友人の言を待ちしも、ついになんらの答えがなかったため、二十七章以下の感情ありのままの独語をなした。これヨブ対三人、およびヨブの独語の大意である。論ずるところは長けれどもその主意は明瞭である。三友人は、神は正しきがゆえに不義者を罰するには不幸をもってし、正しき者には幸福を恵む者なれば、ヨブの身に臨みし痛ましき災難をもって彼自身の不義悪行の招くところとなし、これを隠さずいい表わして神のゆるしを受けよというのである。さすがに教育あり情誼に厚き友なれば、初めにはこれを露骨に述べず、神学を述べ歴史を語りてヨブの悟るを待った。しかるにヨブは悟るところなくして、この艱難をもって罰せらるべきおのが罪を認めなんだゆえに、第二回目は攻撃が強くなりて肉迫したるも、なお罪をいい表わさなかったため、最後に老人エリパズは思いきって単刀直入

なんじの悪、大いなるにあらずや。なんじの罪はきわまりなし……(二二・五以下)

と、正面よりその罪を数え上げて悔い改めを迫ったのである。無慈悲きわまる語なれども、初めよりこれをいったのではなく、最後にやむを得ずしていったのである。しかも好意をもってである。世間にこの種の友人多く、われらもまた経験せしところである。ヨブの身に臨みし艱難をもって罪の確証となして責むることは、今日の裁判法よりしてはゆるすべからざるところなれども、神の賞罰をかくのごとく信ずる者の立場としては当然である。神癒を信ずる者のごときもまたこの類であって、疾病は不義をこらすための刑罰なれば、不義ありてその身に疾病あり、不義を改むれば病癒ゆというので、きわめ

て簡単に説明は付くといえども、人生はしかく簡単に説き去り得べきものではない。艱難にはさらに深遠なる意味があるとはヨブ記の記者のいいたきところであって、ヨブの答えに深き味があるのである。三人のいうところは条理整然、主義一貫、議論としては堂々たるものなるに反して、ヨブのいうところは支離滅裂、感情に走りて、あるいは友人を責め、神を責め、あるいはおのが罪を歎くかと思えばまた罪を犯さずといい、友を憤るかと思えばこれにたよるがごとき語をなし、論旨の乱れたる、とうてい三人の議論堂々たるに比すべくもない。しかもこの価値なき議論が万世に伝わりて力あることはわれらに何を教うるのであろうか。この世において条理の整った議論に最も力があるのではなく、議論に勝つことは必ずしも最後の勝利ではない。議論は立たず対者に説き伏せられてさんざんに破らるるとも、しかも負けない場合があるのである。十六世紀の中ごろルーテルによりて唱えられし宗教改革の気運がようやく盛んならんとするや、ローマ教会にては博学強記の雄弁家エックをしてライプチヒ議場にルーテルを論破せしめ、もって事は終わったと思うた。しかるになんぞ計らん、真理と良心の上に立ちしルーテルは議論に負けても信仰には負けなかった。勝利はついにルーテルに帰した。博学や雄弁や、ここにおいてか、まことにあわれむべきものである。ヨブ記の記者はよくこのことを解したる劇的技倆に富みし者であったことが思われる。パウロがユダヤ教を駁せしロマ書やガラテヤ書における議論もほとんど議論にはならぬものであるとは、かかることに熟達せる頭脳を持ったる人のひとしくいうところであるけれども、世界はこれによりて動き、パウロは大なる勝利を博したのである。われらはかかる事実をヨブ対三人の議論に照らして見て、ひとしお深き興味を覚ゆるのである。今日の語をもっていえば、ヨブは実験家にて三人は神学者である。ヨブは精神を語り、三人は知識を語ったのである。今日の神学者は端然とかまえて宗教家をもってみずから任じている。もし深き苦痛に堪えかねたる老翁または老媼ありて彼らを訪うて教えを乞うあれば、彼らはいうであろう、アウガスチンいわく、カントいわく、聖書にかくありと。しかも彼らは少しもその苦痛を慰めることができないのである。学校にて学びし神学はもって人生の深き疑問を解くには足りないのである。この席にある一少年といえどもなおオックスフォード大学にてもケンブリッジ大学にても学ぶことのできない事を人生の実験によりて学ぶのである。さればいかなる神学者にてもわが知識以外のものは世にないということはできない。ことに人と神との関係に至りては彼らの解し得ない事が多い。これ神学を修めない者の力とするところにて、神学者の大いに慎むべきところである。今日わが国に送られし外国宣教師のごとき、彼らの多数はあるいは神学には通ずるところあらんも、人生の実験に学ぶところきわめて浅きがゆえに、今日の日本のヨブの心になれない。したがって歴史を異にし生育情性を異にする日本人の教化が彼らにできようはずがないのである。エリパズ、ビルダデ、ゾパルは神学者にてヨブは平信徒である。平信徒たるヨブは救いを神学者に求めんとすれば、あわれ砂漠における谷川の流れのごとく(六・一五)、むなしく消えて何の慰藉をも得ずして失望あるのみである。

まことになんじらはみなあわれなる慰めびとなるかな(一六・二)

といわざるを得ない。

わが友はわれをあざけれども、わが目は神にむかいて涙を注ぐ(一六・二〇)

なんじらに訴えずして神に訴うるとの意である。千万無量の思いを述べたる一語である。

わが友よ、なんじらわれをあわれめ、われをあわれめ。神の手われを打てり(一九・二一)

われを責むる友に対して憤りののしるのみにあらずして同情を要求するも、これまた友人にはわからぬことにて、彼らは「なんじはよろしく悔い改めよ」というのほかはないのである。論理家は矛盾せる語を取って「なんじの態度を鮮明にせよ」といいたいであろうが、しかしこれ真人ヨブの偽らざる告白である。神学者のいうところは条理立ちてよく神学に応(かな)うてはいるけれども、同一事を繰り返すにとどまりて霊性にすこしの進歩がなく、依然として陳腐である。ヨブは大河のごとく迂余曲折、時に右に寄り左に曲がる観はあれども、いよいよ流れていよいよ清く、しだいに神に近づき、責めらるれば責めらるるほど光明に向かう。暗黒の波にただよう時にも前途に光明を失わない。ここにも知識の人と実験の人の対照が見らるるのである。艱難の中に友に責められ苦しみ論じつつようやく光明を認めて、議論は十九章に至りてその絶頂に達するのである。世に第十九章はヨブ記の分水嶺と唱えらる。これより後のヨブの生涯は苦しき中にも判然と光明を認め、連続せる勝利の進軍である。都をはるかに望みての旅行である。

　われ知る、われをあがなう者は生く。後の日に彼かならず地の上に立たん。わがこの皮この身の朽ち果てん後、われ肉を離れて神を見ん（一九・二五―二六）

　彼はキリスト前千余年の者なれども、すでに明らかにキリストを望み見し者である。彼の生涯はたとえ艱難の中に終わるとも彼は不幸の者ではない。実に信仰の進歩には高き価を要する。よき書物を読みてうるわしき感情は得らるるも、信仰は書籍よりは得られない。ヨブはほとんど堪えがたき代価を払うて、ここに一段信仰の進歩を得たのである。今は解するに難きわが身に臨みし艱難についても、いずれの日か肉を離れて神を見たてまつり神ご自身が説明してくださる時があるであろうと。ヨブは激しき苦痛の実験によりて、やむを得ずしてこの結論に達したのである。この確信が実に非常の力である。この確信に達して、艱難も苦痛も堪うることのできないものではない。彼の三人の友人はりっぱなる議論を繰り返すにとどまりてこの信仰に達することはできなかった。ヨブはもはや彼らの慰藉を要さない。議論に勝ちしにあらず、神を認めて勝ったのである。この精神の高潮に達したるヨブ記第十九章は実に壮美絶大の大文章である。ここに峠（とうげ）を越えて後のヨブ記の文章は一段のうるわしさを加えた。第二十九章のエリパズの攻撃に対して間接に答うるヨブの独語のごとき、わけてもうるわしくある。

ヨブ記三二―四一章

　エリフのことば（三二―三七章）はヨブ記中最も興味なしと称せらるるものであって、その中に三、四の貴きことばがないではないが、しかしヨブ記全体が荘厳優雅のことばをもって満たされているに比較していかにも平凡であり、その前後との関係が薄くしてその懸隔がはなはだしいことより推して、ある人は、これはヨブ記記者の筆に成ったのではなく後人の加えたものであるという。しかしながら、この中にヨブ記中のたいせつなるものがあるのである。エリフはそもそもいかなる人であるか。

彼は名もなき一青年であって、今までヨブと三人との議論を立ち聞きしておったが、三人がヨブにいいまくられて答うることができなくなり、ヨブが論壇を独占せるを見て、黙視するに堪えず、飛び入り演説ともいうべきものをなしたのであって、この事それ自身がすでに大なる興味のある事である。彼は今の人が老人を軽蔑するごときでなく、老年者に対し大なる尊敬を払い、おのれ年少のゆえをもって、彼らの議論には満腹の不満をいだきつつも謙遜して今まで沈黙を守りおりしも、ヨブがおのれを正しとして下らず、三人の者はヨブの災難を証拠として理不尽に彼を責むるを見て、不平おさえがたく、ついに沈黙は破れていうたのである、

われ思えらく、日を重ねたる者よろしくことばを出だすべし、年を積みたる者よろしく知恵を教うべしと。ただし人のうちには霊あり、全能者の息、人に悟りを与う。大いなる人すべて知恵あるにあらず、老いたる者すべて道理に明らかなるにあらず……（三二・七以下）

と。しかしてその述ぶるところの他の三人者と異なるところは、彼が徹頭徹尾ヨブに対して同情を持ち、その弁護者をもってみずから任じていることとである。三人の人生観は誤れるもので、災難は決して彼らのいうがごとくに解すべきではなく、これ神が人をしてその弱きを知らしめ、心に高ぶりの生ずる時にこれを除かんための神の警告であるとは、エリフのいうところであった。人はややもすればおのれの弱きを忘れて自己にたより、自己に誇らんとするものにて、これを放任すればついにその霊魂を失うに至る。ゆえに神はまず災難をもって警告を下したもうのである。三人の者はこの意味深き災難をあまりに簡単に説き去りて貴き真理を逸するものである。善人にもまた災難はあるのである。これさらに大なる災難をまぬかれしめんための警告であれば、善人たることは災難の予防とはならないのである。深く学を修めたとも思われぬいまだ経験浅き無名の一青年にこの考えを起こさしめたることは実に興味あることにて、同情というものが人に最上の知識を与うることが知らるるのである。学者の探り得ざる真理は、しばしば同情に富みたる無名のつまらなき者によって発見さるるのである。エリフはもとより学者でもなく実験家でもないが、同情の心よりしてこの清き真理をくみ得たのである。ヨブ記の記者が

この真理を神学者にいわしめずして無名の青年エリフにいわしめたことは、たまたまもって記者の思想をうかがい知るべきである。われらが盗難に会うや実に不快にて、一の不幸事には相違ないが、わずかのものを盗み去られしことがさらに大なる財産を盗まれざらんための警告と解すれば、みずから慰むるを得るのである。疾病また無益の入費と時とを費して苦しむこと、まことに好もしからぬことであるが、これまた生命を失わざらんための警告となりて摂生に注意するに至らば、疾病もまた感謝すべきである。おおよそ人の不幸中の最大不幸、災難中の最大災難は実に神を不必要に思う考えの起こることである。人生これにまさる災難はない。しかしてこの世のすべての災難という災難は実にこの大なる災難に会わざらんための警告である。

以上は、エリフが災難に対する第一の解釈である。しかして第二の解釈は、第一のごとくに解釈ができなくもわれら人間は神のなさる事をすべて知り尽くすことはできぬというのである。

彼そのおこなうところの理由（ことわり）を示したまわずとて、なんじ彼にむかいていい争うは何ぞや。まことに神は一度二度と告示したもうなれど、人これを悟らざるなり（三三・一三—一四）

以下、同章末節に至るまではエリフの有名なる語であって、読者はよろしく反復誦読して深くその意味を味わうべきである。人は多く現世の幸と不幸との理由をただちに知らんとして、永遠者のせっかくの深意をあまりに簡単に浅薄に解き去らんとするのである。エリフの語は預言的であって、半分はわかるようで半分はまたわからぬようであるが、これをキリスト出現の預言と見て、解するに難くないのである。ひとりの使者（三三・二三）ありて（彼自身になぞらえていったのであろう）、神と人との間に立ち、仲保者となりて両者の間の平和を計らんには、人の心に平和生じ、神のあわれみによりて神と人とが和らぐことができるであろう、しかしながら実はこれ人間にはできないことにて、真の仲保者は神でなければならぬと。エリフはここに自身を語りつつ、心霊の奥にささやく他の仲保者を予告するものである。人、煩悶におちいるや、いかなる道理も哲学もこれをいかんともすることができず、これを解くものはキリストのほかにはない。ヨブの苦痛を解釈せんために全世界の知識を要するなれども、キリストはさらに大なる痛苦をなめられたのである。ひとりの使者というは実に彼である。つまりヨブの苦痛を解釈せんとするはキリストのさらに大なる苦痛を解釈せんとすることになる。さればわれらはヨブの苦痛がわからずしてキリストの苦痛をわかることはできず、キリストの苦痛がわかりてヨブの苦痛をわかるに難くないのである。

かくてエリフはここに彼のいうあたわざるところを語りつつあるのである。要するに、苦痛の第一の理由は、さらに大なる苦痛をまぬかるるためにて、第二は、神のなさるところをすべて知り尽くすことはできないことを知るためである。これをたやすくわかるために一の例をもってせんに、ここに一人の父のもとに五人の兄弟ありとせんか、その第四子はことに父の寵愛を受けつつありしが、ある日父は突然彼を激しく折檻した。何の理由によりてであるかわからぬ。三兄は共に弟を責めて、平素特別に寵愛されし父にかく折檻さるるには彼が何か悪い事をなしたためであろう、ゆえに早くこれを謝して父の許しを受けよと、こもごも彼をさとせしも、本人は身に欠点ありといえばあれども、かく折檻さるるほどの悪事をなしたる覚えなきがゆえに、おのれの無罪を弁じてやまざりしかば、兄たちは父より折檻されたことを証拠として承知しなかった。そこで年若き末弟が出て、小兄に対する大なる同情をもってこれを弁護した。彼はいうたのである、父の折檻は小兄が悪事をなしたためではなくて、彼が父の愛に心を許し油断して悪事を犯すようのことなからんためであろう、またたとえそうでないにしても、父の心のほどはことごとく知ることはできない、ゆえにこれをもってただちに小兄が悪事をなしたという証拠とすることはできないと。かくて末弟は年は若けれどもそのいうところまことに同情あり、長兄らのいうところよりははるかに真理に近くあった。したがってやや小兄を慰むるを得しといえども、なお父の折檻のことごとく説明がついたわけではない。ゆえに小兄はやむを得ず沈黙はせしものの、もとより満足はできなかった。ここにおいて父自身現われ、五人の者を並べて、ことに第四子（ヨブ）に向かっていいたもうたのである（三八章）。これ実に偉大のことばである。父はいうたのである、われ第一になんじに問わん、なんじは人生宇宙万事がことごとくわかると思うか、第二にたとえこれがわかるとしても、なんじに宇宙万物の主宰を委任せばこれに当たることができると思うかと。しかして神ご自身よりかくいわれて、ヨブは全く閉口して一語もなかった。余は青年時代に幾度かヨブ記を繰り返し読んで思った、ヨブの友人の説明は全く説明とはならぬ、エリフの説明は半説明にすぎぬ、ゆえに、最後に神ご自身が現われてことごとく説明してくだされることであろうと。しかるに神は少しも説明してくだされず、これまたむなしき谷川の流れであった。しかしヨブは神の説明に満足したのではない。目をもって神を見（四二・五）て満足したのである。三兄のいうところには少しも服せず、末弟の同情あり真理に近きことばにはやや服せしも、もちろん満足はできなかったが、最後に父が現われて、説明はしないがその威厳ある顔を見せたまいしにより、それで満足したのである。しかり、目に見ることである。これでなければ、諸君の患難をいかに説明せんとするとも、とうてい説明することはできない。説明には……ある説明には服しある説明には服さないが、十字架の上に敵のために祈りたまいしイエスを神と知るならば、万事はわかりてまたいわじである。これキリスト教のキリスト教たるゆえんである。

もし仏教であったならば、かくは結ばないことであろう。仏陀出でて、微に入り細にわたりて説明を加えて結ぶであろう。キリスト教にては、結ぶに説明をもってせずして信仰をもってするのである。

神学者はその豊富なる神学をもっていよいよヨブを苦しめ、エリフは同情をもって少しく彼を慰むるを得しといえども、神は最後にご自身を示したまいて彼を満足せしめたもうた。もし説明ありとすれば、最初の一、二章にあるのである。これは天上にあった事にて、地上のわれらはその由（よし）をうかがい知ることはできぬ。神は説明をもって人類の苦痛を除かんとはされない。説明はいかに巧妙をきわめ委曲を尽くすともついに説明であって、人の苦痛をいかんともすることはできない。人生苦痛の解釈は、イエス・キリストによりて神に接することのただ一つあるのみである。

ヨブ記四二章

エホバは大風の中よりヨブに対し、あるいは獰猛強力なる河馬の御しがたきをもって、あるいはわにの恐るべき等の例をもって、種々語を尽くして宇宙の荘厳を説き、彼をしてその統御の困難を知らしめんとした。もちろん河馬もわにも動物園内に児女の観覧に供され、その皮は袋に製せられて婦人の手にさげらるる今日においては、こっけいの観あれども、これは三千年もしくは四千年前の事なれば、神はヨブの知識に相当せる例をもって語られたのである。ヨブはいかにしてかかる説明に満足することができたであろうか。しかり、ヨブは説明に満足したのではなく、神を見たことによりて満足したのである。神は

なんじに問わん、答えよ

との冒頭をもっていわれたれど、ヨブは何も答うるところなく、ただ黙してすべてを神にゆだねまつるに至った。彼はいうた、

われみずから悟らざる事をいい、みずから知らざる測りがたき事を述べたり……われなんじの事を耳にて聞きいたりしが、今は目をもてなんじを見たてまつる。ここをもてわれみずから恨み、ちり灰の中にて悔ゆ（三―五）

と。神はヨブにこれをいわせたさに、今まで忍んで彼を苦しめたもうたのである。

神はさらに三人の友人の言ったところを喜ばれずして彼らを詰責され、ヨブによりて彼らのために燔祭をささげて罪を謝すべきを命じたもうた。ここにヨブ、三人の友のために祈れる時、エホバ、彼の艱難（なやみ）を解きてもとにかえし、彼の所有物（もちもの）を二倍に増したもうた。繁栄、彼にかえれば、艱難の中には去って顧みなかった兄弟姉妹、旧知の面々、贈り物を携えて来たり祝うという（一二）。人情ありのままにて、むかしも今も異ならないのである。雄偉荘厳の記事を続け来たりし記者はここに普通の人情を語りつつある。ヨブの産は増され、再び七男三女を挙げて、わけてもその娘は全国に類なきうるわしさであったとのことにて、彼は二百余歳の長寿を保ち、その子その孫四代の繁栄を見て安らかに世を終わった。まことにめでたし、めでたしの大団円である。

ヨブ対三人の記事は実に偉大であり、エリフの記事は少しく劣れるごとく見らるるも、その中にはまた深き真理を蔵し、最後にエホバご自身現われて宇宙の荘厳を説き、ヨブはこれに満足して、彼の最後の生涯は大なる栄華をもって恵まるというにて、ヘブライ人の立場より見

て艱難の解釈はついたのであるが、また思うに、もしこれが真に信仰の書であるならば、ヨブ記はよろしく四十二章六節

　ちり灰の中にて悔ゆ

にて終わるべきである。しかるに後の繁栄ありて、ヨブ記は全く破壊されてしまうように見える。これにては信仰の書ではなくて普通の小説と何の選ぶところはない。悪魔が神に向かっていったごとく、信仰は利益のためのものとされても是非なきこととなり、結局三人の友人のいうところに帰るわけにて、僅々十節余の記事は、せっかくのヨブ記の精神を破壊し、ヨブは骨を折りて三人を説きしも、最後に自身再び三人の所説を繰り返すことになるのである。世の多くの読者またこの末節のために誤られて、艱難を慰むるに、しばらく辛抱せよ、最後は必ずよろしからんという。かかる人たちはヨブ記を開きて艱難の条を精読するをいとい、早く最後の章を読んで喜ばんとするのである。しかしながら世の事実は必ずしもかくのごとくではない。ペテロの最後はそうでなかった。パウロの最後、ヨハネの最後はそうでなかった。さればヨブ記の研究者中に、四十二章七節以下は後人の付加せしものであるとの説をなす者が多い。われら各自の信仰のためには、ヨブ記はよろしくこれをその第四十二章六節にて打ち切る方がよい。人生最大の幸福は第六節にありて、その後に示されたる繁栄富貴においてあるのではない。ヨブが真に信仰の人であるならば、後の、羊一万四千頭、らくだ六千頭、牛一千くびき、雌ろば幾ばく、子女幾人はどうでもよいので、これは彼の最大の幸福ではない。もしそうでないならば、彼は艱難のなしぞこないをしたのである。

　しかしながらまた必ずしも六節以下をヨブ記より取り離すを要せず、われらはこれを読んで、いかにもこの書が旧約聖書であって新約聖書でないことを知るのである。来世を認めない旧約時代においては、艱難の結果を短き一生涯において表わさなければならなかったのである。しかしてまた神はヨブに応報(むくい)をなしたのではなく恵みたもうたのであることを忘れてはならぬ。

　エホバかくのごとくヨブを恵みて（一二）

とある。ヨブが子としてのすべてを尽くしたゆえに神は父としての恵みを下したもうたのである。父は報ゆるの義務はないが恵みを施したくある。これ愛の働きである。

ヨブは艱難に会いし時すでに七十歳前後にて、その後さらに百四十年生存せしといえば、二百十年生きたことになる。たぶんこれは事実ではあるまい。神の恵みを来世に待つことのできないヘブライ人は、むりにヨブをして異常の長寿を保たしめて、一代の内に恵みの結果を見ることとなしたのであろう。かくてヨブの結末はヨブ記の記者には必要であったがヨブ自身には必要はなかったであろう。ヨブの最大の幸福は神を見たことである。これを除いては、他の何ものをもってしても、彼を慰め彼が一度受けたる胸の痛みを癒やすことはできなかったに相違ない。子を失いし者は知っているが、いかなる栄華と多数の子女を得たればとて、子を失いたるより受けし心の傷は、失いたる子を取りもどすにあらざれば、何ものをもっても消すことはできない。羊何万、牛何千も、子女十人も、ヨブの心の根底の痛みを慰むることのできなかったのは明らかである。ヨブ記が示さんと欲するところの艱難の目的は神を見るにありて、ヨブの幸福の絶頂は神を見たことである。これがためにはいかなる犠牲を払うも価の高きを恐わないのである。神を見た事、それだけにて充分である。神が万事を善きにはからいたもうことは必然である。羊何万、牛何千と、結果を見るには及ばぬ。ヨブ記最後の十余節はなくもがなである。かつて篤信なるある癩患者があった。一宣教師が彼を見舞いて慰諭し、神の恩恵下りて難病の癒ゆる日もあらんといいしに、彼は、この身このままにて癒えずとも、神が明らかになったからには充分である、来たるべき世においてはわれもまたみどり子の肉のごとき柔らかき肉を賜わるは必定であるといいて、腐爛せる肉になんの恨みも持たなかったとのことである。われらがヨブ記より学ぶべきは神を見たてまつることである。この世における最後の幸福を待つは、ヨブ記の読みそこないである。

神は呶々（どど）の説明をせず、ご自身を示して説明された、それにてヨブは満足した。されどまた説明はどこかにないであろうか。しかり、説明は巻頭の一、二章に書かれてある。ここにも記者の文学的手腕の非凡なることが見らるるのである。初めに悪魔ありて神に向かい、世に自己のためならずして神を愛し正義をおこなう者あるなしと主張した。神はかかる純正義、純信仰の有無に関して悪魔と賭をなしたもうた。この事たる、艱難がヨブに臨みし説明であるといえば説明である。この事たる、人の身に臨む艱難をこの世においてことごとく説明はできないが、天において何かの理由のあることを示すものである。ゆえにその理由が示されずとてつぶやいてはならぬ。しいてこれを知らんとするは、万事において神の奥義に達せんとする人の非望である。人は柔順に神のなさるところを待つべきである。

英国の名高き某大将の逸話として伝えらるるものに、一夕客を招じて会食中、彼はふと当日午後三時、ロンドン・ブリッジに彼の子息を待つの約を忘れおりしを思い出し、粗忽を悔い、客にその旨を陳じ、席を辞して迎えにおもむかんとせしに、客はこれを留めて、すでに約束の時を遠く過ぎし今において、その地に行かるることはおそらく徒労のことならんといいしに、大将は毅然として、軍人の家庭において約束は必ず守らる、たとえ時間は遅るるも、彼は必ず約束の地に待ちおるべければ、行かざるべからずとて、いそぎ馬車を駆って行きしに、はたして子息はそこにあり、父は失念の粗忽を謝すれば、子息は平気にて、時間の遅るるは父に何かさしつかえの生ぜしゆえならんも、来たるべきことは必定なれば、何時間といえども待つつもりなりといいしと。携え帰りし父が客に対しての得意の情や思うべしである。同じ理由にて、われらは神を信じて待つべきである。艱難の理由はわからずとも、まことの神の子たらば、つぶやくことなく神の処置を待つべきである。この事は客たる悪魔にはわからぬゆえに、彼は嘲弄的の態度をもって神を挑（いど）むのである。大将の誇りはすなわち神の誇りである。神はヨブのごとき例をもって、世にそろばん以外、利益以外の信者あるを、悪魔と全宇宙に向かって誇りたもうのである。われらの短き生涯において必ず現世的（このよてき）の報いにあずかるならば、栄華富貴を欲するための信仰といわれてもやむを得ないことになる。実際今日のわが国には、あるいは語学を学ばんためにか、あるいは外国の学校に入りて学問せんためにか、あるいはこの世の地位を得んがために信者となり、これを得るや、ただちに去ってまた信仰を口にせないという、いわゆるキリスト信者が少なくない。われら、人にきらわれ宣教師に忌まれつつも、神は神なるがゆえに信じ、彼を人に示すべきである。ここに信者に臨む艱難の説明がある。もちろん全部の説明ではないが、一部は説明さるるのである。艱難をかくのごとくに解して、いささかこれに耐うるの助けとなるのである。
神をあざけり人をののしる悪魔は遠きむかしのただ一人にとどまらずして、今もなおわれらの周囲に充満してわれらを挑みつつあるも、われらは善は善のために愛し、悪は悪のために憎み、神は神なるがゆえに信じて、彼ら魔族の挑戦に応ずべきである。この事を教うるヨブ記がいかに深くして偉大なる書であるかをよく味わわれんこと、ことにその最後の十余節を読みそこなうことのないように、余は諸君に望むのである。（中田信蔵筆記）
（一九一五年九月「聖書之研究」）

角筈聖書　ヨブ記

ヨブ記の性質

義人ヨブの生涯をもって苦痛の理由を解釈せんと試みしもの、これをヨブ記となす。その思想の遠大にしてその文字の荘美なる、世界文学中その儔(たぐい)あるなし。

ヨブ記は哲学書にあらず、実験録なり。ゆえに苦痛の理由を攻究するにあたって組織的にこれをなさずして、実話的にこれをなせり。ヨブ記に苦痛の哲学的説明あるなし。されどもよくこれを究(きわ)めて、その中に苦痛の摂理的作用を発見するを得べし。ヨブ記解釈の困難はこの一事を忘却するより来たる。すなわちその中に苦痛の哲理を求めて、苦痛が人の霊魂に及ぼす練磨的作用を探らざるによる。しかしてこの一事を心に留めて、この書の解釈は決して困難ならず。

この書の文体のおもに詩的なるは必ずしもその美文的著作なるの証にあらず。すべて深遠なるものは詩的なり。心の深所より湧き出でしこの書はおのずから詩的ならざるを得ざりしならん。作詩をもって閑人の業なりと見なすは今人の思考に属す。散文的なるは俗人の証なり。人は何びとといえども誠実にして詩的ならざるを得ず。ヨブ記は実に熱誠の人の当然の実験録なりと信ず。幽暗の中に無限の神を探りて、吾人何びとにもこの音楽なかるべからず。

ヨブ記は何びとの著なるや、これを知るものなし。あるいはヨブなる人の自伝なりといい、あるいは神の人モーセの心霊的実験録なりといい、あるいは大王ソロモンの

作なりといい、あるいは預言者エレミヤの自白なりとい
う。されども著者の名を明記せざるこの旧記の著者につ
いて吾人の推測を弄するは全く無益の業に属す。霊に名
なし。彼は宇宙の実在物なり。ヨブ記は永遠にわたる霊の
声なり。その著者の名のごときは知るも全く用なきなり。

著者の名を知らず、ゆえに著作の時代を明らかにする
あたわず。あるいは聖書中最も古き書なりといい、ある
いはユダヤ民族バビロン移植以後の作なりという。しか
して学者おのおのしのぎを削りてその説を維持す。され
どもこれ真理問題とは関係のいたって遠き問題なりと信
ず。そは永遠の真理はその顕出の時代をもってその真価
を増減するものにあらざればなり。真理に空間なし。ま
た時間なし。その何時代の作たるにかかわらず、ここに
時と共に古びざる書の人類に供せられしあり。吾人はそ
の中に含まれたる不易の真理を探れば足れり。

ヨブ記は真理を供す。されども聖書の一部分なるがゆ
えに特別なる真理を供す。聖書の供する真理は罪のあが
ない主なるイエス・キリストに中心す。ゆえに直接また
は間接に彼を世に紹介せざるものは聖書にあらず。吾人
はすべからくヨブ記においてこの特種の真理を探るべき

なり。これを普通の大文学と見て、その真価を知る難
し。これを「福音以前の福音」の一と見て、その真意義
は解せらるるなり。イエス・キリストをその中に発見し
得ざる者は、いまだもってヨブ記を解し得る者と称すべ
からざるなり。

その真髄はキリスト教的真理なり。されどもその外装
は古代における西方アジアの知識、風俗、人情なり。吾
人は全注意を外装の研究に奪われざるべし。されどもよ
く外皮を知るはよく中心に達する道なり。考古学的知識
のヨブ記研究に必要なるは全くこれがためなり。吾人は
往古のエジプト、バビロンの文明に徴しながらキリスト
教的真理をその中に探らざるべからず。これ難事なり。
されどもまた快事なり。よくヨブ記を究めて、吾人は信
仰を増すと同時に、三千年前の太古にさかのぼってその
文物に接するを得るなり。

第　一　章

義人の繁栄　彼の敬信　天上の会議　地上の変災

一ウヅの地に人あり。その名をヨブといえり。その人

完全にして正しく、神をおそれ悪を遠ざけたり。二彼に
七男三女生まれたり。三彼の財産は羊七千、らくだ三
千、牛五百くびき、雌ろば五百なりき。彼にまた多くの
しもべありき。彼はまことに東方の中にありて最も大い
なる者なりき。四その子ら互いに相往来し、各自その日
に至れば宴（ふるまい）をその家に設け、その姉妹をも招
きて、彼らと飲食を共にせしめたりき。五しかして宴の
果つるごとに、ヨブ必ず彼らを招きてこれをきよめ、す
なわち朝早く起きて彼らの数にしたがいて燔祭をささげ
たりき。これはヨブ、わが子ら罪を犯して心に神を忘れ
たらんも知るべからずといいてなり。ヨブのなすところ
常にかくのごとし。六ある日、神の子たち来たりてエホ
バの前に立てり。サタンもまた来たりてその中にあり
き。七エホバ、サタンにいいたまいけるは、なんじ、い
ずくより来たりしやと。サタン、エホバに答えていいけ
るは、地を行きめぐり、ここかしこを経あるきて来たれ
りと。八エホバ、サタンにいいたまいけるは、なんじ、
心を用いてわがしもべヨブを見しや。彼のごとく完全に
してかつ正しく、神をおそれ悪を遠ざくる者は世にあら
ざるなり。九サタン、エホバに答えていいけるは、ヨブ
あに得るところなくして神をおそれんや。一〇なんじ、彼
と彼の家と彼のすべての所有物（もちもの）のまわりにまが
きを設けたまいしにあらずや。なんじはまた彼の手のな
すところをことごとく祝福（めぐ）み、その産を地にふや
したまいしにあらずや。一一されば今なんじの手を伸ば
し、彼のすべての所有を撃ちたまえ。彼必ずなんじの顔
に向かいてなんじをのろわんと。一二エホバ、サタンにい
いたまわく、見よ、彼のすべての所有をなんじの手にま
かす。ただ彼の身になんじの手を付くるなかれと。サタ
ンすなわちエホバの前より出で行けり。

一三ある日、ヨブの子供たち、その第一の兄の家にて物
食い酒飲みいたりし時、一四使者あり、ヨブのもとに来た
りていう、牛は耕耘に従い、雌ろばはそのかたわらに草
食いおりしに、一五シバ人襲いてこれを奪い、剣をもて若
き者を打ち殺せり。われただ一人のがれて、なんじに告
げんとて来たれりと。一六彼なおものいいおるうちにまた
一人あり。来たりていう、神の火、天より落ちて、羊お
よび若き者を焼きてこれを滅ぼせり。われただ一人のが
れて、なんじに告げんとて来たれりと。一七彼なおものい
いおるうちにまた一人あり、来たりていう、カルデヤ人、

三隊に分かれ、らくだを襲い、これを奪い去れり。しか
り、これにとどまらずして、剣をもて若き者を殺したり。
しかしてわれただ一人、なんじに告げんとて、のがれ来た
れりと。一八彼なおものいいつつありしうちにまた一人あ
り、来たりていう、なんじのむすこ、娘ら、その第一の
兄の家にて物食い酒を飲みおりしに、一九荒野の方より大
風吹き来たりて、家の四隅を撃ちければ、かの若き人々の
上に落ち来たりて、彼らはみな死ねり。しかしてわれた
だ一人、なんじに告げ知らせんとて、のがれ来たれりと。
二〇ここにおいてヨブ立ち上がり、上着を裂き、髪をそ
り、地に伏して拝し、いいけるは、
二一われ裸にて母の胎より出で来たれり
　また裸にてかしこに帰り行かん
　エホバは与え、エホバはまた取りたもう
　エホバのみ名は賛美すべきかな
と。二二すべてこの事に関してヨブは罪を犯さず、神にむ
かいて愚かなることばを発せざりき。

辞　解

(一)**「ウヅの地」**　その何地(いずち)なるや、確かに定めがたし。されども本書全体の記事より推して、その砂漠に瀕せしこと、またそのユダ国の東方に位せしことは明らかなり。これをアラビヤ砂漠がヨルダン窪地の東方においてシリヤの沃原と接するある地点に位せしものと見て誤りなかるべし。**「ヨブ」**原語の Iyyob は種々の意義において解せらる。あるいは「迫害されし者」、あるいは「帰りし者(悔いて神に)」、あるいは「反対を招きやすき者」の意なりという。そのいずれが真なるや、今において定めがたし。ただしヨブの戯作的人物にあらずして歴史的人物なりしは、エゼキエル書十四章十四節、ヤコブ書五章十一節等によりて明らかなり。**「完全にしてかつ正義」**　もちろん人間の目より見ての完全正義なり。(三)**「東方」**　著者の居住の地より東をさしていうなり。ヨルダン川以東一帯の地をいうならん。(四)**「その日」**　誕生日なり(三・一)。(五)**「燔祭をささげたり」**　古代におけるきよめの式なり(創世記八・二〇参照)。(六)**「神の子」**あるいは「能力(ちから)の子」「能力ある者」と解するを得べし。人間以上の実在物にして天使の称(いい)なり。書中このことばを用うること多し。**「サタン」**　敵または反対者の意なり。後世に至って「敵なる悪魔」(ペテロ前

書五・八）と称せらる。彼は天使の堕落せし者なり（ルカ伝一〇・一八）。人の罪を神に訴うる者なり。（一〇）**「まがきを設け」**擁護するなり。（一五）**「シバ人」**アラビヤ人の一種族なり。掠奪をもって名あり。今のベドーウィン人種のごときものなりしならん。（一六）**「神の火」**雷なり。（一七）**「カルデヤ人」**ユフラテ川の東方に住まいし民なり。シバ人と同じく掠奪に従事せしと見ゆ。（一九）**「荒野の方より大風吹き来たり」**今のいわゆる Simoom の類なり。砂漠より吹き来たる疾風なり。（二〇）**「上着を裂き、髪をそり」** 愁傷のしるしなり。（二一）**「かしこに帰り行かん」**再び母の胎に入らんとの意にはあらざるべし。来たりし所に帰らんとの意ならん。「なんじはちりなれば、ちりに帰るべし」（創世記三・二〇）の語を参照すべし。

意　解

義人この世にありて富貴の報賞にあずかる。その時、彼に懐疑あるなし。苦悶あるなし。内は外と和し、地は天と合し、万物麗色を帯びて、歳月の流るること、水の大洋に臨むがごとし。この時、人はいう、天道は是なりと。されどもかくのごとくにして神の奥義はついに知るあたわず（一―五）。

羊七千、らくだ三千、牛一千、雌ろば五百、大いなるかな、ヨブの産や。これ今彼が神の恩恵のしるしとして誇りかつ感謝するところのものなり。彼の神は今は野の神なり。山の神なり。牢（おり）に雄やぎのいこうを見て、山に雌ろばのあそぶを見て、彼は天地の神を讃美せり。かくて東方の人の中にありて最も大なるヨブはいまだなお信仰の嬰児なりし。彼は牛と羊とらくだとに富むがゆえに宇宙の神の寵児なりと信ぜり。されども神はヨブが神に愛せられんと欲するよりも、より深くヨブを愛せり。これここに本書の悲劇の開かるるゆえん（一―五）。

繁栄は彼の身をまとえり。されども繁栄の中に彼は一種の恐怖をいだけり。彼は彼と彼の子女とが富貴を楽しむの結果、ついに神を忘れ去るに至らんことを恐れたり。ゆえに彼は饗宴の果つるごとに必ず彼の一家のためにきよめの式をつかさどれり。彼はかくして神の怒りをなだめんとせり。しかして彼の家にその恩恵の絶えざらんことを祈れり。これを敬神と称すべくば称すべし。されどもこれ恐怖と利欲とをまじえざる敬神にあらず。信仰の嬰児たるヨブに、さらに純正なる敬神を学ぶの要ありたり(五)。

一日、天上に会議開かる。天使たち、神の前に立ちて人事を奏す。人の罪を訴うる者あり、その名をサタンという。彼また人の暗黒的方面について神に告ぐるところあらんとせり。エホバ神、彼に問い言いたまいけるは、われ特にわがしもべヨブについて問わん、なんじは彼について何の悪事の訴うるところあるやと。サタン、エホバに答えていわく、彼ヨブの信仰なるものは実利的なり。今、彼の産を奪いたまえ。彼は必ず目のあたりなんじをのろわんと。サタンの目に映ずる善事はすべて悪に基いするものなり。敬神は利益のためなり、熱心は名誉のためなり、世に純正なる善人あるなし、神は義者の崇拝を受けつつあるも、実は彼は彼に下せし物質的利益に報ゆるための瑣々たる返礼を受けつつあるにすぎず。サタンはこの言をもって神に答えて、ヨブを侮辱すると同時に神をけがせり(六―一二)。

　しかもエホバは忍容に富みたもう。彼、サタンに答えてのたまわく、なんじの思うごとくなれよかし。なんじもし義者の誠実を疑わば、なんじが思うままに彼を試みよかし。世に利欲を離れたる信仰ありや、いなや、われ今ヨブの場合においてこの事をなんじに示さんと欲すと(一二)。

　天上の会議は終われり。しかしてこれに応ぜんがために地上に変災は起これり。始めにヨブの牛と雌ろばとはシバ人の掠(かす)むるところとなれり。その次に彼のしもべは雷に撃たれて死せり。その次に彼のらくだはカルデヤ人に奪い去られたり。その次に彼の子女は大風のために変死せり。災難は個々に来たらず。必ずくびすを接して来たる。彼のこの世の産は滅ぼされて、東方第一の富豪ヨブは一日にして裸の人となれり。彼、今、目のあたり神をのろわんか。サタンはしか思えり。されども彼ヨブはしかせざりき。彼の信仰は利欲以上なりき。彼は壊敗の中に立ちてエホバのみ名を讃美せり。かくてサタンの推定は敗れて、エホバは栄えを得たまえり(一三―二二)。

　泣く者よ、試みらるる者よ、知れよ、地上の患苦は天上の摂理に応じて来たるものなることを。神はわれらの誠実を知りたまえり。神はわれらを「わがしもべ」と呼びたもう。彼にある聖図のあればこそ、われらは苦しめらるるなれ。あわれむべきわれらは地上にありて天上の会議にあずかるあたわず。されども信仰の目は神の聖座をかこむ帷幕を透（とお）して見る、大災害のわれらの身に臨む前に、大恩命のわれらについてわれらを悩ます者に伝えられしことを。

第二章

天上の会議　災禍ヨブの身に及ぶ　彼の妻彼を去る　慰藉の天使来たる

一その後またある日、神の子たち来たりてエホバの前に出でし時、サタンもまた来たり、エホバの前に出でたり。二エホバ、サタンにいいたまいけるは、なんじ、いずくより来たりしやと。サタン、エホバに答えていいけるは、地を行きめぐり、ここかしこを経あるきて来たれりと。三エホバ、サタンにいいたまいけるは、なんじ心を用いてわがしもべヨブを見しや。彼のごとく完全にしてかつ正しく、神をおそれ悪を遠ざくる者は世にあらざるなり。なんじ、われを勧めて、ゆえなきに彼を打ち悩まさしめしかども、彼なおその完全を維持す。四サタン、エホバに答えていいけるは、皮をもて皮に換うるなれば、人はそのすべての所有物をもておのれの生命に換うるなるべし。五されど今、なんじの手を伸べて彼の骨と肉とを撃ちたまえ。さらば彼必ずなんじの顔に向かいてなんじをのろうべしと。六エホバ、サタンにいいたまいけるは、彼をなんじの手にまかす、ただ、彼の生命をそこなうなかれと。七サタンやがてエホバの前より去り行き、悪しき腫物をもて、ヨブをその足の裏より頭の頂まで撃てり。八ヨブ、陶器の破片を取り、それをもて身をかき、灰の中にすわりぬ。九時に彼の妻、彼にいいけるは、なんじはなおもなんじの完全を維持せんとするや。神をのろいて死せよと。一〇しかるに彼、彼女に答えていわく、なんじの言は愚婦の言のごとし。われら神より幸いを受けてまた災いをも受けざらんやと。すべてこの事に関して、ヨブはそのくちびるをもて罪を犯さざりき。

一一時にヨブの三人の友、このすべての災いの彼に臨みしを聞き、おのおのその所より来たれり。すなわちエリパズはテマンより、ビルダデはシュヒより、ゾパルはナアマより来たれり。彼らはヨブをいたわりかつ慰めんとて互いに相約して来たりしなり。一二しかして来たって目を挙げてはるかに見しに、そのヨブなるを見知りがたきほどなりければ、おのおのその上着を裂き、天に向かいてちりをまきてその頭にふりかけたり。一三かくて彼ら七日七夜、彼と共に地に座し、彼らのうち何びとも彼に向かって一言をも発せざりき。そは彼の苦しみのはなはだ大いなるを見たればなり。

辞解

(一)「**その後また**」しばらく過ぎて後また。すなわち第一回の試み失敗に終わりて後、時を経てまた。(四)「**皮をもて皮に換う**」骨肉近親をもってわが身に換うの意なるべし。皮または膚を肉身の意に解するの例は、これを十八章十三節、十九章二十六節において見るべし。人の利己心のはなはだしき、彼はその最近の骨肉をさえ犠牲に供してもおのが生命を救わんとする者なればとの意なるべし。(五)「**骨と肉**」骨肉近親の意にあらず。ヨブの身体そのものをさしていうなり。(六)「**彼の生命をそこなうなかれ**」身体をそこなうも生命そのものをそこのうてこれをして死に至らしむるなかれとの意なり。(七)「**悪しき腫物をもて、ヨブをその足の裏より頭の頂まで撃てり**」癩病なりしなり。医学上、象皮腫 Elephantiasis と称するものにして、皮膚の状態、変じて象皮のごとくに化するものなり。後篇に至ってヨブがその病苦を訴うるにあたってよくこの病症の徴候を表わすという。よって知る、この書の著者自身がこの難症を身に試みし者なることを。(九)「**神をのろいて死せよ**」神を捨てて自棄せよ。無神論者となりて自殺せよ。絶望の極のことばなり。(一〇)「**愚かなる女**」事理を解せざる婦人、神を知らざる婦人、愚者は心の中に神なしといえり(詩篇一四・一)。聖書にいわゆる愚者は不信者なり。(一一)エリパズはテマン人なり。テマンはエドムの一地方にして知者の産出をもって名あり(エレミヤ書四九・七等参照)ビルダデはシュヒ人なり。ゾパルはナアマ人なり。シュヒ、ナアマはその何地なりしや、今に至って知りがたし。けだしウヅ、テマンとひとしく、ヨルダン川以東の高原のアラビヤ砂漠に接するあたりにありしならん。三人共にヨブと社会上の地位をひとしゅうし、知識と信仰とに富み、その産においてもまたその徳においても、ヨブと対等の者たりしがごとし。(一二)「**ちりをまき**」愁傷のしるしなり。灰をかむるというにひとし(マタイ伝一一・二一)。

意解

サタンはヨブを試みて失敗せり。ヨブはサタンが疑察せしがごとき営利的信者にはあらざりき。困苦に処するヨブの態度は、サタンをして一時は口をつぐむのやむを得ざるに至らしめたり。世に真正の善人の存するあり。サタンはこれを信ぜざらんと欲せしもあたわざりき。

善をおこなうをもて愚かなる人の無知のことばをとどむるは神の旨なり（ペテロ前書二・一五）

試練に堪えしヨブの勇行はサタンをしてことばなからしめたり。されども彼サタンの再び口を開くべき時は来たれり(三)。

サタンは神の前にその人生観を述べていわく、信仰の目的もとこれ身命を保存するにあり。身命にして全からんか、人はその最愛の眷属といえどもこれを犠牲に供するを辞せず。人生の最大目的は自存にあり。ヨブいかに完全なればとて、この目的以外に神を認めんや。彼の身命を脅迫したまえ。彼必ず目のあたり神をのろい、なんじを捨てんと(四)。

エホバ、サタンに答えていいたまわく、あるいはしからん。なんじ、この事をヨブにおいて試み見よ。彼の生命を脅かし見よ。されども全くこれを絶つなかれ。彼に死の恐怖を生じ見よ。もし自存にして彼が神をおそるるの最大動機ならんか、彼は生命の危きを見てただちにわれを捨てん。されどももし彼に自存以上の追求物あらば、彼は死すともわれにすがらん。われはなんじサタンと共に見んと欲す。自存はたして人生存在の最大目的なるやを。わが愛するしもべヨブは、この事を天使と人類とに示さんがための試験物に供せらるべし(六)。

あわれむべきかな、ヨブ。さいわいなるかな、ヨブ。なんじはその理由を知らずして人の知らざる困苦に遭遇せんとす。なんじは今は真理の証人として

雲のごとくになんじを囲む多くの見証人（ものみびと）の前に立たんとす（ヘブル書一二・一）

なんじ、腰ひきからげ、丈夫（おとこ）のごとくせよ（ヨブ記四〇・七）

なんじの失敗は人類の失敗なり。しかり、神の失敗なり。なんじは身に大なる責任を負うて今よりひとり闇黒に入らんとす。入りて『闇黒の宝』をわれらに持ち来たれよ。しかしてわれらに健全なる『患難の哲理』を教えよ。われはなんじに関する神の命のサタンにくだるを見て、なんじのために同情推察の涙に堪ゆるあたわず。

打撃は下れり。神の手は義人ヨブの身にさわれり。彼

は不治の病にかかれり。天刑病と称せらるる癩病にかかれり。彼は今は神にのろわれし者として人の前に立てり。彼の産は奪われたり。彼の子は殺されたり。しかして彼自身は今また不治の病にかかれり。かくてこの世のヨブはすでに死せり。彼の財産も彼の名誉も彼の健康もことごとく奪い去られて、彼はこの世にありて無きにひとしき者となれり。人生の目的物は内にあるか、外にあるか。所有物（もの）なるか、信なるか。世にあるか、神にあるか。ヨブはこの難問題を解釈するに最も適当なる地位に置かれたり（七―八）。

　不幸なるヨブの患難は肉身の苦痛にとどまらざりき。彼はさらに心情の劇痛を加えられたり。彼の妻もついに彼にそむけり。彼女の心はついに動きたり。彼女は目のあたり彼を讒謗するに至れり。

　神をのろいて死せよ。なんじ神に捨てられし者よ

と。彼女の信仰はヨブのそれとは異なれり。富豪に嫁せし彼女ももと富豪の息女たりしならん。しかして敬神家の家庭に生長して彼女は習慣的に神をおそれしならん。しかるに今やたちまちにして貧者の妻となるに及んで彼女の信仰の基礎は全く破砕されしがごとし。彼女は信ぜり、神の恩寵のしるしは繁栄にあり、健康にありと。しかるに貧苦と廃疾とのヨブの身に臨むを見て、彼女はついに彼女の夫において神に捨てられし者を認めざるを得ざるに至れり。あわれむべき彼女は境遇的信者なりしなり。彼女は主義の婦人にはあらざりしなり。彼女はよく歌をうたい得しならん。彼女はよく琴を弾じ得しならん。彼女はよく富者の家庭を整理し、「貴婦人」として恥ずるところなき者なりしならん。されども苦痛の秘密を知らざりし彼女はヨブの真正の妻たるには適せざりし。ゆえに陰雲の彼の身をおおうに及んで彼女はついに彼を捨て去れり。ああヨブの妻よ、製造的キリスト教婦人よ！（九）

　されども大いなるヨブはその妻の背信にも堪えたり。彼はいえり、

　なんじのいうところは不信者の婦人のことばのごとし

と。彼は彼女は信者なりと思えり。されども今や患難に遭遇して彼女の不信者なるを知れり。彼女は恩恵また時には災禍なることを知らざりき。逝（ゆ）けよ、価値なき婦人よ。なんじは災害の中になんじの良夫の真価を認

めあたわざるなり（一〇）。

彼の子は死せり。彼の妻は去れり。彼の兄弟と姉妹とは、もしありしとするも、同じく彼を侮蔑せしならん。されども彼になお友ありたり。彼らは彼の災禍を聞いて悲しめり。彼らは相互に距離を隔てて住めり。されど相通じ相約して列を同じゅうして来たれり。うるわしきは患難に際する時の友人なり。地上における神のたまものにして、これにまさるもの他にあるなし。思い見る、バシャンの高原、砂漠の風にギレアデの乳香を薫（くす）らせ、ヨブをいたわらんための贈り物を携えて三人の友人がらくだのくつわをならべて相走るのさまを。これ雲上をかける天使のさまなり。彼らは慰藉をもたらしつつ来たる。彼らはもちろん完全なる慰藉者にあらず。しかり、彼らはヨブの苦痛を解するあたわざりし。されども友は友にして敵にあらず。友の見解の足らざるために彼をしりぞくるなかれ。ただ彼の好意のために彼を受けよ（一一―一三）。

エリパズは三人のうち年長者にして、最も知識と経験とに富めり。ビルダデこれに次ぎ、ゾパル最も若し。彼ら齢を異にして心を同（とも）にせり。彼らは彼らの財をもって、また彼らの知識と信仰とをもって、悩めるヨブを助けんとて来たれり。聖書はある意味においては友徳の福音なり。しかして近親の離叛の後に友人の来援をえがきしヨブ記は確かに友徳の賛美者たるなり（一一―一三）。

されども来たり見ればソモいかに。彼ら砂漠の朦気を透してヨブのさまをうかがい見れば、今の彼は昔日の彼にあらず。富者の尊厳は跡を絶ち、身は悪疾の汚気を放ち、彼に誠実の容姿は存せしも、懐疑のしわは彼のひたいに波立ち、一目して大災難の彼の身と心とに臨みしを見たり。知るべし、彼ら彼に会して七日七夜、一言を発するあたわざりしを。沈黙は最も雄弁なる説教なり。ヨブの苦悩はあまりに大にして、言語のもって癒やすべくもあらざりき。癒やすあたわず、ゆえにこれを分有（わか）たんのみ。ヨブの友人はかかる場合における慰藉者の取るべき唯一の方法を取れり（一一―一三）。

第三章

ヨブその誕生の日と胚胎の夜とをのろう　ヨブその死して生まれざりしを恨む　生まれてただちに死せざりしを悲しむ　墳墓の幸福　死の蔭の安静　絶滅の恩恵　絶望の今日

一この後ヨブ、口を開きて、おのれの日をのろえり。

二ヨブすなわちことばを出だしていわく、
三わが生まれし日は滅びうせよ
男(お)の子胎にやどれりといいし夜もまたしかあれ
四その日は暗やみなれ
神、上よりこれを顧みたまわざれ
光、その上に照るなかれ
五暗やみおよび死の蔭これを取りもどせ
雲その上にやどれ
日を暗くするもの、これを恐れしめよ
六その夜は！　暗やみの捕うるところたらしめよ
年の日の中に加わらざらしめよ
月の数に入らざらしめよ
七その夜ははらむことあらざれ
喜びの声この中に興らざれ
八日をのろうもの、これをのろえ
レビヤタンをふりおこすに巧みなるもの、これをのろえ
九その夜の星は暗かれ
その夜には光を望むも得ざらしめよ
また東雲（しののめ）のまぶたを見ざらしめよ
一〇こはわが母の胎の戸を閉じず
またわが目に憂いを見ることなからしめざりしによる
一一何とてわれは死にて胎より出でざりしや
何とて胎より出でし時に息絶えざりしや
一二いかなれば膝ありてわれを受けしや
いかなれば乳ぶさありてわれを養いしや
一三しからずば今はわれ伏して安かりしものを
われはいねてこの身はやすらいおりしならん
一四かの荒れ塚をおのれのために築きたりし
世の君たち臣たちと共にあり
一五かのこがねを持ち、しろがねを家に満たしたりし
つかさたちと共にありしならん……
一六また人知れずして産まれし堕胎児のごとく
また光を見ざる赤子のごとくにして、今は世にあらざりしならん
一七かしこにては悪しき者しいたげをやめ
うみ疲れたる者、休みを得
一八かしこにては捕われ人みな共に安きにおり
追い使う者の声を聞かず

一九 小さき者も大いなる者も同じくかしこにあり
しもべも主の手を離る
二〇 いかなれば艱難(なやみ)にある者に光を賜い
心苦しむ者に命を賜うや
二一 かかる者は死を望むなれども来たらず
これを求むること、隠れたる宝を掘るよりもはなはだし
二二 もし墓を尋ねて得ば
彼は大いに喜ぶなり。しかり、踊り喜ぶなり
二三 その道隠れ、神に取りこめられおる人に
いかなれば光を賜うや
二四 わが歎きはわが食物に代わり
わがうめきは水のごとくに流る
二五 わがおののき恐れしもの、われに臨み
わが怖懼(おじおそ)れしもの、この身に及べり
二六 われは安らかならず、おだやかならず、休みを得ず
ただ艱難のみ来たる

辞解

(一)**「この後」** 七日七夜の沈黙を経て後。**「自己の日」** 誕生日なり(一・四参照)。(五)**「暗やみおよび死の蔭これを取りもどせ」** 当時の科学思想たる二元論の教うるところによる。これにしたがえば、昼夜、生死の別は、光明と暗黒と、生と死との競争取り合いより来たるものなりと信ぜられたり。すなわちその日に限り暗黒をして光明に勝たしめよ、死をして生を破らしめよとの意なり。**「日を暗くするもの」** 日蝕の時の月ならんか、あるいは曇天の時の雲ならんか、あるいは当時の天文思想により、天をかけて日光をおおう、ある想像的奇獣ならんか、今日に至りこれを知るによしなし。(八)**「レビヤタンをふりおこすもの……」** レビヤタンは、あるいはわになりといい(四一・一参照)、あるいはくじらなりという。この場合においては、前節にいわゆるある一種の奇獣と見なすをもって適当なりと信ず。「レビヤタンをふりおこすもの」は、この怪獣を招致する魔術師なり。もしでき得べくんば、彼をしてその秘術を施さしめ、暗黒を起こしてこの不幸なる日をのろわしめよとの意なり。**「東雲のまぶた」** 東雲を美人のまぶたになぞらえし古代の神話(ミソロジー)による。(一二)**「膝」「乳ぶさ」** 父の膝と母の乳ぶさ。(一四)**「かの荒れ塚をおのれのために築**

きたりし世の君たち……」 荘大なる古墳を築きし世の貴人の謂（いい）なるべし。エジプトのピラミットを築きしチューフー王のごとき者。（一五）世にある時は栄えて、今は墳墓の下にやすらう者、貧者も死しては富者と所を共にす。（一七）当時の奴隷制度を表わす。（一八）当時の捕虜制度を示す。捕虜は必ず戦勝者の奴僕となりて使役せられたり。（二三）**「その道隠れ……」** さきの見えざる者、望みなき者、暗黒をもって取りこめられて身動きのできぬ者。

意　解

艱難は遭遇当時においてはよくこれに堪うるを得べし。されども時を経て後にその劇痛は感ぜらるるなり。ことに友人の同情に会うてその深痛は感ぜらるるなり。艱難は寒気のごとし。涙源これがために氷結す。されども友人の温情に接して、その融解して熱涙の一時にほとばしるを見る。七日七夜の沈黙の後にヨブの胸間は張り裂けんばかりになりぬ。これ彼がついに口を開きしゆえん（一）。

神をのろわんか、あたわず。人を恨まんか、益なし。さらば存在そのものをのろわん。しかり、存在の始めたる出生の日をのろわん。しかり、出生に至らしめし胚胎の時をのろわん。生命は今は苦痛なり。生命なかりせば苦痛なかりしものを。出生なかりせば生命なかりしものを。胚胎なかりせば出生なかりしものを。いうをやめよ、人の誕生日は祝日なりと。これ実に災いの日たるなり。わがためにこの日を祝せし者はたれぞ。われは恨む、この日のありしことを。われは恨む、この日ありしとするも何者か出でてこの日を滅せざりしことを。われの不幸はこの日より始まれり。われはこの日とこの時とをのろうと（一―一〇）。

よしわれ、はらまれたりとするも、よしわれ、生まれたりとするも、何ゆえにわれは死して生まれざりしや。何ゆえにわれはやみより出でてやみに行かざりしや。あるいはもしわれ生きて生まれしとするも、何ゆえにわれを撫育する者ありしや。われは今わが父母を恨むなり。われは今、彼らがわれを死にゆだねざりしを恨む（一一―一二）。

ああ、もししからんには、われはすでに墓のいこいにありしものを。王侯貴族と所を共にし、土に枕して眠り草におおわれてやすらいしものを。たれか死の蔭のやすみを知る者あらんや。かしこに王者の虐政あるなし。戦争はやみて捕虜あることなし。かしこに大小、貧富、主従の別あるなし。かしこはすべて静粛にしてすべて平穏なり。死者の幸福ははるかに生者のそれにまさる（一三―一九）。

かかる休息の供えらるるあるに、神は何ゆえに艱難におる者に光を賜い、心苦しむ者に命を賜うや。彼は死を望むこと、隠れたる宝を求むるよりも切なり。彼の今欲する唯一のものは墓なり。生命の快楽は希望にあり。希望にして絶たれんか、生命は無きにしかざるなり。かかる者に生命を賜うは苛酷なり。無慈悲なり。人をあわれみたもう者よ、われに絶滅の恩恵を賜えよ（二〇―二三）。

わが食物は歎きなり。わが飲物は水の流れてやまざるがごときわがうめきなり。われのいといしものはわれに来たれり。われの恐れしものはわが身に及べり。われの今日はわが希望と正反対なり。わが全身に安息あるなし。擾乱われに臨みて、われに今あるものはただ艱難のみと（二四―二六）。

同情を寄す、わが友ヨブよ。なんじの悲歎は実に深し。なんじは宇宙になんじの立場を失えり。地はなんじを去れり。しかして地の去りしと同時になんじはなんじの神を見失えり。われはなんじのために弁ぜんと欲す、なんじは財を失いしために歎く者にあらざることを。妻子の離散またなんぞ深く悲しむをもちいん。神に捨てられしの感、これ今なんじを苦しますものなり。なんじは今ひとり無限の宇宙に漂流す。なんじは今「無限の死」を実験しつつあり。すなわち死せんと欲して死するあたわざるの苦、神を万有に探り求めて彼に会合しあたわざるの痛を感じつつあり。されども待てよ。やみ淵のおもてにありし時にこれを包みし神の霊は、ついに再びなんじを発見し、なんじを抱き上げ、なんじを接吻し、なんじを広き所に歩ませたもうべし。

第四章

エリパズ語る　さとせし者さとさる　不義の急速なる消滅　これを、しし巣窟の離散にたとう　深更の異象とその教訓

一時にテマン人エリパズ答えていわく
二人もしなんじに向かいてことばを出ださば、なんじ
これをいとうや

さりながら、たれか言わで忍ぶことを得んや
三 さきになんじは多くの人を教えさとせり
たれたる手をば強くせり
四 ことばをもて、つまずく者をば助け起こせり
弱りたる膝を強くせり
五 しかるに今この事なんじに臨めば、なんじもだえ
この事なんじに加われば、なんじおじ惑う
六 神をかしこむこと、これなんじのたよりならずや
道を全うすること、これなんじの望みならずや
七 請う、思い見よ、たれか罪なくして滅びし者あらん
正しき者の絶たれしこと、いずくにありや
八 われの見るところによれば、不義を耕し
悪をまく者は、その刈るところもまたかくのごとし
九 彼らは神のいぶきによりて滅び
その鼻の息によりて消え失す
一〇 ししのほえ、たけきししの声ともにやみ
若きししのきば折れ
一一 大じし獲物なくして滅び
雌じし離散す
一二 さきにことばのひそかにわれに臨めるあり
われそのささやきを耳にするを得たり
一三 すなわち人のうまいするころ
われ夜のまぼろしによりて思い煩いおりける時
一四 身に恐れを催しておののきたり
わが骨節ことごとく震えたり
一五 時に霊あり、わが顔の前を過ぎたり
わが身の毛よだちたり
一六 その者、立ちどまれり。されどわれはその形を見分
かつことあたわざりき
ただあるかたちのわが目の前に立てるあり
時にわれしずかなる声を聞けり。いわく
一七 人いかで神の前に正しからんや
人いかでその造り主の前に清からんや
一八 彼はそのしもべさえにたのみたまわず
その使者(つかい)をも足らぬ者と見なしたもう
一九 いわんや土の家に住みおりて、ちりを基とし
かげろうのごとくに滅ぶる者をや
二〇 これは朝より夕までの間に滅び
かえりみる者なくして、ながく失(う)せさる

二その魂（たま）の緒（お）あに絶えざらんや
みな悟ることなくして死に失す

辞解

(一)**「いとうや」**耐うるや。艱難の時に反駁に類することばを聞くは難し。ゆえにエリパズはあらかじめヨブの忍耐を喚起しおくなり。(三)**「たれたる手」**失望落胆のしるしなり。(六)信頼、他なし、神をおそるることなり。希望、他なし、神の道を守ることなり。実際的信仰はこの他にあるなし。(八)人はそのまくものを刈る（マタイ伝七・一六）。(九)**「いぶき」「鼻の息」**砂漠より来たる熱風の、野の草を枯らすがごとく、神の憤怒は悪人を滅ぼす（イザヤ書四〇・七参照）。(一〇―一一)**「しし」「たけきしし」「若きしし」「大じし」「雌じし」**洞穴に巣窟を作るししの一団をいう。雌雄あり、老いたる獅子あり、若きししあり、しかして一朝変災に遭遇すれば、彼らといえども四散せざるを得ず。古代にありて、ししのいまだ多く人家に近く棲息しおりしころは、その常性習慣等は人のよく究（きわ）めしところなるがごとし。本書ならびに詩篇において多くししについて述ぶるところあるは、これ当時の人の日常の話柄なりしがゆえならざるべからず。(一二―二一)これをエリパズの幽霊談と称し、世界文学に有名なり。ある人いわく、沙翁のマクベス劇における幽霊もかくのごとくに凄然（すご）からずと。(一三)**「夜の異象」**夢魔（おそわれ）ならん。(一五)**「霊」**幽霊なり。形ありて無きがごときもの。(一六)**「あるかたち」**奇異なるあるもの。物か霊か、われ知らず。されども声は「あるもの」より出で来たれり。(一八)**「しもべ」「使者」**天使なり。神に直接に仕事する者。肉なる人間以上の者なり。(二一)**「その魂の緒あに絶えざらんや」**かげろうのごとき人の失せざる理由あらん（?）、原文の意義不明にして解しがたし。

意解

いうを好まず、されどもいわざるを得ず。いえば友の心をいたむるのおそれあり。されどもいわざれば、彼、癒えざるならん。苦しめる友に対する吾人の義務は難し。よくこれを果たさんとするに神の特別なる指導を要す(一)。

さとすは易し、さとさるるは難し。さとす時の快楽、さとさるる時の苦痛。しかしてヨブは今さとさるる者の地位に立てり。慈善家にして慰藉者たりし彼がこの地位に立ちしことの苦しさよ。これまた彼にとり確かに一つの試練たりしなり。よく慰むる者、必ずしもよく慰めらるる者、にあらず。ヨブは信仰をもって人を勧めたり。しかして今は同じ信仰をもっておのれを勧むることあたわざりき。患難が吾人の信仰に及ぼすの結果かくのごとし。吾人、平生吾人の信仰についても誇るべからざるなり(二―六)。

エリパズは半ば人生を解して半ばこれを解せざりし。罪なくして滅びし者なきにあらず。また正しくして絶たれし者あり。これ無しと断言し、これ有りと確言するは、人生の半解といわざるを得ず。しかり、義人の絶たれしことあり。されども彼が死をもって唱導せし正義の絶たれしことなし。しかり、義人のこの虚偽の世において絶たれしことあり。されども彼は永久に絶たれしにあらず。義人は死して生く。これキリストが吾人に教えたまいしところなり。エリパズいまだキリストを知らず。ゆえにいまだこの事を解せざりし。またエリパズのごとくにキリストを知らざる者が人生を解すること、おおむねみなかくのごとし(七)。

エリパズの義人観は半ば誤れり。されども彼の悪人観は正鵠を失わざりし。悪人は不義を耕し、悪をまいて、しかしてこれを刈る。その滅ぶるや急速なり。あたかも虚木(うろのき)の倒るるがごとし。繁茂せしかと見る間に倒る。神の憤怒のいぶきに会えば、彼らは熱風に触れし野の青草のごとくに枯る。しし、巣窟にありてほえ、綿羊、山羊の類はその声を聞いて戦慄す。いわく、しし族の猛威延びて千万歳に及ばんと。されども見よ、神の一撃をその上に加えたもうあれば、洞穴に猛獣は絶え、その一族ことごとく離散す。その牙は折れ、その声はやみ、雌雄所を異にし、老若路頭に迷う。……叢林のしし族しかり。罪界の豪族しかり。彼らの安固なるがごとくに見ゆるは暫時のみ。あるいは二十年、あるいは三十年、長くして百年に満たず。しかして彼らは一朝にして滅ぶ。しかして後世の人は彼らの跡を尋ねていう、閥族の余孽はいずこにあるかと(八―一一)。

細き声はこれを深き静粛のうちにおいてのみ聞くを得べし。預言者エリヤは「静かなる細き声」を聞かんがためにはホレブ山の寂寞におもむかざるを得ざりき(列王紀上一九・一二）。エリパズもまたこれを深更粛々として万籟声を潜むる時において聞けり。異象、前にあり、夜色、凄然たり、恐怖、全身を襲い、感能、過敏をきわむる時に、彼は平凡のごとくに聞こえてしかも真理中の真理たるこの事を聞けり。すなわち「人いかでか神の前に清からんや」と。世の擾々たるがゆえに、われらは日々にこの声を聞けどもこれを心に留めず、常に清浄をもってみずから許し、かげろうのごとき者なることをさとらず。されど時にあるいは山頂に立って青空とひとり相対する時、あるいは洋面に浮かんでひとり洪波に揺らるる時、われらはわれらの微と小とを感ずる、はなはだし。思う、実にわれは空間の一点、蒼海の一滴、われ神の前に何かあらんと。エリパズもまたかつてかかる経験により て、神の大に対する彼の小と、その聖に対する彼の不浄とをさとりしならん。彼いまこの実験を開陳してヨブを教えんとす。その想の荘、その辞の美、文界の珠玉と称すべし（一二―二一）。

第五章

エリパズさらにヨブをさとす　災禍は地より起こらず、人より生ず
知る者はその知に倒るゆえに、弱者慰む　神に癒やされし者の平安

一請う、なんじ呼びてみよ。たれかなんじに答うる者
ありや
聖き者の中にてたれになんじ向かわんとするや
二それ愚かなる者は憤りのために身を殺し
つたなき者はねたみのためにおのれを死なしむ
三われみずから愚かなる者のその根を張るを見たり
しかれどもたちまちにしてその家はのろわれたり
四その子どもは助けを得ることなく
門にてはずかしめを受くれども人のこれを救うある
なし
五その刈り取れる物は飢えたる人これを食らい
いばらのまがきの中よりこれを奪い出だし
わな、その所有物（もちもの）に向かいて口を張る
六災禍（わざわい）はちりより起こらず

艱難（なやみ）は土より出でず
七 人の生まれて艱難を受くるは
火の子の上に飛ぶがごとし
八 もしわれならんには、われは必ず神に告げ求め
わが事を神にまかせん
九 神は大いにして測りがたき事をなしたもう
そのふしぎなるわざをなしたもうこと数知れず
一〇 雨を地の上に降らし
水を野のおもに送り
一一 低き者を高く挙げ
憂うる者を引きおこして幸福（さいわい）ならしめたもう
一二 神はさかしき者の謀計（はかりごと）を破り
その手のわざをなしとぐることあたわざらしむ
一三 神は賢き者をそのみずからの詭計（たくみ）によりて捕え
よこしまなる者の謀計をして敗れしむ
一四 彼らは昼も暗きに会い
真昼にも夜のごとくに探り惑う
一五 神は悩める者を救いたもう
口の剣と強き者の手とをまぬかれしめたもう
一六 ここをもて弱き者に望みあり
悪しき者、口を閉ず
一七 神のこらしたまう人は幸いなるかな
さればなんじ全能者のいましめを軽んずるなかれ
一八 神は傷つけ、また包み
撃ちて痛め、またその手をもてよく癒やしたもう
一九 彼はなんじを六つの艱難の中にて救いたもう
七つの中にても、災い、なんじに臨まじ
二〇 ききんの時にはなんじを救いて死をまぬかれしめ
いくさの時には剣の手をまぬかれしめたもう
二一 なんじは舌にてむち打たるる時にも隠るることを得
滅びの来たる時にも恐るることあらじ
二二 なんじは滅びと、ききんを笑い
地の獣をも恐るることなかるべし
二三 田野の石なんじと相結び
野の獣なんじと和らがん
二四 なんじはおのが幕屋の安らかなるを知らん
なんじの住みかを見まわるに欠けたる物なからん
二五 なんじまたなんじの子どもの多くなり

なんじの裔（すえ）の地の草のごとくになるを知らん
二六 なんじは高齢におよびて墓に入らん
あたかも麦束のその時にいたりて倉に運ばるるごとくならん
二七 見よ、われらが尋ね明きらめしところ、かくのごとし
なんじこれを聞きてみずから知られよ

辞解

(一)「**呼びて見よ**」叫びて助けを乞い見よ。神に逆ろうて、たれもなんじに答うる者はあらじ。罪を天に得て訴うるところなし。「**聖者**」天使なり。なんじに答うるの人あるなし。また天使あるなし。「**向かわんとするや**」顔を向けて援助を仰がんとするや。(二)「**愚者**」頑愚者なり。おのれをもってさとしとなし、他者の訓誨をいれざる者なり(箴言一・七)。「**憤怒のために身を殺す**」愚者、非理をおこなわんとして神の強硬なる抵抗に会い、激憤を発してみずから敗滅を招く。「**つたなき者**」計策に富むも、真実に欠乏して、かえって失敗を招く者。「**ねたみ**」情火なり。熱憤と訳するを得んか。(三)「**根を張る**」勢力を張り、繁栄をいたすなり。「**たちまちにして**」不意に。急速に。何びとも敗滅を予期せざりし時に。(四)「**門**」町の門は、パレスチナ地方においては公判のおこなわるる所なり。あるいはこれを「ちまたの座」ともいう(二九・七)。「**門にてはずかしめらる**」衆人注視の前にてはずかしめらる。(五)「**いばらのまがきの中より……**」富者、かぎをもって家をめぐるも何の用なし。時いたればその産は他人の奪うところとなる。「**わな、その所有物に向かい口を張る**」滅びのわなは悪人の産のその中に落ち来たらんことを待ちつつあり。これ彼が安然を叫ぶ時にわなはすでに彼の面前にあり。これあるいは自身の設けしものならん(五・一三参照)。あるいは神が彼のために設けしものなりともいうを得べし。(六)「**災禍はちりより起こらず**」植物のごとくに天然的に土地より生ずるものにあらず。「**火の子の上に飛ぶがごとし**」人として必然のことなり。(一五)「**口の剣**」悪人の讒誣なり。剣の中最も恐るべきものなり。(一六)「**六つの艱難**」「**七つの中**」多くの災禍の中よりとの意なり。

義者に患難多し。されどエホバは彼をその中より救

い出だしたもう（詩篇三四・一九）
「舌にてむち打たる」 いかなる鞭撻よ。しかも偽善国の社会にこの種の鞭撻のさかんにおこなわれざる所あるなし。**「滅びときさんを笑う」** その、彼に害なきを知ればなり。これを恐れざるのみならず、これを笑う。心中の慰安を示す。（二三）**「石と結び、獣と和す」** 人と和するのみならず、また天然と和す。これ最終最大の平和なり（イザヤ書五五・一二―一三）。

意　解

神は愚者（頑抗者）を滅ぼさず。彼は頑抗によりておのれを滅ぼすなり。神は癡者（計策者）を殺さず。彼は計略をもって自己を死なしむ。敗滅は神によらず、自己による。滅亡をもって神を恨むべからず。ただ自己の責むべきあるのみ（二）。

濠を深くし塀を高くして賊を守るも何の用かある。内にして正しからざらんか、倒産のうれい目前にあり。賊は外にあらず、中にあり。富んで正しからざれば、いばらのまがきももって財貨を守るに足らず。正義は確かに財産保全のための最良策なり。しかも世にこの策を講ずるの富者ははなはだ少なし（五）。

災禍といい、艱難といい、もとこれ草木のごとくに地より生ぜしものにあらず。これ人ありて以来初めてこの地に臨みしものなり。災禍は人の作りしものにして罪の結果なり。人は生まれて罪を犯し艱難を招く。あたかも火の子の上に飛ぶがごとし。艱難は人の付着性なり。あわれむべきかな、彼。ゆえに慈愛の神は永久の喜楽に入るの道を彼のために供えたまえり（六―七）。

人生に煩悶錯雑多し。われらみずからこれを処理せんと欲してあたわず。ゆえにわれらはこれを神にまかせんかな。

神は大いにして測りがたきことをおこないたもう彼が人生を知りたもうは、医師が身体を知るよりも密なり。彼はもつれたる糸を解きたもう。彼に処しがたきの艱難あるなし。煩悶は家庭の不和なるか、これを神にまかせよ。錯雑は社会の混乱なるか、これを神にまかせよ。

雨を地の上に降らし、水を野の面に送りたもう神は、恩恵のあまねきをもって不和をその根底において絶つを得べし。

低き者を高く挙げ、憂うる者を引きおこして幸福ならしめたもう

神は、公平をこの世にいたしして混乱をその原因より治するを得べし。

神を知ること、これ知恵の始めなり

神にまかすこと、これ安静に入るの初歩なり（八―一二）。

世の才士（賢き者）はみずからの知恵によりて滅び、その策士（よこしまなる者）の謀計はやぶらる。彼らは成功（昼）の中に失敗（暗黒）に会い、全盛の時（真昼）にも惑乱周章することあり（夜のごとくに探り惑う）。

ここをもて弱き者に望みあり。悪しき者口を閉ず

成功は才能によらず、神の指導による。弱者の希望は信頼にあり。世は計策と信仰との競争場たり。しかして前者は常に先に成功して後に失敗するものなり。弱者成功の希望はこの天則に基いす（一三―一六）。

神のこらしたもう者は幸いなり。さればなんじ、全能者のいましめを軽んずるなかれ。神は傷つけたもうのみならず、また癒やしたもう。しかり、永久に癒やしたまわんがために、一時傷つけたもうなり。六難のなんじに臨むことあらん。されどもなんじよくこれに耐えよ。さればすべての艱難よりば第七難のなんじに臨む時になんじはすべての艱難より救い出さるべし。なんじに臨む艱難の多きがゆえをもって神を恨むなかれ。終わりまで忍ぶ者は救わるべし。なんじの忍耐をして神の忍耐にかなわしめよ。さらば彼は恩恵をもってついになんじに譲らざるを得ざるに至るべし（一七―一九）。

神のこらしめの結果はこれなり。すなわちなんじは人の悲しむ時に悲しまざるに至るべし。なんじはききんの中にありて飢えず、戦争の時に際して平然たるべし。のみならず、誹謗者の舌もなんじを傷つくるあたわざるべし。壊滅のなんじの周囲に臨むことあるも、全能者にたよるなんじのみは恐るることあらじ。しかり、なんじは滅びとききんを見て笑い、暴虐の人（地の獣）をも恐るることなかるべし。これみな神を知る喜ばしき結果なり。しかして神を知らんと欲せば神にこらしめらるるを要す。あたかも一たびは悪疫に犯さるるの利益なるがごとし。一たびその犯すところとなりて、万病も犯すことあたわざるに至るべし。さらば撃たれよ。神に撃たれて強き者となれよ（二〇―二二）。

なんじの安然はこれにとどまらざるべし。なんじは万

物と和するに至るべし。敵はなんじを傷つくるあたわず。しかして木石禽獣はなんじの友となるべし。神と和らぎて、なんじは宇宙と和らぐに至るべし。しかして平穏再びなんじの幕屋に臨み、子女、なんじの膝下に栄え、なんじは老境の悲痛をさとらずして、果穀の熟して地に落つるがごとく、苦痛なくしてなんじの墓に入るを得べし。見よ、これわれらが生涯の経験として尋ね得しところなり。今これをなんじの前に述ぶ。なんじ、これを聞きて大いに悟るところあれ（二三―二七）。

　しかり、エリパズよ、なんじの経験は深くしてなんじのことばは美なり。されどもなんじはいまだわが友ヨブの苦痛の真髄に入らざるなり。なんじの人生観はいまだ浅し。ゆえになんじのことばはいまだもって痛めるヨブを慰むるに足らず。われなんじの誠実と老熟とを愛す。されどもなんじの信仰のいまだ世の平凡宗より遠く離れたるものにあらざることを認めずんばあらず。

第六章

ヨブその苦痛の真因を語る　その友の無情を責む　彼らの再考と同情を促す

一ヨブ答えていわく
二願わくはわが憤りのよく量られ
わが悩みのこれに対してはかりにかけられんことを
三さすればこれは海の砂よりも重からん
かかればこそ、わがことばみだりなりけれ
四それ全能者の矢わが身に入り
わが霊魂（たましい）その毒を飲めり
神の恐れ、われを襲い攻む
五野ろば、あに青草あるに鳴かんや
牛あに食物あるにうならんや
六淡き物あに塩なくして食らうを得んや
卵の白（しろみ）あに味わいあらんや
七わが心はこれに触るることをいとう
これあたかもわがいとうところの食物のごとし
八願わくはわが求むるところのものを得んことを
九願わくは神わがこいねがうところのものをわれに賜
わらんことを
願わくは神われを滅ぼすを善しとし
み手を伸べてわれを絶ちたまわんことを

一〇しかるともわれはなおみずから慰むるところあり
われは激しき苦痛の中にありて喜ばん
こはわれ聖き者のことばにもとりしことなければなり
一一われ何の力ありてか、なお待たん
われの終わりいかなれば、われなお耐え忍ばんや
一二わが気力(ちから)あに石の気力のごとくならんや
わが肉あに銅(あかがね)のごとくならんや
一三わが助けわれの中に無きにあらずや
救い、われより追いはなされしにあらずや
一四憂いにしずむ者はその友これをあわれむべし
しからずば彼は全能者をおそるることをやめん
一五わが兄弟はわが望みを満たさざること谷川のごとし
消え失する谷川の流れのごとし
一六これは氷のために濁り
雪その中に隠る
一七されど暖かになる時は消えゆき
暑くなるに及びてはその所に絶え果つ
一八隊旅客(くみたびびと)身をめぐらして去り
むなしき所にいたりて滅ぶ
一九テマの隊旅客これを望み
シバの旅人これを慕う
二〇彼らこれを望みしによりて恥を取り
かしこに至りてその顔を赤くす
二一かくなんじらも今はむなしき者となりたり
なんじらは恐ろしき事を見ればすなわち恐る
二二われあにかつてなんじらにわれに与えよといいしことあらんや
なんじらの所有物(もちもの)の中より物を取りてわがために贈れといいしことあらんや
二三またあだびとの手よりわれを救い出だせ
しいたぐる者の手よりわれをあがなえといいしことあらんや
二四われを教えよ、しからばわれ黙せん
請う、われのあやまてるところを知らせよ
二五正しきことばはいかに力あるものぞ
さりながらなんじらの戒めは何の戒むるところあるなし
二六なんじらはことばを戒めんと思うや

望みの絶えたる者の語るところは風のごときなり
二七 なんじらはみなし子のためにくじを引き、
なんじらの友をも商貨（あきないもの）にするならん
二八 今ねがわくは顔をわれに向けよ
われはなんじらの顔の前に偽らず
二九 請う再びせよ、不義あらしむるなかれ
請う再びせよ、この事においてはわれ正し
三〇 わが舌にあに不義あらんや
わが口あに悪をわきまえざらんや

辞解

（一）**「憤り」** 五章二節のものと同じ。神と争うがゆえに発する熱情。**「悩み」** あるいは災禍と訳す。災禍を感ずるより来たる悩み。（三）**「海の砂よりも重からん」** 重きもの、海の砂にくらべらる（箴言二七・三参照）。**「みだりなりけれ」** 混乱するなれ。先後背馳するなれ。（四）**「矢わが身に入る」** 災禍を、野獣を狩るために用うる毒矢にたとう。悩みは肉体的ならず、心霊的なり。ゆえにわが霊魂その毒を飲めりという。その毒は神の畏怖なり。霊魂の中心に達すと。（五）野ろばの鳴くにゆえあり。彼に青草なければなり。われの悩んで悲鳴を発するにゆえあり。われに神の慰藉絶えたればなり。（六）たまごの白（しろみ）に味あるなし。これに塩を加えざれば食うことあたわず。われの生命も今は全く味なきものとなれり。希望絶え、慰藉失せて、淡味、食うに堪えざるものとなれり。しかもなおこれを食わしめらる。ゆえにわれは泣き叫ぶなり。（八）**「願わくはわが求むるところを得んことを」** これわが失いし財貨にあらず。またわれを去りし不実の妻にあらず。その何ものたるかはなんじら知らざるべし。されどもわれはこれなきがゆえに泣き悲しむなり。（九）**「わがこいねがうところのもの」** もちろん死なり。静かなる墓なり。（一〇）**「聖き者のことば」** 神のことばなり。ヨブこれにもとりしことなしという。彼、時には自己を義とし、時には自己の弱きを表白す。彼のことばは実に乱れたり。（一三）**「わが助け、わが中に無き」**

エホバよ、われ知る、人の道は自己によらず、かつ歩む人はみずからその歩みを定むることあたわざるなり（エレミヤ書一〇・二三）

「全能者をおそるることをやめん」 友人の同情なきが

ために神に対する信仰を廃するに至らん。悩める者のことばとしては聞くべし。心の確実なる者のことばとしては聞くべからず。（一五）「**谷川のごとし**」砂漠の谷川なり、いわゆる wady と称し、潤涸常ならざるものなり。降雨または融雪の時に水あり。乾燥の時に無し。旅人、水を望んでこれに至って失望すること多し。（一六）「**氷のために濁り**」融雪の時に濁流こんこんたり。「**雪その中に隠る**」雪の変じてかくなりしもの、あるいは雪花その上に落ちて消ゆ。（一八）「**隊旅客**」いわゆる Caravan なり。隊を組みて砂漠を旅する者。「**身をめぐらして去る……**」水を尋ねて谷川に至り、これなくして去り、空曠の所に至り、渇の癒えがたきにより て死す。（一九）「**テマ**」エリパズの本国なり。隊旅客の貿易をもって有名なりし。「**シバ**」一・一五参照。（二〇）彼ら涸渇せる谷川に水を望んで失望せり。（二一）「**なんじらも今はむなしき者となりたり**」なんじら三人の友人も今はかれたる谷川のごときものとなりたり。「**恐ろしき事を見ればすなわち恐る**」谷川の、乾燥せる地に達すればその吸収するところとなるがごとし。わが患苦を見てこれを慰むるあたわず。患苦に接すれば苦言を発す。頼むに足らざる慰藉者なるかな（一六・二）。（二二）われかつてなんじらより何ものをも求めしことなし。われはなんじらの知るがごとく独立の人なり。われはただなんじらの同情と友誼とを要求するのみ。しかるになんじらは今この同情をも与うるあたわず。われは実になんじらについて失望す。（二三）「**敵人の手により救い出だせ**」「**あがなえ**」人もし敵人または草寇の捕うるところとなれば、金を払うてこれを救い出すは友人の義務たりしなり。アラビヤ地方においては、この制度、今に至りてもおこなわる。ヨブはいう、彼はかつてかかる責任を彼の友人に負わしめしことなしと。（二四）「**われを教えよ**」わが苦痛を癒やすに足るの知識を供せよ。（二六）「**ことばを戒めんと思うや**」われを戒めずしてわがことばを戒めんと思うや。言語の上にわれを戒めんとするや。なんじら知らずや、望みの絶えたる者の語るところは風のごときものなることを。これに秩序なく連結なきは当然なり。しかるになんじらはかかる者のことばを捕えて彼を責む。なんじらの無情もまた大ならずや。（二七）「**みなし子のためにくじを引く**」昔時の習慣として、人もし負債を残して死することあれば、彼の債権者は彼のみなし子を遺産の中に算し、くじをもってこれを取り、これを奴隷としてひさぎ、もってその損失の一部分をつぐなうを得たり。されども、その、これをなすことの無慈悲の所行たりしことは、当時の人といえどもこれを認めたり。「**友を商貨にする**」みなし子を売るにひとしき不仁の動作なり。されども残忍の人はこの事をもあえてなしたりき。(二八)「**顔をわれに向けよ**」わが同情者となれ。われに利益あることを語れ。顔を人に向けるとは、彼に好意を表すとの熟語なり。(二九)「**再びせよ**」再考せよ。または、なんじのいうところを改めて、われに臨みし災禍についてさらに新たなる見解をいだけよ。「**この事においてはわれ正し**」この災禍の一事においてはわれに不義あることなし。われはわが犯せし罪悪のために神に責められつつある者にあらず。(三〇)「**わが舌にあに不義あらんや……**」わが舌、あにことさらに不義を構造せんや。わが口、あに悪を善より判別し得ざらんや。わが言を信ぜよ。われを狂者となすなかれ。われはいまだ知覚を失わず。なんじらは前の日におけるがごとくわが言を信じて可なり。

意解

われに憤りあり。われはこのことを認識す。されどもわが友はわが憤りのいかに深きかを知らず。もし彼らにしてこれを知らんには、彼らはその海辺の砂よりも重きをさとらん。彼らはわが悩みのゆえんを知らず。彼らはこれわが身に臨みし災禍のためなりと思えり。されどもこれわれを知らざるのはなはだしきものなり。彼らの言をもってわれを慰むるに足らざるは、うべなり(二―三)。

われわが苦痛のゆえんをなんじらに告げん。われは神の傷つくるところとなりたり。われの愛し、敬し、すがり来たりしわが神は、わが心の奥底にまでその毒矢を送りたまえり。われはために彼のみ顔を見失いたり。慈愛の神たる彼は今は残忍の神としてわが目に映ずるなり。これわが悩みの真因なり。なんじらこのことを知らずしてわれを慰めんとするも無益なり。われは今は尋常の人の味わわざる苦痛を味わいつつあるなり(四)。

神のみ顔、わが信仰の目より絶えて、わが生涯は無味無意義のものとなりたり。わがうめくは全くこれがためなり。あたかも野ろばが青草なくして鳴くがごとし。牛が食物なくしてうなるがごとし。わが存在の目的物絶えて、われは生きんことを欲せざるに至れり（五―六）。

ゆえにわれは静かに眠らんことを願う。われは忘却の墓にくだらんことを祈る。われはわがなし得るだけの事をなせり。しかも神はわれを悪ししと認めたまえり。われ、今よりさらに努めて何の益あらんや。われに石の気力あるなし。銅の堅固（かたき）あるなし。人力尽きて後にわれ何をかなさん。今やわれみずからを助くるあたわず。しかして神の救い、われにきたらず。これわが死と墓とをこいねがうゆえんなり（八―一三）。

われなんじら友人を何にたとえん。しかり、砂漠の谷川にたとえん。われ、慰藉にかわきてこれを求めんと欲してなんじらにいたれば、なんじらすでに内に涸（か）れて同情の一滴をとどむるなし。いな、これにとどまらずして、かえって苦言を発してわれを諷す。願う、再びなんじらのわれに対する態度を改めよ。われが昔日のヨブなることを忘るるなかれ。今わが富われより飛び去り、汚れ、わが身に臨みしといえども、わが霊魂に正義の念絶えず。われに慰藉の水を供せよ。しかして友たるの本分を尽くせよ。われは恐る、なんじらのこの事をなさざるがゆえ、われはついに絶対的無神論者となりて、全能者をおそるることを廃するに至らんことを（一四以下）。

ああ、わが友ヨブよ、なんじもまた誤れり。なんじの友はなんじの苦痛の真因を知らず。ゆえになんじを慰むるあたわず。されどもなんじもまたなんじの友を知らず。ゆえに彼らを責むる、また酷に過ぎたり。なんじのいえるがごとく、なんじを傷つけし者は神なり。しかして神の傷つけし者は神のみこれを癒やすを得べし。なんじの友、あに神ならんや。彼らいかでか心の傷を癒やすを得んや。なんじも世の多くの悲痛者とひとしく、人より神の慰藉を求めつつあるなり。患苦に処しても人に対して寛大なれ。最も好き友なりといえども、そのなし得るところは知るべきのみ。友を恨むに神の能力の欠乏のゆえをもってするなかれ。

第七章

ヨブ神に向かって叫ぶ　彼の命の旦夕に迫りしを述べて神の憐憫を仰ぐ　苦痛に堪え得ずして神の暫時彼を離れたまわんことを願う

一それ人の世にあるは戦いにあるがごとくならずや

またその日は雇い人の日のごとくなるにあらずや
二しもべの夕暮をこいねがうがごとく
雇い人のその価を望むがごとく
三われは苦しき月を得させられ
憂わしき夜を与えらる
四われ伏せばすなわちいう
いつ夜あけて、われ起き出でんかと
あけぼのまでしきりにまろぶ
五わが肉は虫と土くれとを衣となし
わが皮は癒えてまた腐る
六わが日は機（はた）の梭（ひ）よりもすみやかなり
われ望むところなくしてこれを送る
七思い見よ、わが命は息なるのみ
わが目は再び幸いを見ることあらじ
八われを見し者の目（まなこ）重ねてわれを見ざらん
なんじ目をわれに向くるも、われはすでにあらざる
べし
九雲の消えて去るがごとく
陰府（よみ）に下れる者は重ねて上りきたらじ
一〇彼は再びその家に帰らず
彼のふるさとももはや彼を認めじ
一一これゆえにわれはわが口をとどめず
わが心の痛みによりて、ものいい
わが魂の苦しきによりて歎かん
一二われあに海ならんや、わにならんや
なんじ何とてわれを守らせおきたもうぞ
一三わが床われを慰め
わが寝床わが憂いを解かんと思いおる時に
一四なんじ夢をもてわれを驚かし
まぼろしをもてわれを恐れしめたもう
一五ここをもてわが心は息の閉じんことを願い
わがこの骨よりも死をこいねがう
一六われ命をいとう、われは長く生くることを願わず
われを捨ておきたまえ、わが日は息のごときなり
一七人はいかなるものなればとて、なんじこれを大いな
るものと見なし
これをなんじのみ心に留めおき
一八朝ごとにこれをみそなわし
時わかずこれを試みたもうや

一九いつまでなんじ、われに目を離さず
わが津をのむ間もわれを捨ておきたまわざるや
二〇人をかんがみたもう者よ、われ罪を犯したりとてなんじに何をかなさん
なんぞ、われをなんじの的となして、われにこの身をいとわしめたもうや
二一なんじ、なんぞわれのとがをゆるさず
わが罪を除きたまわざるや
われいま土の中に眠らん
なんじ、われを尋ねたもうとも、われはあらざるべし

辞解

(一)**「戦い」** 強者にしいられてやむを得ず従事する戦い。**「その日は雇い人の日」** その一生は雇い人の一日のごとくならずや。(二)**「夕暮」** 暮の休息。**「価」** 労働やんで後のその賃銀。(三)**「得させられ」「与えらる」** みずから求めて得しにあらず、強圧者のあるありて、しいられて得させられしなり。(四―五)よく象皮症患者の苦痛を写すことばなりという(二・七―八参照)。夜、眠るあたわず。皮膚は癒えてはまた腐る。うみは虫を生じ、塵埃これに付着して皮をなす。ゆえにいう、**「虫と土くれとを衣となす」**と。(六)**「わが日」** わが一生。そのはやきこと梭(ひ)のごとし。その短きこと風(息)のごとし。そのはかなきこと雲のごとし。(九)**「陰府」** 死者の行くべき所。いわゆる地獄にあらず。(一〇)**「彼は再びその家に帰らず」** 行く者は流水のごとし。また帰らず。死者、時にその故郷をおとなうとはエジプト人の迷信なりし。ヨブはいう、われこれを信ぜずと。(一一)**「口をとどめず」「ものいい」「歎かん」** 思う存分に苦痛を外に発して少しく慰まんと。(一二)**「海」** 大水の意なり。エジプトのナイル川をさしていいしなるべし。**「わに」** 多くナイル川に産せり。川は汎濫を防がんがために土堤をもってこれを守るの必要あり。わには人に危害を加えざらんがために、わなをもって、あるいは釣(はり)をもって、これを捕うるの必要あり。二者共に監視を要す。ヨブ、神に叫んでいわく、われははたして危険物なるや、なんじ、何ゆえにわれを束縛し、われを圧迫したもうやと。(一四―一五)夢魔、厭息、また象皮症の徴候なりという。著者はこの種の癩病患者の実験

をえがきつつあるなり。「**この骨**」この体、すなわち生命。（一六）「**われを捨ておきたまえ**」われを放任したまえ。われをなんじの敵とも友とも思いたもうなかれ。失望の極のことばなり。
（一九）「**津をのむ間**」瞬間。（一七―一八）詩篇第八篇参照。（二〇）「**人をかんがみたもう者**」もちろん神なり。彼の愛する者を看護し、彼のにくむものを監視する者。ヨブは今は神に監視せらるる者なりと思えり。「**われ罪を犯したりとて…**」われはわれたり、なんじはなんじたり。わが罪はわれひとりこれを負わん。なんじ、これがためにわれを苦しむるに及ばずと。ヨブの思想錯乱して罪の何たるかさえを忘却す。「**われをなんじの的となし**」六章四節参照。（二一）われ夕べに死して墓に下らん。なんじ朝に尋ぬるも見たまわざるべし。ヨブ、神を恨む。しかも神を捨てず。彼の声は父の援助を呼び求むる子の声なり。

意　解

艱苦に際してわれわが友に語るも益なし。われはむしろわが神に語らん。いな、神、あるいはわが愁訴（うったえ）を聞きたまわざらん。さらばわれはひとり語らんと。ヨブは友に対して語る時は責め、神に対して語る時は訴え、ひとり語る時は歎きかつ悔ゆ。しかも進歩はその中にあり。

人生は戦闘なり。人のこの世にあるは、徴発されし兵士のしいられて戦場に臨むがごとし。彼は一日も早く服役を終えて暖かき彼の故郷に帰らんことを願う。人生はまた労苦なり。雇い人の貧に責められてやむを得ず貴人の田畝に働くがごとし。彼は一刻も早く鋤犂を捨てて涼しき夕影に疲れし彼の体軀を休めんことを望む。人はみずから好んでこの世に来たりしにあらず。彼は試みられんために「ある他の者」につかわされしなり。されば彼の試練の日の一日も短かからんことを願う（一―三）。

神の試練に会うて、その恩恵はしばしば圧迫として感ぜらる。わが計画はことごとくこぼたれ、わが希望はことごとく絶たれて、われは神がわれを殺さんとなしつつありたもうかのごとくに感ず。神怒、わが頭上に迫り、墳墓、わが足下に開いて、われは今にも粉砕されんかのごとくに感ず。ヨブは今この境遇にあり。ゆえに悲鳴慟哭して神の憐憫を乞（こ）えり。彼はいまだ撃つ手の癒やす手なるを知らず。永生の希望の死の仮面をかむりて彼に臨みつつあるを認めず。彼は今、神に駆逐されつつあり。されども光明に向かって駆逐されつつあることを知らざるなり（一―一〇）。

ヨブは彼の苦悶を口に発して少しくこれを癒やさんとせり。煩悶者のことばは辞義なりにこれを解すべからず。そはこれ彼の心の状態の発表にすぎざればなり。ヨブのことばは彼の真意にあらず。その乱調のみ、よく彼の心情を示せり。彼の友人はこのことを悟らずして、ヨブを彼の発せしことばのままに解して大いに彼を誤解したり。慰藉の術、決して容易ならず。このつれなき誤謬におちいりし者、あにひとりヨブの友人のみならんや（一一―二二）。

第八章

ビルダデ語る　彼、神の公義を弁ず　ヨブに隠れたるとがあるを諷して、彼の悔い改めを促す　言を古人に借りてヨブを責む　人生を蘆葦の繁生にたとう　悪人の繁生を藤蔓（とうるい）の延蔓にたとう　悔い改めに伴なう回運を予言す

一時にシュヒ人ビルダデ答えていわく

二いつまでなんじ、かかることをいうや
いつまでなんじの口のことばは大風のごとくなるや
三神あにさばきを曲げたまわんや
全能者あに公義を曲げたまわんや
四なんじの子どもは彼に罪を得たるにや
彼はこれをそのとがの手に渡したまえり
五されどもなんじにしてもし神に求め
全能者に願い求め
六清くかつ正しゅうせんには
彼は必ず今なんじを顧み
なんじの正しき家を栄えしめたまわん
七しからばなんじの始めは小なるとも
なんじの終わりははなはだ大ならん
八請う、なんじ、過ぎにし代の人に問え
彼らの父祖の尋ねきわめしところの事を学べ
九（われらはきのうよりありしのみにて何をも知らず
われらが世にある日は影のごとし）
一〇彼らなんじを教え、なんじをさとし
ことばをその心より出ださざらんや

一一蘆(あし)あに泥なくしてのびんや
葦(よし)あに水なくしてそだたんや
一二これはその青くしていまだ熟せざる時にも
ほかのすべての草よりも早く枯る
一三神を忘るる者の道はすべてかくのごとく
もとる者の望みはむなしくなる
一四そのたのむところは絶たれ
その寄るところはくもの巣のごとし
一五その家によりかからんとすれば家立たず
これに取りすがらんとすれば保たざるなり
一六彼、日の前に緑をあらわし
その枝を園にはびこらせ
一七その根を石塚にからみて
石の家をながむれども
一八もしその所より取り除かれなば
その所これを認めずして「われはなんじを見たることなし」といわん
一九見よ、その道の喜楽(たのしみ)かくのごとし
しかしてまたほかのもの、地よりはえ出でん
二〇それ神は全き人を捨てたまわず
また悪しき者の手を取りたまわず
二一ついに笑いをもてなんじの口に満たし
喜びをなんじのくちびるに置きたまわん
二二なんじを憎む者は恥を着せられ
悪しき者の住みかは無くなるべし

辞解

(二)**「大風」** 声大にして意味なき言を大風という。(四)**「罪を得たるにや」** 諷刺の言なり。必ず得しとはいわず。得しゆえにやという。ビルダデはもちろんヨブの子らはエホバに罪を得しがゆえに罰せられたりと信ぜり。されどもヨブの前をはばかってかくは明言せざりしなり。されども父の心を刺すの言にしてこれに過ぐるはなかるべし。無慈悲なるヨブの友らよ。**「とがの手」** とがを罰する者の手。あるいはとがの結果にゆだねたまえりと解するを得べし。(五)**「されどもなんじにしてもしとが……」** なんじの子らはそのとがのために罰せられたり。されどもいまだ死に至らざるなんじにして、もしなんじの子らにならうことなく、今ただちに悔い改めんには……。(七)**「始めは小なるとも……終わりは大な**

らん」　小に始まりて大に終わるは神に恵まれし者の特性なり。(九)古老に問えよ、父祖に尋ねよ、新説を弄するなかれと。ヨブの友らは守旧党なり。**「きのうよりありしのみ……」**　きのう生まれしがごとき者のみ。年も少なくして何事をも知らざる者なり。われらの生命は映りて消ゆる影のごとしと。さらば彼らヨブの友人は何ゆえに沈黙を守らざるや。(一〇)**「彼ら、なんじを教えん」**　われらに知恵なし。されども彼ら古老はなんじを教えん。しかり、われらは彼らに代わりて語るのみ。彼らの知恵をもってなんじを説服せんと努むるのみ。

(一一)**「蘆あに泥なくして……」**　古老の伝えしことわざなるがごとくビルダデはいえり。ことわざにいわく、蘆あに泥なくして……。蘆は泥なくしてのびず、葦は水なくして育たず、人は善行なくして栄えず……。「泥」を濁流すなわち不徳と解すべからず。この場合においては「泥」は生命の水を含みたる土なり。(一二)その丈(たけ)人馬を没するに足る蘆葦も、一朝にしてその根より水を絶たれんか、そのいまだ熟せざる時といえども、他の草よりも早く枯る。**「早く」**は「急」の意なり。水を絶たれし後の水草の枯死の急速なるをいう。**「神を忘るる者の道はすべてかくのごとし」**　水を絶たれて蘆葦の急速に枯死するがごとし。またたく間に衰う。なんじヨブの零落にこれに類するものあり。われ大いになんじの心事を疑うと。(一四)**「その寄るところはくもの巣のごとし」**　寄りかかればただちに破る。(一五)その家はすなわちくもの巣なり。これに寄りかからんとすれば立たず。家は人の最後の隠れ場たるに、これさえも彼をささえず。(一六)**「彼、日の前に緑をあらわし」**　不義の人を蘆葦にたとえたり。今、彼をつる草にくらべん。(一七)**「石の家をながむれども」**　比喩はここに事実に変ず。富者が石造の高厦をながめて誇るのさまなり。ヘブライ文学にこの種の変転少なからず。(一八)不義の人、ついにその造りし家より追われて、家そのものすら彼を忘るるに至るという。忘没の極なり。(一九)**「その道」**　悪人の道なり。彼の取る生涯の方針なり。**「その道の喜楽」**とは、かかる方針によりて達せし喜楽なり。**「他のもの、地より生え出でん」**　蔓草枯れて後に新草また地より生え出づ。富者衰えて後に貧者は身を起こして彼に代わる。世は新陳代謝なり。神をおそるる人のみ、よく長久に栄ゆるを得るなり。(二一)ゆえに悔い改めよ、わが友ヨブよ。なんじにしてもし今神に求め、全能者に願い求め、清くかつ正しゅうせんか(五)、神は**「ついに笑いをもてなんじの口に満たし……」**すなわち小に始まって大に終わり、悲に始まって歓に終わらんとの意なり。

(二二)**「なんじを憎む者は恥を着せられ」**栄光はなんじに臨み、恥辱はなんじの敵に臨むべし。仇を報いんと欲せば神に帰るにしかず。さらば神はわれらに代わりてわれらの面目を立てたまわんと。**「恥を着る」**は、恥を人に示さるることとなり。心の中にこれを感ずるのみならず、衆人の前にこれを認めざるを得ざるに至るなり。

「悪しき者の住みかは無くなるべし」義人の家は起こるべし。悪人の住みかは絶たるべし。ヘブライ人の思想に従えば、義人の振興は常に悪人の衰滅と同時におこなわる。ヨブの友人がヨブに善行を勧むるにあたって常にこの思想にのっとれり。これ必ずしも復讐の動機に出でてにあらず。神の公義の顕明を望んでなり。

意　解

その子の罪を諷して父に悔い改めを勧むるは無慈悲なり。ヨブが彼の友人を呼んで「煩わしき慰め人」(一六・二)なりといいしは、うべなり。慰藉に秘術あり。これを解せざる者はこれをおこなうべからず。年少のビルダデはいまだこの術を知らず。彼の友愛は誠実なりしならんも、彼はいまだ彼の友を慰むるに足るの人にあらざりし。好意必ずしも慰諭の特権を作らず。ビルダデのごときは霊魂の「やぶ医者」なり。彼はいまだいためる心を癒やすの術をきわめざりし者なり(三—七)。

ビルダデと彼の同輩とは回顧者なりし。彼らはシナ人に類して古老尊拝者なりし。彼らの説くところは古人の説を繰り返すにすぎず。革新は彼らの堪えざるところなりし。「請う、なんじ、過ぎにし代の人に問え」と。彼らは神はただちに今人の心に語りたもう者なるを信ぜざりし。彼らはヨブが大胆に新説を提出するを怪しめり。幸いなるかな、彼ら古人の盲従者らよ。彼らに独創的意見をいだくの危険あるなし。彼らはただ古書を調べ、ことわざを伝え、もって「忠臣愛国者」たれば足るなり。されども神の人は常に今の人なり。彼は新たに神よりの黙示を受けし人なり。ゆえに彼は世の忌むところとなる。彼は傲慢なりとして人に迎えらる。彼は世の解せざる言を語る。彼は古人を排斥して、生ける今日の神に従わんとす。しかしてヨブはかかる人なりしなり。彼は心にただちに神の霊を受けたり。ゆえに彼は独創の人となれり。彼の言語に粗雑なるところはあらん。されども彼は祖先の神学を繰り返す者にあらず。彼の友人が彼を解せざりしは主としてここに存す。すなわち彼らは「神学者」たるに対して彼は信者たりしがゆえなり。彼らの宗教は耳にて聞きしものなるに対して、彼の宗教は心に感ぜしものたりしなり。両者の間に誤解ありしは、うべなり。そは死はとうてい生を解し得ざればなり(八―一〇)。

されども回顧者の言にも聞くに値するものなきにあらず。ビルダデのいうがごとく、不義の人は実に蘆のごとし。その水絶たるればすみやかに枯る。これに引き替えて義人はレバノンの香柏のごとし。旱魃数月にわたるもその青緑を失わず。丈高きもの必ずしも強者にあらず。肥満なるもの必ずしも勇者にあらず。義をもって養われし人のみ、よく万難に耐ゆるを得るなり。吾人は神は義人を苦しめずとはいわず。されども義人は羞恥をもって終わらず。彼の死につくや、夏の太陽の西山に没するがごとし。戦闘終えて後に静息の墓に下る。小なりといえども吾人何びとも硬質の樹木たるべきなり。汁液多き蘆葦の類たるべからず。他物に寄るにあらざればおのれひとり立つあたわざる、かずらの類たるべからざるなり(一一―二〇)。

始めは小なるも可なり。終わりの大ならんことを欲す。始めは悲しむも可なり。終わりに喜ばんことを欲す。始めに羞恥あるも可なり。終わりに名誉あらんことを欲す。始めに家なきも可なり。終わりに住みかなきをいとう。しかして神はおのれを愛する者を、始めに苦しめたもうといえども、終わりには「笑いをもて彼の口を満たし、喜びを彼のくちびるに置きたもう」べし。羞恥に始まって栄光に終わり、十字架に始まって復活昇天に終わる。

義者の道は旭日のごとし。いよいよ輝きを増して昼の正午(まなか)に至る(箴言四・一八)

願わくはわれもその恩恵にあずからんことを(二一―二二)。

第九章

ヨブ、ビルダデに答う　彼もまた神の公義を認む　されども神の行為に圧制家のそれに類するものあるはいかに　神は独断者なり。ゆえに人の彼と争うも益なし　善悪の無差別　自修の無益　仲保者の希望

一ヨブ答えていいけるは
二われまことにその事のしかるを知れり
人いかでか神の前に正しかるべけん
三よし人は神と争わんとするとも
千の一つも答うることあたわざるべし
四神は心賢く力強くましますなり
たれか神に逆らいてその身安からんや
五彼、山を移したもうに山知らず
彼、怒りをもてこれをくつがえしたもう
六彼、地を震いてその所を離れしめたまえば
その柱ゆるぐ
七日に命じたまえば日出でず
また星を封じたもう
八ただ彼のみひとり天を張り
海の波を踏みたもう
九また北斗、参宿、昴宿
および南方の密室を造りたもう

一〇大いなる事をおこないたもうこと測られず
くすしきわざをなしたもうこと数知れず
一一見よ、彼わが前を過ぎたもう。しかるにわれこれを
見ず
彼、進み行きたもう。しかるにわれこれをさとらず
一二彼、奪い去りたもう。たれかよくこれをはばまん
たれかこれになんじ何をなすやということを得せん
一三神その怒りをやめたまわず
ラハブを助くる者どもこれが下にかがむ
一四さればわれいかでか彼に答えをなすことを得ん
いかでかわれことばを選びて彼とあげつらうことを得
んや
一五たとえわれ正しかるとも彼に答えをせじ
彼はわれをさばく者なれば、われ彼になげき求めん
一六たとえわれ彼を呼びて彼われに答えたもうとも
わがことばを聞き入れたまいしとはわれ信ぜざるな
り
一七彼は大風をもてわれを撃ち砕き
ゆえなくしてわれに多くの傷を負わせ
一八われに息をつかしめず

苦き事をもてわが身に満たせたもう
一九『強き者の力をいわんか、見よ、ここにあり
さばきの事ならんか、たれかわれを呼び出だすこと
を得せん』と
二〇たとえわれ正しかるとも、わが口われを悪しとな
さん
たとえわれ全かるとも、なおわれを罪ありとせん
二一われは全し。しかれどもわれはわが心を知らず
わが命をいやしむ
二二みな同一（ひとつ）なり。ゆえにわれはいう
神は全き者と悪しき者とをひとしく滅ぼしたもうと
二三災禍（わざわい）のにわかに人を殺すごときことあれ
ば
彼は罪なき者の苦難（くるしみ）を見て笑いたもう
二四世は悪しき者の手に渡されてあり
彼またその裁判人の顔をおおいたもう
もし彼ならずば、これたれのわざなるや
二五わが日は駅使（はゆまづかい）よりもはやく
いたずらに過ぎ去りて幸いを見ず
二六その走ること葦舟のごとく
物をつかまんとて飛びかけるわしのごとし
二七たとえわれわが憂いを忘れ
顔色を改めて笑いおらんと思うとも
二八なおこのもろもろの苦痛のために戦慄（ふるいおのの）
くなり
われ思うに、なんじわれをゆるし放ちたまわざらん
二九われは罪ありとせらるるなれば
なんぞいたずらに労すべけんや
三〇われ雪をもて身を洗い
灰汁（あく）をもて手をきよむるとも
三一なんじわれを汚らわしき穴の中におとしいれたまわ
ん
しかしてわが衣もわれをいとうにいたらん
三二神はわれのごとく人にあらざれば、われ彼に答うべ
からず
われらふたりして共にさばきに臨むべからず
三三またわれらふたりの上に手を置くべき
われらの間には仲保あらず
三四願わくは彼その杖をわれより取りはなし

その怠りをもてわれを恐れしめたまわざれ
三五 しからばわれ、ものいいて彼を恐れざらん
そはわれみずからかかる者と思わざればなり

辞解

(二)**「われまことにその事のしかるを知れり」** なんじのいうがごとき平凡の真理は、われはやくよりすでにこれを知れり。今これについてなんじの説法を聞くの要なし。**「人いかでか……」** 神の正義なるはわれもまたよくこれを知る。されども人……罪の人……彼いかでか神の前に正しかるべけんや。これ難問題なり。なんじら「煩わしき慰め人」輩はこの問題をわれに解釈しくれんとはなさざるなり。(三)**「争わん……」** 訴訟上の弁論なり。よし神を相手に取って公平の審判を仰がんとするも……。(四)**「心、賢く、力、強く」** 知恵とこれを実行するに足るの力量とを備えたもう。かかる者と争うて敗訴は当然なり。たれか、かかる愚を演ずる者あらんやと。(五)**「山知らず」** 山の知らざる間に。すなわち思いよらぬ間にこれを移したもう(詩篇三五・八参照)。神は独断なり。山に謀(はか)らずして不意にこれを移したもうと。

「怒りをもて……」 雷霆をもっての謂(いい)ならん。(六)**「地を震い……」** 地震をいうならん。**「柱」** 古代の宇宙観によれば、地は大厦のごときもの、これに柱あり、また天井ありたり。しかして山岳は地上に天をささゆる柱なりと信ぜられたり。(七)ヨシュア記一〇章一二―一三節参照。(八)**「天を張り」** 天を天井と見ていうなり。

エホバはおおぞらを薄絹のごとくしき、これを幕屋のごとく張りたもう(イザヤ書四〇・二二)

「海の波を踏みたもう」 大風、洪波を揚げながら洋面を走るのさまをいうなるか。(九)**「北斗、参宿、昴宿」** ヘブライ語のアーシュ、ケセール、ケーマーの三辞を訳せし語なり。星宿の名なり。共に著名なる星群にして、観星者の何びともよく知るところのものなり。**「南方の密室」** 赤道以南に羅列する星群をいうなり。北半球にある人の目に映ぜざるものなり。ゆえにこれを密室という。(一〇)**「大いなること……くすしきわざ」** 量るべからざること、探るべからざること、その大において無限なり、その知においてもまた無限なり。(一一)**「見よ、彼わが前を過ぎたもう……」** 神の道や量るべからず、また探るべからず。雷霆をもって地を撃ちたもうか

と思えば、また静かなる細き声をもって人と語りたもう（列王紀上一九・一二参照）。彼のかたちはこれを宇宙において見るを得べし。されども霊なる彼は風のごとくにわが前を過ぎたもうも、われこれを見るあたわず。神の大能や驚くべし。その微妙やまた驚くべし。（一二）**「彼、奪い去りたもう……」** 神は専制家なり。独断者なり。暴君なり。彼は彼が思うがままをなしたもう。しかして人は彼の行為に対してくちばしをいるるあたわず。（一三）**「ラハブを助くる者」** 意義明瞭ならず。イザヤ書五十一章九節によりて見るに、ラハブはエジプト国をさすなるがごとし。詩篇七十四篇十三節によれば、ラハブは「竜」または「わに」の謂なり。しかして**「海を分かち、水の中なる竜の首をくじき」**とあれば、水（海）とラハブとは相離るべからざるものなるがごとし。ゆえに**「ラハブを助くる者」**とは、高ぶりたるエジプトの従者の意なるか、あるいは猛獣わにとその類となるか、あるいは海とその波となるか、今にいたってその意を定めがたし。ただ、その全体の意義の、強者とその仲間とにあるはあえて疑いをいるべからず。注解上のこの種の困難は考古学にかかわるものにして、実際的信仰に何の影響あるものにあらず。（一四）**「さればわれいかで彼に答えをなすを得ん」** 神その怒りをやめたまわずば、最大の勢力すらその下にかがむ（一三）。されば弱きわれは彼と争うともいかで彼に回答をなすを得んやと。古代の法廷にありては強者これ権者なりき。ヨブはその事を思うて、彼のとうてい正義の法廷に立って神の対等者にあらざるを信ぜり。（一五）**「たとえわれ正しかるとも……」** 混乱せるヨブは法律の本義を忘れ、彼、正義のがわに立つといえども弱きがゆえに神と争うあたわずという。かくいいて彼は神を侮辱せり。そは神は威力をもって義者を強圧したもう者にあらざればなり。**「彼はわれをさばく者……」** 神はわれと対等の者にあらず。ゆえにわれは彼と争うあたわず。彼はわれをさばく者なり。われは争う者にあらず。彼にさばかるる者なり。ゆえにわれは裁判人たる彼に哀求せんのみ。（一六）**「彼を呼びて……」**「呼びて」は裁判所に呼び出すなり。**「答え」**は、その召喚に応ずるなり。よしわれ神を相手取りて訴訟を起こし、しかして神、わが起訴に応ずることあるも、われは彼がわがことばを聞き入れてこれに耳を傾けたもうとは信ぜざるなりと。（一七）彼はことばをもってわれに答えたまわず、威力をもってわれを圧したもう。（一八）われにことばを出ださしめず、ただ苦楚茵蔯をもってわが身に満たせたもう。外より圧し（一七）、内より悩ましたもう。（一九）神のことばとして解すべし。ヨブはいう、神はわが争議をあざけりていいたまわく、「**強き者の力をいわんか……**」と。神はいいたまえり、「**強者の何たるを知らんと欲するか、われはすなわち彼なり。さばきを仰がんとするか、われを召喚し得る裁判人はたれぞや**」と。ゆえにヨブはいう、「**たれかかかる強者に対し起訴する者あらん**」と。（二〇）「**わが口われを悪ししとなさん**」われ神の前に出でんか、わが身は恐怖の襲うところとなりて、たとえ正義はわがわにあるとも、われはわれに不利益なることばを発して、訴訟はわが敗訴となりて終わらん。（二一）「**われは全し**」しかり、われおのれに省みて悪しきところあるなし。「**されどもわれはわが心を知らず**」かく断言するも、われはわれ自身をすら解せざる者なり。ああ、あわれむべきわれよ。われはわが内に二個のわれあるを覚ゆ。一つのわれは他のわれの自信を保証せざるなり。「**われはわが命をいやしむ**」われはかかる二元的の生命をいやしむ。（二二）「**みな同一なり**」善悪みな同一なり。その間に差別あるなし。神は全き者と悪しき者とをひとしく滅ぼしたもう。（二三）神は無辜の殄滅を見て喜びたもう。（二四）世は悪人の手に渡され、神はまた悪人を庇保せんがために裁判人の目をおおいたもう。「**もし彼ならずば……**」もし神ならずば、たれかこの事をなし得んや。これ神ならずばなすことあたわざることなり。ゆえにわれはいう、みな同一なり。世に善悪の差別あるなしと。（二五）「**わが日は**」わが生涯は。わがこの空気を呼吸する間は。「**駅使**」当時の飛脚なり。疾走をもって有名なり（サムエル記下一八・二二―二三参照）。はゆまづかいは早馬使なり。東方の駅使にして、優に一日百二十五マイルを走る者ありという。「**いたずらに過ぎ去りて幸いを見ず**」ただ路程を過ぐるのみにして、その間に何の快楽あるなし。使者の使命はただその目的地に達するにあり。その他にあらず。（二六）「**葦舟**」エジプト国ナイル川に浮かぶパピラス草（葦の類）をもって造りたる小舟をいうならん。嬰児モーセの母が彼を隠したりしは、けだしこの舟のさらに小なるものなりしならん（出エジプト記二・三参照）。急流を下るとき、その早きこと矢のごとし。「**物をつかまん**

とて飛びかけるわしのごとし」わしの最も早きはこの時なり。率然下り来たりて獲物を奪い去る。人生これを何にたとえん、陸上を走る駅使のごとし。水上を行く軽舸のごとし。空中をかける飛鳥のごとしと。(二七)**「笑いおらんと思う」**嬉色を呈せんと欲す。(三〇)**「雪をもて身を洗い」**雪水をもってにあらず。雪水は濁水なり(六・一六)。雪をもってなり。そのごとく白くならんためなり(詩篇五一・七参照)。**「灰汁」**アルカリ水なり。石鹼の用をなす。(三一)**「汚らわしき穴」**泥坑なり。**「わが衣もわれをいとう」**わが身は汚穢をきわめ、わが衣さえこれをいとうに至れり。衣服を感覚あるものとしていう。(三三)**「仲保」**権力を異にする者の間に介して二者の調和を計る者なり。(三四)**「杖」**笞杖(むち)なり。罰を加えんために用いらるるものにして、この場合においてはヨブに加えられし刑罰、すなわち艱難をいうなり。(三五)**「われみずからかかる者と思わざればなり」**われはかかる刑罰を値する悪人なりとは思わざればなり。二十節の、われは全しというに同じ。

意解

ヨブの失望今やまさにその極に達せんとす。ゆえに彼のことばはまことに大風のごとし(八・二)。これに制裁なし。規律なし。彼は今は暫時的無神論者たるなり。彼の苦悶のはなはだしきを知らずして彼の失言を責むるは酷なり。彼が神に向かって暴言に類するの語を発するは、彼が神の滋眄(じべん)を求めてやまざればなり。親密、時には礼を失しやすし。ヨブの神に対する攻撃に、子が愛をもって親に迫るの観あり。戒むべし、されども憎むべからず(一―二四)。

苦悶のあまり、ヨブは、神は人の近づくべからざる専制君主なりと思えり。

たれか神に逆らいてその身安からんやと。その理と不理なるとを問わず、人の神に逆らうは危険なり、いかなる場合にありても彼は彼に屈服すべし、彼と争うべからず、神に知恵あり、能力あり、されども慈愛はこれを彼において認めがたし、彼は威をもって下を圧する主人なり、彼は義をもって争うべき者にあらずと(二―四)。

これを彼（神）が宇宙を統治するの道において見よ、山に謀（はか）らずして山を移し、雷霆をもってこれをくじき、日を閉じ、星を封じ、天を張り、波を踏みたもう、宇宙万物みな彼の威力を示す、彼は恐るべき者なり、近づくべからざる者なり、大事をなし、また怪事をなしたもう、とうてい弱き人類の友にあらずと（五—一〇）。

神の巧妙機知にまた驚くべきものあり。彼、静かにわが前を過ぎたもうも、われこれを知らず、神、進み行きたもうも、われこれをさとらず、彼は死のごとし、奪い去るも、人これをはばむあたわず、彼は恐るべき者なり、くみすべからざるものなり、とうていつたなき人類の友にあらずと（一〇—一二）。

あわれむべきヨブは今は神に怖（おじ）て彼を愛せず。宇宙に神の恐怖のみを見て、その中に彼の慈愛を発見するあたわず。されどもこれ艱難が相次いで吾人に臨む時に吾人何びとも取る心の態度なり。宇宙はひっきょう心の反影にほかならず。恐怖をもって満たされたるヨブは宇宙において恐怖のほか何ものをも見るあたわざりし。

神は大風をもてわれを撃ち砕きたもう

と。しかり、ヨブよ、神はまた軟風をもってなんじの頬を払いたもうにあらずや。残忍刻薄をもって神を誣（し）ゆるなかれ。なんじの心に春の臨む時に宇宙は挙げて花鳥の絵画と化すべし（二三—二〇）。

神を解せず、またおのれを解せず。ゆえに

われはわが命をいやしむ

という。生命の貴きはその調和にあり。善なる神が善に見え、美なる宇宙が美に観ぜらるる時にあり。しかるに今や神は虐王暴主として現われ、宇宙は恐怖としてのみ観ぜらるるに至って、ヨブはおのが生命をいやしむに至れり。彼はすでに

われ命をいとう。われは長く生くることを願わず

（七・一六）

といえり。しかして「人生の矛盾」をますます深く感ずるに至って、彼は生命そのものを賤視するに至れり。彼はいえり、

みな同一なり

と。善悪みな同一なり、生死みな同一なり、悪者に臨むものは善者にも臨み、生は死のごときものにして、死はまたべつに恐るべきものにあらずと。彼は神は猛力（ゴ

ルートフォース）なりと観ぜり。人の難苦を見て喜ぶ好嘲家のごとき者なりと思えり。しかしてかく神を観ぜしヨブ自身もまた富貴快楽を蔑視する厭世哲学者の一人となれり。絶望は人を駆って「冷静なる哲学者」たらしむ。ヨブ今や人生に絶望し、神を去り、宗教を捨て、喜怒哀楽の上に立つ超然主義の哲学者たらんとせり。あわれむべきヨブよ！（二一—二四）

神は猛力なりとさとり、死生善悪の差別なしと解し、超然的哲学者と化して、ヨブは幸福の人とはならざりし。彼は今は生くるの何のかいなきことを感じたり。愛の神を離れて、彼にとりては時（日）は意味なきものとなりたり。これただ通過すべきものにして、その中に何の幸いなきものと化せり。ローマの哲学者は叫んでいえり、最も悲しみ得ざるにあり。無神論者の悲しさは今日を楽しみ得ざるにあり。ローマの哲学者は叫んでいえり、最も善きことは生まれざりしことにして、その次に善きことは一日も早く死することなりと。日本の西行法師は歎じていわく、いしなごの玉のおちくるたえまより、はかなきものは命なりけりと。神を離れて生命は空虚となるなり。すみやかに経過すべき時間と化するなり。歓喜をもって充実するにあらざれば生命は生命にあらず。生命をいとうに至るは神を忘るるの直接の結果なり（二五—二六）。

哲学者はみずから努めて憂愁を忘れて喜色を呈せんと欲す。されどもいかにせん、彼の心中の寂寥は彼をしておだやかならざらしむ。彼にみずから癒やしがたきの苦痛あり。彼これを思うて、人に知られずしてひとりひそかにおののく。彼は信ず、神は彼の罪をゆるしたまわざるを。平和はひとりみずから努めて得らるべきものにあらず。天より与えられて初めてわがものとなるものなり。平和は実物なり。これを想出するあたわず。しかして天の神のみよくこの実物を吾人に与うるを得るなり（二七—二八）。

みずから清うせんと欲して清うするあたわざる哲学者は自己について失望していう、われみずから清うせんと努むるもなお罪ありとせらるるなれば、なんぞこの上いたずらに労すべけんや、飲食するにしかず、われら明日死ぬべければなり（コリント前書一五・三二）と。自正は自棄に終わる。いわゆる修養なるものは平安に達するの道にあらず（二九）。

みずから清からんと欲して清かるあたわず、みずから正しからんと欲して正しかるあたわず、雪をもって身を洗うも白かるあたわず、灰汁(あく)をもって手を清むるも清められず、いな、みずから清からんと欲すれば欲するほど、わが身の汚れはますます曝露されて、われは汚らわしき泥の中におとし入れらるるの感あり。われは思えり、われひとり修(おさ)めてみずから聖人たり得ざるの理あらんやと。されども実際は予想と違(たが)えり。われはおのれを責め、おのれに省みて、罪悪の泥塊にすぎざるを自覚せり。わが身は実にこれをおおう衣よりも価値なきものなり。その実質の何たるかを知らんには、無感の衣服もさぞかしこれをいとうならん。ああ、われはこの身をいかにせん(三一―三二)。

　ここにおいてか、われはわれに一大要求物あるを覚ゆるなり。すなわち神とわれの間に介して、われのために神を和らげ、汚らわしきわれをして神の前に立つを得しむる仲保者これなり。純正の神はわれをさばくにはあまりに厳正なり。生来のわれは神の前に立つにはあまりに不浄なり。もし世に神と人との性を帯びて人を神に紹介する者あらんには、われは彼にたよりて神にさばかれんものを。されども今やかかる仲保者の世にあるなし。神の怒りの杖はわれに加えらる。ゆえにわれは彼を恐れて語るあたわず。願わくはこの恐怖の圧迫のわれより取り去られんことを。そはわれみずからかくも神の怒りに触るべき者なりとは思わざればなり(三二―三五)。

　しかり、ヨブよ、なんじは仲保者を要求せり。しかしてなんじの要求は実に人類の要求なり。しかして神はついにかかる仲保者を人類に供えたまえり。今や彼にたよりて罪の人も神に近づくを得るに至れり。

　　神と人との間にひとりの仲保あり。すなわち人なるキリスト・イエスなり(テモテ前書二・五)

　彼によりてのみ人は神の前に正しきを得るなり。人生問題の解釈は、彼、ひとりの仲保者にありてのみ存す。

　ヨブにして彼を知るを得たりとせんか、彼の苦悶はたちどころに消えしならん。されども彼もキリスト降世以前の多くの人のごとくに暗夜に神を探らざるを得ざりし。彼ははるかに希望の曙光を見とめしも、ただちに大光に接することあたわざりし。されどもヨブの声はキリストに接触せざるすべてのまじめなる真理探究者の声なりし。ヨブ記の高貴なるゆえんは、その知らず知らずの間に、神の子にして人類の王なるイエス・キリストの降世を預言するにあり。

第十章

ヨブ再び死を願う　彼、神は有限者ならんかと疑う　胚胎当時よりの神の恩寵について思う　神の無慈悲を訴う　死と墓と陰府とを望む

一わが心わが命をいとう
されば われわが憂いを包まずいいあらわし
わが魂の苦しきによりてものいわん
二われ神に申さん、われを罪ありとしたもうなかれ
何ゆえにわれと争うかをわれに示したまえ
三なんじ、しいたげをなし
なんじの手のわざを打ち捨て
悪しき者の謀計（はかりごと）を照らすことを善しとし
たもうや
四なんじは肉眼を持ちたもうや
なんじの見たもうところは人の見るがごとくなるや
五なんじの日は人間の日のごとく
なんじの年は人の日のごとくなるや
六何とてなんじわがとがを尋ね
わが罪をしらべたもうや
七されどもなんじはすでにわれの罪なきを知りたもう
またなんじの手より救い出だし得る者あるなし
八なんじの手われを営み、われをことごとく作れり
しかるになんじは今われを滅ぼしたもうなり
九請う、覚えたまえ、なんじは土くれをもてするがご
とくにわれを作りたまえり
しかるにまたわれをちりに帰さんとしたもうや
一〇なんじはわれを乳のごとく注ぎ
牛酪のごとくに凝らしめたまいしにあらずや
一一なんじは皮と肉とをわれに着せ
骨と筋とをもてわれを編み
一二命とめぐみとをわれに授け
われを顧みてわが魂を守りたまえり
一三しかはあれど、なんじこれらの事をみ心に隠しおき
たまえり
われこの事のなんじの心にありしを知る
一四すなわち、われもし小科を犯さば、なんじ、われを
みとめて

わが罪をゆるしたまわじ
一五 われもし大科を犯さば、われはわざわいなるかな
たとえわれ正しかるとも、わが頭を挙ぐるあたわず
そはわれは内に恥満ち
目にわが患難(なやみ)を見ればなり
一六 もし頭を挙げなば、ししのごとくになんじわれを追い打ち
わが身の上にまたなんじのくすしき力をあらわしたまわん
一七 なんじはしばしば証する者を入れかえてわれを攻め
われに向かいてなんじの怒りを増し
新手に新手を加えてわれを攻めたもうことを
一八 何とてなんじわれを胎より出だしたまいしや
しからずばわれは息絶え、目に見らるることなく
一九 かつてあらざりし者のごとくなりしならん
すなわちわれは胎より墓に持ちゆかれん
二〇 わが日は幾ばくもなきにあらずや
願わくは彼しばらくやめてわれを離れ
われをして少しく安んぜしめたまわんことを
二一 わが行きてまた帰ることなきその先にかくあらしめよ
われは暗き地、死の蔭の地に行かん
二二 その地は暗くして、やみにひとしく
死の蔭にして区分(わいだめ)なし
かしこにては光もやみのごとし

辞解

(一)**「わが心、わが命をいとう」** ヨブすでに一たびこの声を発せり(七・一六)。今またここにこれを繰り返す。**「われわが憂いを包まず……」** 七章十一節の反覆なり。憂いを外に発して衷心の苦悶を軽減せんと欲すとの意なるべし。**「苦しきによりて語らん」** 苦痛にかられてやむを得ず語らん。(二)**「われを罪ありとなしたもうなかれ」** 罪の理由を示さずして圧制的にわれを罰したもうなかれ。**「何ゆえに……」** 何ゆえにわれを罰したもうか、その理由をわれに示したまえ。われは心に罪なきを知るといえども、なんじはわが身に苦痛を加えて、われを罪ありとなしたもうがごとし。わが心はなはだ惑うと。(三)**「虐遇」** 意義なき待遇。暴君の行為なり。**「なんじの手のわざ」** なんじの造りたまいし者、なんじの

生子を打ち捨てたもうや。女その乳のみ子を捨つることあるもなんじはわれらを捨てたまわずとはわが聞きしところならずや。「**悪しき者の謀計……**」自己の生子を打ち捨てて、悪人にくみしたもうやと問う。ヨブ、今は彼の父なる神を恨んでやまず。(四)「**なんじは肉眼……**」なんじ、エホバの神は人なるか、なんじの目は公平に宇宙を照らす霊眼にはあらずして、人を偏視する肉眼なるか。「**なんじの日は……**」なんじは無限の神にはあらずして、生命の短きをかこつ人のごとき者なるか。(六)しからざるべし。さらばなんじ何とてわれに苛責を加えてわがとがを尋ねたもうや…… (七)霊眼をもって人の心をかんがみたもうなんじは、すでにわれの罪なきを知りたもう。さらば何ゆえになんじはわれを苦しめたもうや。またなんじは永遠にいます者なれば、急激にわれを苦しめて、今日ただちになんじの怒りをわが上に注ぎたもうの要なかるべし。人の互いに相争うは、その短時日の生存中に正邪の断定を見んことを欲してなり。されどもなんじにおいてはしからず。永遠にましますなんじは長き忍容をもってわれに対して可なり。それは年は移り星は変わるともなんじの手よりわれを奪い取る者なければなり。「**なんじの手われを営み……**」われはなんじの経営に成りし者なり。われはなんじの手の作なり(三)。しかるになんじは今、おのが作りしものを滅ぼしたもう。(九)「**土くれをもてするごとく……**」陶師(すえものし)が土くれをもって土器を作るがごとくに、なんじはわれを作りたまえり。しかるになんじは今再びこれを元の土くれ(ちり)に帰したもう。(一〇)「**乳のごとく……牛酪のごとく**」古人の目に映ぜし胎児形成のさまなり。始めに乳のごとくに注がれ、次に牛酪のごとくに凝結せらると。液体のもの、化して固体となると。(一一)「**皮と肉と……骨と筋と**」液体のもの凝結して固体となり、これをおおうに皮をもってし、これを実(み)たすに肉をもってし、これをささゆるに骨をもってし、これをつなぐに筋をもってせり。(一二)「**生命と恩恵**」かくてなんじの経営惨憺に成りし肉体に授くるに生命と恩恵とをもってし、しかしてなおこれを定めなき運命にまかしたもうことなく、常にわれを顧み、わが魂を守りて、今日に至りたまえり。これそもそも何のためなるや。(一三)「**しかはあれど……**」過去におけるなんじの恩恵によりて、われは現在ならびに未来におけるなんじの眷顧を予想せり。しかはあれど事実は全くわが予想と違（たが）えり。われは今にして知る、なんじがわれを経営したまいしはわれを苦痛の器（うつわ）となさんがためなりしを。これ、以下の事胎（これらの事、すなわち以下十七節に至るまでの事実）に照らして明らかならずや。（一四―一五）なんじはわれをなんじの怒りの的となさんがために造りたまえり。ゆえにわれもし小科を犯さんか、なんじはわれをゆるしたまわじ。大科を犯さんか、なんじの厳罰はわれに臨み来たりてわれはわざわいなるかな。小科はゆるされず、大科は罰せらる。無慈悲なる神よ。**「たとえわれ正しかるとも……」** 神は暴君なり、ただ威をもってわれを圧すと。**「恥」** は、この場合においては、混乱、疑惑の意なり。良心に恥じてにあらず。ヨブは今なお、おのれは義人なりと信ぜり。挫敗に恥じてなり。（一六）**「ししのごとくに……追い打つ」** 頭を挙ぐるあたわず。されどもわれもし僣越にもこれを挙げんか、なんじは人がししを狩るがごとくにわが身の上になんじの怪力をあらわし、われを追い打ちたもうと。（一七）われはなんじの前に立って蟷螂の斧に触るるがごとし。されども繊弱われのごとき者を処するにあたってなんじは強敵をくじく時の法を用いたもう。すなわち証人を交え、新手を加え、われをして屈服せざるを得ざるに至らしめたもう。（一八）事実かくのごとしとすれば、何とてなんじ、われを胎より出だしたまいしや。われに施されしなんじの経営はわれのついにここに至らんためか。もししからんには、われは生まれざるにしかざるにあらずや。（二〇）生命は短し。その終わる前にわれに少しく休息あらしめよ。（二一―二二）**「暗き地、死の蔭の地……」** 陰府（よみ）の形容なり。人の言語をもって書かれたる下界に関する記事にして、これにまさりて凄惨なるもの、他にあるなし。これに説明を付するは難し。ただこれを想像するのみ。死の蔭の地とあれば、生命絶無の地にはあらざるべし。光明ありといえば全然暗黒の所にはあらざるべし。されどもそこには生は死の蔭のおおうところとなり、光明は暗黒のごとくなりという。詩人ミルトンこのさまを叙していわく No light, but rather darkness visible 光明なし、されども暗黒の看取すべきありと。陰府の写実的記事は、これをエゼキエル書三十二章十七節以下において見るべし。（二二）はこれを左のごとく意訳するを得べし。

これ暗黒の地にして、その暗きこと晦冥そのもののごとし
死の蔭にして、秩序のその中にあるなし
かしこには光明あるも、これ暗黒の輝くがごときものなり

意解

われおのれを清くせんと欲して清くするあたわず。神に近づかんと欲して近づくあたわず。進むも苦痛なり。退くも苦痛なり。われはかかる苦痛の生涯をいとう。今やわれにただ一事のなし得るあるのみ。すなわち憂愁を語り、苦痛を述べ、涙をわれの糧（かて）となすこと、これなり。われの慰藉はただわが憂愁を訴うるにあり。神よ、わが哀告をゆるしたまえと(一)。

神よ、われはなんじがわれにくだしたまいし苦痛の説明を得んがために、まずなんじを有限有情の人のごときものと仮定せんか、なんじに偏見あれば、なんじ罪なきにわれを責め、なんじに死期の迫るあれば、なんじ、わが罪を定むるにいとまなくして、急激にわれを苦しめたもうにあらざるや。されどもかかる仮説はわれこれを設けんと欲してあたわざるなり。そはこれ神を無視するにひとしければなり。なんじは公平なり。また無限なり。なんじがわれを苦しめたもうは何か他に理由なくんばあらず。しかもわれは今その何たるかを知るあたわず。わが心、ためにはなはだ惑うと(二―七)。

なんじ何ゆえにわれを造りたまいしや。なんじ何ゆえに今日までわれを守りたまいしや。われ知る、われはおそるべくくすしく造られたるを(詩篇一三九・一四)。われ知る、なんじは日ごとにわれを顧み、時ごとにわれを見舞いたまいしを。しかるになんじ今に至ってわれを悩ましたもうことかくのごとし、なんじはこぼたんがためにわれを造りたまいしや。なんじは悪戯を好む小児のごとき者なるや。生者の苦悶に快をむさぼる虐王のごとき者なるや。しかるに、なんじの今なしたもうところを見るに、彼のそれに類するところあるにあらずや。わが信仰の緒（お）は絶えなんとす。ああ神よ、われはなんじを信ぜざるを得ず。しかも今やなんじを信ずるあたわず。矛盾と混乱とはわが心に満つ。われはなんじの何たるかを解するに苦しむと(八―一七)。

神は残忍なり。無慈悲なり。彼はわが小科だもゆるし

たまわず、大科とあればもちろんきびしくこれを罰したもう。われもし少しく頭を挙げんとすれば、彼はししのごとくにわれを狩り立てたもう（一五―一六）。

ゆえにわれはいう、われは生をいとうて死を望むと。願う、神よ、わが陰府に下る前にわれに暫時の小康あらしめよ。われは幾ばくもなくして、行いてまた帰らざる所におもむかんとす。永久の晦冥はわれを待てり。今少しくなんじのみ顔の光をわれに向けよ。われをして絶望の丘よりただちに死の蔭の谷に行かしむるなかれと（一八―二二）。

待てよ、ヨブよ、なんじの目は今や全く閉ざされたり。今や神に関するなんじの推測はもって一つも彼の真相をうかがうに足らず。なんじは今は夜の真中にあり。しかして神を探ってやまず。夜の明くるを待てよ。さらば万物ことごとく明らかならん。神は光明の中にありて信仰の目をもってのみよく仰ぎ見るを得べし。暗黒の中にありて理性の手をもって探るあたわず。なんじは今や希望なき哲学者にならい、神を想出せんと試みつつあり。なんじの揣摩臆説をやめよ。ただひとえに心を静かにして日の出づるを待てよ。

第十一章

ナアマ人ゾパル語る　ヨブの多言を責む　神の全能全知を説いてヨブに祈禱の態度を促す　憂愁の消散と平安の回復とを約す

一 ここにおいてナアマ人ゾパル答えていいけるは
二 ことば多からば、あにこれに答えざるべけんや
口多き人あに義（ただ）しとせられんや
三 なんじのむなしきことば、あに人をして口を閉じしめんや
なんじあざけらば、人なんじをして恥じしめざらんや
四 なんじはいう、わが教えは正し
われはなんじの目の前に清しと
五 願わくは神ことばを出だし
なんじにむかいて口を開き
六 知恵の秘密をなんじに示して
その知識の相倍することをあらわしたまわんことを
なんじ知れ、神はなんじの罪よりも軽くなんじを処置したもうことを
七 なんじ神の深きを窮（きわ）むるを得んや

全能者の全きを窮むるを得んや
八その高きことは天のごとし。なんじ何をなし得んや
その深きことは陰府（よみ）のごとし。なんじ何を知り得んや
九その量は地よりも長く
海よりも広し
一〇彼もし行きめぐりて人を捕え
召し集めたもう時は、たれかよくこれをはばまんや
一一彼は偽る人をよく知りたもう
また悪事は顧ることなくして見知りたもうなり
一二むなしき人は悟性（さとり）なし
その生まるるよりして野ろばの駒のごとし
一三なんじもし彼にむかいてなんじの心を調（ととの）え
なんじの手を伸べ
一四手に罪のあらんにはこれを遠く去り
悪をなんじの幕屋にとどめざらんには
一五さすればなんじ顔を挙げてきずなかるべく
堅く立ちて恐るることなかるべし
一六すなわちなんじ憂いを忘れん
なんじのこれを覚ゆることは流れ去りし水のごとくならん
一七なんじの生涯は真昼よりも輝かん
たとえ暗き事あるとも、これは朝のごとくならん
一八なんじは望みあるによりて安んじ
なんじのまわりを見めぐりて安らかに寝（い）ぬるにいたらん
一九なんじ伏しやすむとも何びともなんじを恐れしめざるべし
必ず多くの者なんじを喜ばせんと務むべし
二〇されど悪しき者の目はくらみ、彼はのがれ所を失わん
その望みは息の絶ゆることなるべし

辞　解

(二)「**ことば多からば……**」

ことば多ければ罪なきことあたわず（箴言一〇・一九）あにこれを黙過するを得んや。なんじのことば多きはなんじがいまだ真理に達せざるの証なり。「**口多き人**」「くちびるの人」の意なり。ことば多くして実少なき人をいう。かかる人あに義とせられんや。ことばはいかに

多きも、もって不義を義となすに足らず。(三)「**なんじのむなしきことば……**」空言はもって人を説服するに足らず。あたかも空砲はもって敵を沈黙するに足らざるがごとし。「**なんじ、あざけらば……**」神に対する嘲弄の言なり。彼を圧制家、不義の友と称するの類なり。(四)「**わが教えは正し**」なんじはいう、わが教義は正し、わが神と人とに関する所信は正しと。「**なんじの目の前に**」神の目の前に。(六)「**知識の相倍すること…**」神の知識の、人の思いに過ぐるをあらわしたまわん…。「**相倍す**」とは、吾人の想像に相倍すとの意なるべし。あるいはいう、「ことば」に多方面の意ありと。すなわち神の知識は多方面にわたりて、人知のもってとうてい探り得るところにあらずと。「**なんじの罪よりも軽く…**…」もしなんじにして神の知識をことごとく探るを得んか、なんじは神がなんじを処罰するに軽きに過ぎるを発見するなるべしと。苛酷なるかな、ゾパルのこの言や。(七)「**神の深……全能者の全**」両者共に量るべからず。神の深きはその知の深遠無量なるにあり。その全きはその愛の宏大無辺なるにあり。(八)「**高きこと天のごとし……深きこと陰府のごとし**」二者共に量るべからざるもの。陰府、一名これを「穴」と称す(エゼキエル書三二・二三)。梵語の奈落と同意義ならん。最低の地下にありしものと信ぜられたり。(一〇)かかる全能全知の者が世を行きめぐりて人を捕え、古老を召し集めて彼の罪をさばかしめたもうことあるも、たれかよく神のこの行為をはばむを得んやと。古老を召集して訴訟を判決せしむるの古例は、これをルツ記四章等において見るべし。(一一)前節の理由を示す。神はその罪を定むることなくして人を裁判に渡すを得べし。そは心をかんがみたもう彼は、問わずして偽る人のたれなるかを知り、審査することなくして(顧ることなくして)悪事を見知りたまえばなりと。(一二)この神と相対して人はいかなるものぞ。彼はむなしきものならずや。彼は生まれながらにして暗愚なること野ろばの駒のごときものならずやと。西洋諸国において愚者をろばにたとうるは、今日もなおしかりとす。シナにおいて暗子を豚児と称するの類なり。(一三—一四)神と相対して争うあたわず、ゆえにここに彼に対する反抗の姿勢を改め、懇請の態度に出でんか、すなわちなんじの心を調え、なんじの手を伸べ、なんじの罪を悔い、なんじの家より悪を排除せんか……。(一五)「**しかすれ**

ば、なんじ顔を挙げて……」前章十五節におけるわが頭を挙ぐるあたわずとのヨブの言に対していう。**「きずなかるべし」**とは、同節における、内に恥満つとの言に対していう。良心の詰責なかるべしとの謂（いい）なるべし。**「堅く立ちて……」**心思確立して、風の吹き去るもみがらのごときことなかるべし。（一六）憂愁は去って流水のごとくならん。去ってまた帰らざるべし。（一七）なんじの生涯はなんじが冥想するがごとくに晦冥に終わらざるべし（一一・一二）。いな、いよいよ輝きを増して昼の正午（まなか）に至らん（箴言四・一八）。よしこれに暗き事あるも、これは永久に続くべきものにあらず。晦冥は朝となりて終わらん。歓喜は朝と共に来たるべし。（一八）**「なんじは望みあるによりて安し」**神の恩寵と掩護との望みあるによりて心安し。**「まわりを見めぐりて……」**周囲を見めぐりて敵なきを知るがゆえに、あるいは敵あるも彼のなんじに害を加うるあたわざるを知るがゆえに、なんじは安らかに寝ぬるに至らんと。

　われ伏して寝ね、また目ざめたり。エホバわれをささえたまえばなり（詩篇三・五）

（一九）**「なんじを喜ばせんと務むべし」**なんじをそこなわんと欲する者は絶えて、多くの人はなんじの意を迎うるに至るべしと。繁栄の兆なり。（二〇）**「悪しき者の目はくらみ」**（レビ記二六章・一六節参照）**「息の絶ゆること」**死なり。悪人に望みありとせんか、これ死のみ。

意　解

　ゾパルの言は酷なり。されども美なり。彼はエリパズ、ビルダテとひとしく、ヨブの苦痛の真因を解せず。ゆえに彼もまた彼の悩める友に対して酷ならざるを得ず。ことに

　なんじ知れ、神はなんじの罪よりも軽くなんじを処置したもうことを

というに至っては諷刺もまたはなはだしというべし。ヨブに欠点あるは彼もまたよくこれを認む。彼は「われは神の目の前に清し」とはいわず。彼は彼の身に臨みしすべての艱苦に値する罪を犯せし覚えなしといいしのみ。ヨブの友人らは彼の言をもって自己の清浄潔白を弁ずるものかのごとくに解せり。されどもこれははなはだしき誤解なり。この誤解ありて、彼らがヨブを慰め得ざりしは、うべなり。語にいわく「その美に将順してその悪を

匡救す」と。ヨブの友人らは彼の美を知らざりき。ゆえに彼を救うことあたわざりき。

されどもゾパルの言に謹聴服膺すべきもの多し。人は多言をもって義とせられず。空言をもって人を説服するに足らず。沈黙は最大の雄弁なり。ヨブに言語多かりしは確かに彼がいまだ事物の真相に達せざりし証なり。ゆえに彼、神の黙示に接して彼の疑惑のことごとく氷解するに至りしや、彼は口をつむいでいわく

> われはみずから悟らざることをいい、みずから知らざる測りがたきことを述べたり……ここをもてわれみずから恨み、ちり灰の中にて悔ゆ(四二・三―六)

と。知恵の極は沈黙なり。ヨブ今やとうとうとして弁ず。彼に応答なかるべからずと(二―三)。

ヨブはゾパルが思いしごとき罪人にはあらざりき。されども彼もまた罪人たるを失わざりき。彼は

> なんじはすでにわれの罪なきを知りたもう(一〇・七)

といえり。されどももし神にしてそのことばを出だし、彼に向かいて口を開きたまわんか、彼は必ず彼がついになせしごとく、おのれの罪に恥じて、ちり灰の中に悔ゆるに至らん。われらが無罪を弁ずるはもちろん人に対してのみ。神に対してはわれらに一言の申しわけあるべからず。ヨブは神を人のごとくに解せり。ゆえにいまだ神の赦罪の恩恵にあずかるあたわざりき。彼の苦悶の真因は、義人として神の前に立たんとして努むるにありき。すなわち神に公平にさばかれんと欲して、彼にゆるされんと欲せざるにありき。この誤謬にして除かれざる間は、論争は彼と彼の友人との間に絶えざるべし(四―五)。

神の知恵は大なり。天よりも高し。陰府よりも深し。地よりも長し。海よりも広し。たれかこれを窮(きわ)むるを得んや。われらはわずかにその皮相を知るのみ。その深奥秘密を知らず。学者の学説にしてすでに確定せしものあるなし。知者の計策にして長く成効せしものあるを知らず。われらは神の深きを知るのみ。その深さを知らず。神は論究すべき者にあらず。崇敬すべき者なり。賛美すべきものなり(六―九)。

神は直覚的に人の善悪を知りたもう。彼は悪事は審査することなくしてこれを見知りたもう。彼は悪人を罰するにあたってその罪の証明を求むるの要なし。「いな、いな、しかり、しかり」、神の言語はこれのみ。彼は善を知りたもう。また悪を知りたもう。彼は善悪いずれと

もわかたざる中性あるを知らず。彼のみは実に人を裁判に渡して、何びとも彼のこの専断をはばむあたわず。されども人は何びとも神に代わって罪を定むるあたわず。ヨブの友人の誤謬は、おのれ神ならざるにヨブのあやまりを推定せしにあり。ゾパルのこの言はまたもってただちにこれを彼自身に適用すべきなり（一〇－一二）。

神と争うをやめよ。彼に乞い求めよ。神に対してはひとえに祈禱の態度に出でよ。心を調え、手を伸べ、もって彼の赦免を乞い、恩寵を仰げよ。人に対しては争うも可なり。されども神に対して争うも益なし。すべての幸福は神に服従してより来たる（一三－一四）。

しかして神に服従して後の快楽はいかに。憂愁は流れ去って水のごとし。行いてまた帰らず。希望は生じ、恐怖は去り、身に威権の加わるありて、衆人の崇敬をおのれに引くに至る。われらは神に降参して初めて勝利の人となるなり。神と対抗して、憂愁は終生われらを離れず（一五－一九）。

悪しき者の希望は死なり。彼にとりては生命は苦痛の連続にほかならず。彼はただその絶たれんことを欲す。彼が死を望むは、パウロのごとくに行いてキリストと共にあらんがためにあらず。彼は絶滅を欲す。ゆえに死を望むなり。「悪しき者の希望は死なり」。彼は死によりて神と人とに対するすべての負債よりまぬかれんと欲す。彼は死によりてすべての恥を忘れんと欲す。彼は死によりてことに良心詰責の声を消さんと欲す。「悪しき者の希望は死なり」。恐るべきかな！（二〇）。

第十二章

ヨブ友人の知恵をののしる造化に現われたる神の大能を語る　人事に現われたる神の権能を述ぶ

一ヨブ答えていう
二なんじらのみ、まことに人なり
知恵はなんじらと共に死なん
三されどわれにもまたなんじらと同じく悟る心あり
われはなんじらの下に立たず
たれかなんじらのいいしごときことを知らざらんや
四われは神に呼ばわりて聞かれし者なるに
今その友にあざけらるる者となれり
ああ正しくかつ全き人あざけらる

五やすらかなる者は思う
あなどりは不幸なる者に伴い
足のよろめく者を待つと
六かすめ奪う者の天幕は栄え
神を怒らせる者は安らかなり
おのれの手に神を携う

七今請う、獣に問え、さらば彼なんじに教えん
空の鳥に問え、さらば彼なんじに語らん
八地にいえ、さらば彼なんじに教えん
海の魚もまたなんじに述ぶべし
九たれかこのすべてのものによりて
エホバの手のこれを作りしなるを知らざらんや
一〇すべての生き物の命、彼の手の中にあり
すべての人の魂もまたしかり

一一耳は説話（ことば）をわきまえざらんや
あだかも口の食物を味わうがごとし
一二老いたる者の中には知恵あり
命長き者の中には悟りあり

一三知恵と力とは神にあり
知謀と悟りとは彼に属す
一四見よ、彼こぼてば再び建つることあたわず
彼、人を閉じこむれば開き出だすことを得ず
一五見よ、彼、水をとどむればすなわち涸（か）れ
水を出だせばすなわち地を滅ぼす
一六力と悟りとは彼にあり
惑わさるる者も惑わす者も共に彼に属す
一七彼は策士を裸にして捕え行き
さばき人をして愚かなる者とならしめ
一八王たちの権威を解き
かえってこれが腰になわをかけ
一九祭司たちを裸にして捕え行き
力ある者を滅ぼし
二〇ことばさわやかなる者のことばをとり除き
老いたる者の悟りを奪い
二一君たる者どもに恥をこうむらせ
強き者の帯を解き
二二暗き中より隠れたる事どもをあらわし
死の蔭を光に出だし

二三国々を大いにし、またこれを滅ぼし
国々を広くし、またこれをもとに帰し
二四地の民のかしらたる者どもの悟りを奪い
これを道なき荒野にさまよわしむ
二五彼らは光なきやみにたどる
彼また彼らを酔える人のごとくによろめかしむ

辞解

(一)「**答えていう**」ことにゾパルに答えていう。彼ゾパルは神の知恵を述べて自己の知恵をてらえり(一一・六)。(二)激烈なる譏刺の辞なり。「**なんじらのみ、まことに人なり**」人と称すべき人はなんじらを除いて他にあらざるべし。人類の知恵はすべてなんじら三人にありて存するがごとし。「**知恵はなんじらと共に死なん**」なんじら失すると同時に全世界の知恵は失せん。偉大なるかな、なんじら！　(三)されどわれにもまた多少の悟る心(知恵)あり。もしなんじらにして知者と称すべくんば、われもまた知者たらざるを得じ。われはなんじらには劣らずと信ず(一三・六)。「**たれか、なんじらのいいしこと……**」たれかなんじらがいいしごとき平凡の理を知らざる者あらんや。なんじらにしてもし知者なりとせば、世に知者ならざる者いずこにあるや。(四)「**神に呼ばわりて聞かれし者**」神と交わり、彼と語りて、その黙示にあずかりし者。神のことに関しては少なからざる知識を有せりと信ぜし者。「**今その友にあざけらる**」身に不幸の臨みしがゆえに、わが信仰のことに関してまで、わが友のあざけるところとなる。「**ああ正しくかつ……**」ああ罪なき、比較的完全の者(信仰のことに関しては)、無知の者にまであざけらる。われに臨みし災害の結果はついにここに至りしか。(五)安逸におる者は患難のよって来たる理由を知らず。彼らは不幸は単にあなどるべきものなりと信ず。「**足のよろめく者**」とは、信仰の立場を失い、懐疑に苦しむ者の謂(いい)なるべし。軽侮、追手のごとくに、かかる者の後に従い、またその前をさえぎると。すなわち、いたる処に人の侮蔑するところとなると。(六)「**かすめ奪う者の天幕は栄え**」盗賊の家は繁昌す。正しくかつ全き人のあざけらるるに対していう。「**自己の手に神を携う**」神は自己の手に存す。これを自己以外に仰ぐの要なし。わが手すなわちわが神なり。われはわが思うがままをおこなうと。かかる不敬褻瀆の言を発する者は安泰なり。(七)「**今請う……**」以下十節に至るまで、造化に現われたる神の妙技を指明し、もって彼の知恵をさとるに知者の聡明を待つの要なきを示す。ヨブはいわく、神の知恵について語るをやめよ。造化はなんじらの駄弁を待たずしてよくこのことを吾人に示す。なんじら、このことを語るがゆえに知者をもってみずから任ずるか。さらば獣も鳥も魚もみな知者ならざるを得ざるべしと。ヨブの譏刺反駁に当たるべからざる者あり。(九)たれか造化の玄妙に入りて神の大能を悟らざる者あらんや。(一〇)万物ことごとく神の手中にあり、ことに生物は彼の生気の吹入によりて支持せらる(創世記二・七、行伝一七・二八参照)。(一一)「**耳は説話をわきまえざらんや**」造化の微妙は目をもってこれを見るべし。人事の異跡は耳をもってこれをわきまうべしと。以下二十五節に至るまで、古人の説話にかかる人事の成り行きについて語る。耳は人事にかかわる説話の真偽を弁別す。あたかも口(舌)は食物の味を判別するがごとし。(一二)「**老いたる者の中には知恵あり……**」なんじらがかつていえるがごとし(八・八)。今、古老の言に従い、少しく人事をけみし見んか……。(一三)「**知恵と力とは神にあり**」まことに古老の言のごとしと。「**力**」は「**知恵**」を決行するための実力なり。神に知恵あり、またこれをおこなうの力あり。彼は言行の一致を欠く人のごとき者にあらず。「**知謀と悟り**」知恵を実行するの方法とこれを適用するの意識。(一四)「**彼こぼてば……**」彼こぼてば、人、再びこれを建つることあたわず。そは彼は永遠の知恵によりてこれをこぼちたまえばなり。「**人を閉じこむ**」禁錮の意なり(一一・一〇参照)(一五)旱魃は彼によりて来たり、洪水もまた彼によりて臨む。彼はかわかし、またうるおしたもう。(一六)「**力と悟り**」深き意識とこれをおこなうに足るの力。「**惑わさるる者も惑わす者も**」惑わさるる衆愚も、これを惑わす僧侶、政治家の輩も。(一七)「**策士**」奸策をもって愚者を惑わす者なり。しかも神の知恵は策士のそれにまさる。彼は策略の豊富をもって誇る策士をも時には裸体にして捕え行きたもうと。感謝すべきかな。「**さばき人**」必ずしも法律上の裁判人に限らざるべし。今の批評家と称する者のごときもまたこのたぐいなるべし。彼らもまた惑わさるる者を惑わす者なり。しかして神はまた彼らをも愚かなる者とならしめたもうと。これまた感謝すべきことなり。（一八）王者の権を解き、かえってこれが腰になわを掛けたもうと。神は王の王なり。彼は王者の権を剝ぎ（すなわち民の圧制を解き）、また彼を縛したもうと。縛する者縛せらる。快なるかな。（一九）**「祭司たち」**僧侶の階級なり。王たちと結託して愚者を惑わす。しかしてエホバはまた彼らをも裸体にて捕え行きたもうと。僧侶の裸体とは、けだしその偽善の曝露せられて衆人の前にその醜態を示さるることとなるべし。**「力ある者」**今のいわゆる貴族なり。神また彼らをも滅ぼしたもうと。感謝すべきかな。（二〇）**「ことばさわやかなる者」**能弁家なり。弁舌をもって人を惑わす者なり。しかして神はその言語を取り除きたもうと。すなわち彼を沈黙せしめたもうと。あるいはその雄弁をして無効ならしめたもうと。能弁はいかに大なるも、虚偽を真理となすに足らず。能弁一名これを詭弁と称す。最も危険なる天才の一なり。**「老いたる者の悟りを奪い」**　年功に誇り老練をたてに取りて民を惑わす者の悟りを奪いたもうと。老いたる者必ずしも知者ならず。世には老いたる愚者少なからず。（二一）**「君たる者」**貴族の一種なり。社会の上位に立つをもって誇る者なり。しかして神は彼らに恥辱をこうむらせたもうと。もし人の彼らに恥を加うる者あらんか、彼らは怒ってこれを獄に下すなり。されども神のはずかしむるところとなりて、彼らは憤怒を発するに道なし。「君の恥」、たれかこの事あるを知らざる者あらんや。**「強き者の帯を解き」**「強き者」とは、前にいえる「力ある者」に同じ。貴族富豪の類なり。「帯を解く」とは、権を剝ぐとの意なり（イザヤ書五・二七参照）。神は豪族輩の権利を褫奪したもうと。これまた感謝すべきの事。（二二）**「暗き中より隠れたる事どもをあらわし」**王侯、貴族、僧侶等、魔魅の族が隠密に付する多くの秘事を曝露したもうとの意なるべし。貴族の荘屋は罪悪の巣窟なり。天地の神のみ、よくこれをあばきて世にあらわしたもう。**「死の蔭を光にし」**　死の伏在する所に光明を注射す。すべての国家的ならびに社会的罪悪の計画せらるる所を曝露したもうと。あるいは獰奸相互の嫉視讒害によりて、あるいは天外より来たる革命をもって。（二三）**「国々を大いにしてまたこれを滅ぼし」**ペルシャ、ローマのごとし。露国、英国、米国もまた遠からずして滅ぼさるるべし。**「広くしてまたもとに帰す」**　今のスペインはその好適例ならん。（二四）**「地の民のかしら」**万邦の主権を握る者。バビロン王ネブカドネザル、マセドン王アレキサンドルのごとき者なり。みずから王の王なりと称する者。しかも神は彼らをも滅亡に導きたもう。「道なき荒野……」 曠空の意なり……（創世記一・二）。曠空にさまようとは、迷霧の中に入りて進路を失うことなり。大帝ナポレオンの末路にかんがみよ。（二五）英雄の最後に酔客の蹣跚たるの状あり。彼らなんぞ恐るるに足らん。

意解

彼も人なり、われも人なり。彼の知るところはわれも知る。彼は今は安逸の地位にあり。ゆえに知者のごとくに見ゆ。われは今は不幸に悩まさる。ゆえに人のあざけるところとなる。人の知愚は彼のおいてある境遇によるがごとしと。ヨブのこの観察にまた一片の真理なきにあらず（一―五）。

神による者は衰え、自己にたよる者は栄ゆ。「自己の手に神を携え」、わが腕力これわが神なりと称する者は安泰なり。これ今もなお吾人の目撃するところ。いわゆる優勝劣敗の理なるものはヨブのこの観察にほかならず。吾人の観察を現世にのみとどめて、吾人にもまたヨブのこの感慨なきあたわず（六）。

吾人もし神の知恵を知らんと欲せば知者哲人の教訓を待つに及ばず。天然そのものがこの事に関する吾人の最も善き説教者なり。野の獣と空の鳥と、地と海とその中にあるすべての物とは、神の全知を伝えてあますところなし。神の知恵にしてもし吾人の特に知らんと欲するところならんか、吾人はいわゆる「天然神学」をもって満足すべし。されども吾人はさらに神の愛について知らんと欲す。ゆえに吾人は神の特種の黙示を要するなり。天然の研究はいかに深きに達するも、もって吾人に臨む苦痛と死との説明を供するに足らざるなり（七―一〇）。

天然の研究しかり、歴史の研究またしかり。神はすべて高ぶる者、誇る者、自己をあがむる者の上に臨みてこれを低くしたもう（イザヤ書二・一二）とは歴史の明らかに示すところなり。されどもこれを知りてもってわが心中の苦悶を癒やすあたわず。人事は人類全体の事にしてわが良心の事にあらず。しかり、歴史はもって神とわれとの間に平和を結ぶものにあらず。ヨブはすでに天然を知れり。また歴史を知れり。されども彼は今や彼の衷心に、天然も歴史ももって解説しあたわざる大疑問を有せり。彼の友人はこの事あるを知らず。ゆえにしきりに駄弁を弄して彼を誹議せり。ヨブの懐疑はこの世の知識をもってしてはとうてい氷解し得べきものにあらざるなり（一一—二五）。

科学よ、歴史よ、なんじらの名は美にして大なり。人はなんじらを知るをもって全宇宙を知りつくせしがごとくに信ず。されどもわれわれが良心において病み、暗夜にわが神を求むるにあたって、なんじらはわれにおいて何の要あるなし。海の魚はわれに救拯の道を教えず、空の鳥はわれに赦免の歓喜を供せず。地をうがちたればとてここに神いまさず。海を探りたればとてそこに天国なし。英雄の事跡はまたもってわれに慰安を供するものにあらず。われわれが霊魂において病まんか、われは科学と歴史とを去って宗教に行かんのみ。しかり、神の黙示なるキリストの福音に行かんのみ。

第十三章

ヨブ再び彼の友人をののしる　虚言の製造者、無用の医師なりと　神に対する彼らの阿諛追従を責む　彼らに沈黙を命じ謹聴を促す　彼ただちに神に迫る　しかも哀憐を乞うのほか、他に発するの言を有せず

一見よ、わが目ことごとくこれを見
わが耳これを聞きて悟れり
二なんじらが知るところはわれもこれを知る
われはなんじらに劣らず
三しかりといえどもわれは全能者にものいわん
われは神と論ぜんことを望む
四なんじらはただ偽りを造り設くる者
なんじらはみな無用の医師(くすし)なり
五願わくはなんじら全く黙せよ
しかするはなんじらの知恵なるべし
六請う、わが論ずるところを聞け
わがくちびるにていい争うところに耳を傾けよ
七神のためになんじら悪しき事をいうや
また彼のために偽りを述ぶるや
八なんじら神のためにかたよるや
また彼のために争わんとするや
九神もしなんじらを調べたまわば、あに善からんや

なんじら人を欺くごとくに彼を欺き得んや
一〇なんじら、もしひそかに私（わたくし）するあらば
彼かならずなんじらを責めん
一一その威光なんじらを恐れしめざらんや
彼のおそれ、なんじらに臨まざらんや
一二なんじらのたとえは灰のたとえなり
なんじらの城は土の城なり
一三黙せよ、われにかかわらざれ
われ今ものいわんとす—何事にもあれ、われに来たらば来たれ
一四われなんぞわが肉をわが歯の間に置かんや
われはわが命をわが手に置かん
一五彼われを殺すとも、われは彼によりたのまん
ただわれはわが道を彼の前に明らかにせんとす
一六この一事はわが救いとならん
すなわちよこしまなる者は彼の前にいたることあたわざること、これなり
一七なんじら聞けよ、わがことばを聞け
わが述ぶるところをなんじらの耳に入らしめよ
一八見よ、われすでにわが事をいい並べたり
われは必ず義（ただ）しとせられんとみずから知る
一九たれかよくわれといい争う者あらん
もしあらば、われは口を閉じて死なん
二〇ただわれに二つの事をなしたまわざれ
さらばわれなんじの顔を避けて隠れじ
二一なんじの手をわれより離したまえ
なんじの威厳をもてわれを恐れしめたまわざれ
二二しかしてなんじわれを召したまえ、われ答えん
またわれにものいわしめて、なんじわれに答えたまえ
二三われのとが、われの罪いくばくなるや
われのそむきと罪とをわれに知らしめたまえ
二四何とてみ顔を隠し
われをもてなんじの敵となしたもうや
二五なんじは吹き廻さるる木の葉をおどし
干（ひ）あがりたる切り株を追いたもうや
二六なんじはわれにつきて苦き事どもを書きしるし
われをしてわがいとけなき時の罪を身に負わしめ
二七わが足を足かせにはめ、わがすべての道をうかがい

わが足のまわりに限りをつけたもう
二八 しかもわれは朽ち行く腐れたる者のごとし
虫に食わるる衣にひとし

辞　解

(一)「**わが目ことごとくこれを見**」前章七節より十節まで。「**わが耳これを聞きて……**」同十一節より二十五節まで。天然に神の知恵を見たり。歴史に神の権能を聞けり。(二)「**なんじらが知るところ……**」われはなんじらが知るところを知る。されどもかかる知識はもってわが今日の窮境を説明するに足らず。(三)「**しかりといえども**」われになんじらに劣らざるの知識ありといえども。「**われは全能者にものいわん**」われは特に神に問うて神の説明にあずからん。「**神と論ぜんことを望む**」なんじらと語るも詮なし。ただちに神と論ぜんことを望むと。人は直接に神より教えらるるにあらざればついに慰安に達するあたわず。(四)「**なんじらはただ偽りを造り設くる者**」虚偽の製造者なり。なんじらに悪意はなかるべしといえども、なんじらのいうところは偽りにひとし。「**無用の医者なり**」価値なき医師なり。わが苦痛を癒やさんと欲して癒やすあたわざる者。霊魂のやぶ医者なり。(五)ゆえに口をつむげよ。沈黙はかえってなんじらの知恵なるべし。なんじらしきりに知恵を口にす。われ、なんじらに告げんと欲す、なんじらの知恵は沈黙を守るにあるべしと(箴言一七・二八参照)。(六)なんじら沈黙を守り、われが神と論ずるところを謹聴せよ……。(七)「**神のために……いうや**」神のために駄弁を弄するや。虚偽をもって神を弁護せんとするや。(八)神を弁護せんとて偏頗たるなかれ。神を庇保せんとて公平を欠くなかれ。強者の弁護士たるは易し。なんじらは苦痛に悩むわれに対して、神の穎悟と権能とを弁じ、かえって神の怒りに触れざらんことを努めよ。(九)「**神もしなんじらを調べたまわば……**」神もしなんじらがわれに対して発する苦言の動機を鑒察したまわんには。「**あに善からんや**」あになんじらの利益ならんや。「**なんじら人を欺く……**」なんじらは人を欺くを得べし。されども神を欺くを得ず。詭弁を弄して人の歓心を買うを得べし。されども公平なる神は虚偽をもって自己(神)を喜ばせんと欲する者をも怒りたもう。なんじらこの事を知るや。(一〇)神は公平なり。ゆえに神は神のために計る者なりといえどもその依怙偏頗をゆるしたまわざるべしと。（一一）「**その威光……**」神のために弁ずる時に神の威光をおそれよ。神について偽りの証拠を立つるなかれ。神のなしたまわざることを神の行為なりと称してこれを人に教うるなかれ、神はすべての真人のごとくに、いたく諂諛、追従を憎みたもう。神を呼びて主よ主よという者ことごとく神の忠実なるしもべにあらず（マタイ伝七・二一）。しかり、多くの神学者は神の追従者たるにすぎず。ヨブの友人もまた敬神を装うて阿諛追従の罪におちいりし形跡なきにあらず。（一二）「**なんじらのたとえは灰のたとえなり**」「たとえ」はこの場合においては説教の意なり。聖書に、嘲弄諷刺の言を「たとえ」といいし例少なからず（ハバクク書二・六参照）。「**灰のたとえなり**」生気なき、意味なき、無効の説法なり。「**土の城**」土をもって築きたるがごとき論城なり。これによりて、もってわれを攻むるに足らず。（一三）「われにかかわらざれ」わが事に容喙するなかれ。「**われものいわんとす**」黙してわが神にいわんと欲するところを聞け。「**何事にもあれ、われに来たらば来たれ**」決心の辞なり。ヨブ今や大胆に神と争わんとす。彼はその結果としてさらに大なる災厄の彼の身に加えられんことを予期せるがごとし。されども彼は独語していう、わが身はいかになり果てんも、われはいわんと欲するところをいわざればやまずと。ヨブの勇気は今や絶望に瀕せり。（一四）「**わが肉をわが歯の間に置**」意義明瞭ならず。われあにわが肉（生命）を保存せんと欲する者ならんやとの意ならんか（エレミヤ書三八・二参照）。「**われはわが命をわが手に置かん**」われはいかなる危険をもあえて冒さんとす（士師記一二・三参照）。（一五）「**彼われを殺すとも……**」多くの殉教者はこの聖語を口に唱えながら悠々死につけり。有名の聖句なり。されどもその原意は、ヨブの神に対する信頼の厚きを述べしものにはあらざるがごとし。「**よりたのまん**」は放任の意にして、第十三節においていえるがごとき自暴自棄の意を含むの辞なるがごとし。神われを殺さんか、われは喜んでその意にまかせんと。ある注解者は「たのまん」を「待たん」と解す。すなわちわれは心を静めてわが殺さるるを待たんと。ヨブはあくまで決死の態度を示せり。「**わが道を彼の前に……**」わが行為を彼の前に述べて、わが罪なきを弁ぜん。われは死すともこの事をなさざるを得ずと。（一六）「**この一事は……すなわち…**

…」「救い」はこの場合においては義とせらるることなり（一八）。ヨブは神の前に彼の無辜を弁じて義人として放釈せらるるの希望を有せり。そは彼に神に近づかんとするの勇気あればなり。よこしまなる者は神の前に至らんと欲するもあたわず。されども彼に今、神のみ前に出でて彼の潔白を争わんとするの勇気あり。これ彼がついに神に義とせらるる（救わるる）の前兆にあらずして何ぞやと。ヨブの自信もここに至ってその極に達せりというべし。（一七）ヨブは今より神に対して大いに自己の義を弁ぜんとす。ゆえに彼は彼の友人に厳粛なる傍聴を促せり。（一八）「**すでにわが事をいい並べたり**」すでにわが訴訟の手続きを定めたり。今や言語を整えて堂々わが義を弁ぜんとす。「**われは必ず義**（ただ）**しとせられん**」控訴は必ずわが無罪放免に終わらん。（一九）「**たれかよく……**」たれかよくわれに対して論駁を試むる者あらんや。わが胸中に築きし論城は金城鉄壁なり。天下よくこれを抜くに足るの論者あらんや。もしあらんか、「**われは口を閉じて死なん**」わが弁明にして敗れんか、われは死せんのみ。われはわが生命を賭してこの論争に臨む者なりと。（二〇）「**ただわれに二つの事をなしたまわざれ**」ヨブの弁論はこの節をもって始まる。しかも彼の大言壮語に似ず、彼の論争なるものはその始めより懇求なり。彼の愛すべきはここに存す。彼にこの心ありしがゆえに彼はついに神に受けられしなり。（二一）前節にいえる「二つの事」を縷述していう。その一は、神がその手を離したまわんことなり。すなわち圧抑の手を離して、彼（ヨブ）の身より災害を除きたまわんことなり。その二は、神の威光をもって彼を恐れしめたまわざらんことなり。彼、神と争わんとするも、この二つの事に妨げられて、言語を整えて静かに彼の主張を述ぶるあたわず。ゆえに彼は彼の審判人にして被告人なる神がまずその圧力を去り威厳を撤したまわんことを求めたり、奇異なる要求なるかな。（二二）「**しかしてなんじ、われを召したまえ…**」強圧を去り、威風を撤し、われと親しむべき者となりたまえ。しかしてなんじ、われを呼び（召し）たまえ。さらばわれもまたなんじに答えんと（九・三四―三五参照）。（二三）「**われのとが、われの罪……われのそむきと罪と**」「とが」は故意をもって犯す罪なり。ゆえに意志の罪なり。「罪」は過失にして情の罪なり。十章十四、十五節にいえる大科と小科となり。「そむき」は大科の一にして、その最も重きものなり。神にそむくことはすべての罪の原因なり。ヨブは明らかに彼の罪科を示されんことを求めたり。(二四)「**み顔を隠し……なんじの敵となしたもうや**」何ゆえにまずなんじの恩寵を撤回し、しかる後にわが敵となりたまいしや。(二五)「**吹き廻さるる木の葉……干あがりたる切り株**」価値なき、よるべなきものの称なり。運命の風に吹き廻さるるも、これに抗するの力なく、地上に放棄せられてただ焼かるるのほか用なきものなりと。これヨブの自白なり。しかも彼は神と対抗して争わんといえり。正直なる彼は、彼の矛盾を包まんとして彼の真情を隠さざりき。(二六)「**苦き事どもを書きしるし**」神は彼の罪科を一々記録にとどめたまえり。これを忘却に付したまわずとの意なるべし(詩篇一四九・九参照)。「**わがいとけなき時の罪**」青年時代の過失なり(詩篇二十五章七節に若き時の罪とあり)。熱情にかられて犯せし罪なり。罪は罪なりといえども、仮借しがたき罪にはあらざるべし。しかもなんじは今これをわが前に列挙してわれを責めたもうと。(二七)「**わが足を足かせにはめ**」わが自由を束縛したもう。あるいは疾病をもって、あるいは良心の苦悶をもって。「**わがすべての道をうかがい**」わがすべての行為を監視したもう。すなわち罪囚のごとくにわれを扱いたもう。「**わが足のまわりに限りを付けたもう**」あるいは「輪をえがきたもう」と。すなわちわが運動の区域を狭め、われをして動くことあたわざらしめたもうと。(二八)「**しかもわれは朽ち行く……**」しかもかくきびしく監視せらるるわれはそもそもいかなる者ぞ。朽ち行く腐れたるもののごとき者ならずや。虫に食わるる衣服にひとしき者ならずや。かかる者を苦しめて何の益あらんや。神よ、なんじは脆弱われのごとき者を苦しめたまいてなんじの威権をそこないたもうの恐れなきやと、かつ求め、かつ訴う。

意　解

見よ、わが目はすでに天然を見たり。わが耳はすでに人事について聞けり。われはその点において世のいわゆる知者に劣るところなし。しかもこの知識あるがゆえにわが心は安からず。われは

　目いまだ見ず、耳いまだ聞かず、人の心いまだ思わざる、神の深き事をたずね知ら(コリント前書二・九―一〇)

んと欲す。しからざれば、われにわが求むる慰安あるなし。しかして世の理学者も哲学者もこの知識をわれに供するあたわず。神と天国との事に関しては彼らはまことに虚偽の製造者なり。無用の医師なり。われはひとえに彼らに沈黙を乞わんと欲す（一ー六）。

世の理学者、哲学者しかり。神学者もまたしかり。彼らは神について語り神のために弁ずると揚言す。しかも彼らのいうところを聞くに、多くは神に対する諂諛の言にほかならず。いわく神は愛なり、いわく神は公義なりと。彼らは思う、神は完全なる者なれば、神について何事を述ぶるも、悪事をだに述べざれば誤謬におちいるの恐れあるなしと。されども神はただに完全なる者にあらず。彼はある特別なる意味において完全なる者なり。神は単純なる理想にあらず。彼はペルソナなり。彼に特性あるは人に特性あるがごとし。漠たる概論はもって神の何たるかを吾人に示すに足らず。神を知らんと欲せば深く神をきわめざるべからざるのみならず、また顔と顔と相対して実験的に彼の聖霊に接せざるべからず。多くの神学者は神を知らず。彼らは神に諛言をたてまつるのみ。あたかも多くの政治家が、帝王の何たるかを知らざるに、ただ諛辞を羅列するをもって忠愛を迷想するがごとし。かかる神学者の説教（たとえ）は実に灰の説教なり。彼らの論城は実に土の城なり。実験の一撃をもってただちにこれを破砕するを得べし（八ー一二）。

理学者と哲学者とは虚偽の製造者なり。神学者は佞臣の類なり。吾人、神について知らんと欲せば、ただちに神の足下に迫り、そこに神の祝福にあずからざるべからず。よし神聖を犯すの罪はわが身に滅亡を招くに至らんも、死はわれの意とするところにあらず。われはすでにわが生命をいとう者なり。われは何事をおいてもまず神に義とせられんと欲すと。ヨブ今や猛士の勇をもって神のみ前に迫らんとす。

励みて天国を奪い取らんとす（マタイ伝一一・一二）

彼はもちろんかくのごとくにして神に近づくことあたわざりき。されどもこの決死の覚悟なくしてついに神の光明に接せし者あるなし。天国に入るはまことに虎穴に入るがごとし。その宝貨は同じく勇者に属す。安逸により、書籍と説論とにたより、沈思黙考の結果天国に入らんと欲する者のごときは、いまだ天国の真価を知らざる者なり。イエスいいたまわく、

天国は畑に隠れたる宝のごとし。人、見出だせば、
　これを秘し、喜び帰り、そのもちものをことごとく
　売りてその畑を買うなり（マタイ伝一三・四四）

吾人、この宝の山を得んと欲す。決死の覚悟なくしていかでこれをわがものとなすを得んや（一三―一五）。

神と争うは易きがごとくに見ゆ。吾人は思う、われは言語を整え、威儀堂々、神前に自己の正義を弁ぜんと。されども一たび神の前に出でんか、われは自己に恥じてわが頭をもたげあたわざるなり。神に対して争論は懇求をもって始まらざるべからず。しかり、争論は哀求と化せざるべからず。われをゆるせよ。

　神よ、罪人なるわれをあわれみたまえ

なんじ吹き廻さるる木の葉をおどすなかれ。干あがりたる切り株を追うなかれと。吾人は神に訴うるのみ。神に叫ぶのみ。ひそかに心にととのえし議論は全然これを撤去せんのみ。友人に対するヨブは大胆なり。独立なり。神に対する彼は細心なり。柔順なり。ヨブにこの心ありたり。ゆえに彼はついに神に受けられたり。神の前に立つも自己に恥じず、堂々おのれの義を唱うる者のごときは、神を見ることあたわざる者なり。「われは朽ち行く腐れたる者、虫に食わるる衣にひとし」と。これ罪人の適当なる表白なり。ヨブよ、光明は今やなんじに近づきつつあり。なんじの友人の圏視の中に、彼らの嘲笑譏刺の間に、なんじは頭に恥辱の灰をかむりながら光の冠を戴かんとしつつあり。なお少しく忍べよ。幽暗は昼となりて終わらん（一六―二八）。

第十四章

ヨブ自己の弱きを訴う　清浄を彼より要求するの無慈悲なるを述ぶ　煩悶に悩みて休息を請求す　木をうらやむ　人生を水にたとう　再生を望む　罪悪の密封　希望の減殺を悲しむ　陰府を想像す

一 女の産む人は
その日少なくして悩み多し
二 花のごとくに来たりて刈りとられ
影のごとくに馳（は）せてとどまらず
三 なんじかくのごとき者になんじの目を開きたもうや
なんじわれをなんじの前に引きてさばきしたもうや
四 たれか清きものを汚れたるものの中より出だし得る
ものあらん
一人も無し

五その日すでに定まり、その月の数なんじに知らる
なんじこれが区域(さかい)を立てて越えざらしめたもう
六されば彼より目を離し彼をして安息(やすみ)を得させ
雇い人のその日を楽しむがごとくならしめたまえ
七それ木には望みあり
たとえ切らるるともまた芽を出だしてその枝絶えず
八たとえその根、地の中に老い
その幹、土の中に枯るるとも
九水のうるおしにあえばすなわち芽をふき
枝を出だして若木に異ならず
一〇されど人は死ぬれば消え失す
人、息絶えなばいずくにあらんや
一一水は海より竭(つ)き
川はかれてかわく
一二かくのごとく人も寝(い)ね伏してまた起きず
天の尽くるまで目覚めず、眠りをさまさざるなり
一三願わくはなんじわれを陰府(よみ)に隠し
なんじの怒りのやむまでわれをおおい
わがために時を定め、しかしてわれを覚えたまわんことを……
一四人もし死なばまた生きんや……
われはわれに定められし日の間望みおりて
わが変化(かわり)の来たるを待たん
一五なんじ、われを呼びたまわん、しかしてわれ答えん
なんじ必ずなんじの手のわざを顧みたまわん。
一六今なんじはわれの歩みを数えたもう
わが罪をなんじ、うかがいたもうにあらずや
一七わがとがはすべて袋の中に封じてあり
なんじわが罪を縫いこめたもう
一八それ山もくずれてついに失す
岩も移りてその所を離る
一九水は石をうがち、波は地のちりを押し流す
なんじはそのごとく人の望みを絶ちたもう
二〇なんじ常に彼を攻めたまえば、彼、去り行く
彼の顔かたちを変わらせたまいて彼を追いやりたもう
二一その子、貴くなるも彼はこれを知らず
卑しくなるもまたこれを悟らざるなり
ただおのれみずからその肉に痛みを覚え

おのれみずからその心に嘆くのみ

辞解

(一)「**女の産む人**」女は弱きものなり。その産むところの人も弱からざるを得ず。「**その日少なくして**」百年に満たず。七十は古来まれなり(詩篇九〇・一〇)。(二)「**花のごとくに**」花のごとくに世に現われ、開くやいなや人(神)に刈りとらる。「**影のごとく**」風に追わるる浮雲の影のごとし。走ることすみやかなり。(三)「**目を開きたもうや**」活目して人の罪を見張りたもうや。偉大なる神は弱き人類の瑕瑾を容赦すべきにあらずや。(四)「**清きものを汚れたるものの中より……**」人はみな汚れたる者なれば、たれか清浄潔白の者を彼らの中に発見するを得んや。汚濁は人の特性なり。清浄は彼より望むべからず。「**一人もなし**」これ不可能事なり。これをなし得る者一人もなし。しかも神は清浄をヨブより求めたもうがごとし。(五)「**その日すでに定まり**」その命数のすでに定まり……「**これが区域を立て……**」その命数に限りあり。その活動は制限せらる。かかる者はあわれむべき者なり。責むべき者にあらず。(六)「**彼より目を離し**」彼の監視を解き。「**安息を得させ、雇い人の……**」ひとり閑日月を楽しましめたまえ。雇い人のその業を終えし後に身を休むるがごとくなさしめたまえ。(七)「**それ木には望みあり**」人の運命を草木にくらべていう。「**水のうるおしにあえば……**」熱帯地方の草木の状態をいう。旱魃一たびいたれば緑葉たちまち失せて万木枯死の状を呈す。されども潤湿の再びその根に達するあれば翠光こずえにかえりて若木に異ならず。(一〇)されど人はしからず。彼は死してまた帰らず。(一一)「**海**」海洋にあらず。砂漠に散在する鹹水湖なり。夏時は水なきを常とす。「**川**」砂漠の溪流なり。wadyと称するもの。常時は乾燥し、雨期にのみ流水あり。(一二)「**かくのごとく……**」木のごとくならず、流水のごとし。行いてまた帰らず。(一三)「**陰府に隠し**」陰府をして永久の墓たらしむるなかれ。暫時の隠れ場たらしめよ。暴風吹き去るまでの一時の避難所たらしめよ。(一四)「**定められし日**」陰府にありて待ち望む時期。「**変化**」身の変化か、またはヨブに対する神の態度の変化か、けだし前者ならん。(一五)「**呼びたまわん……われ答えん**」昵近の徴なり。「**手のわざ**」手にて造りしもの。おのが子というと同じ。(一六)「今」されど今はしからず。「**歩みを数う**」目をわが一言一行に注いで厳密にわれを看守したもう。われはまことになんじに禁錮せられし囚人なり。(一七)「**とがは袋の中に封じてあり**」「**罪を縫いこめたもう**」わが罪とがとは大小漏らさずわが罪状の証拠物件として保存せられてあり(エフライムの不義は包まれてあり。その罪は収めたくわえられたり(ホセア書一三・一二、ロマ書二・五参照)。(一八)「**山もくずれ……岩も移り**」地質の変化をいう。寒暑雨雪の動作によりて山もついにはくずれて平地となり、岩石も片々相離れてついにその形を失うに至る。(一九)「**水は石をうがち**」滴々の水、ついにはのみをもってするがごとくに石をうがつ。「**波は地のちりを押し流す**」激流泥土を押し流し、高きを削り、低きを埋ずむ。(二〇)「**なんじはそのごとく……**」なんじ、わが神は、雨水が山を砕くごとく、滴々の水が岩をうがつごとく。「**常に**」休む時なく(二一)人の望みを絶ちたもう。(二一)死ぬる者は何事をも知らず(伝道の書九・五)。(二二)ヘブライ人の思想にかかる陰府における死者の状態をいう(イザヤ書六六・二四参照)。生命は全く消滅せず。肉に苦痛を覚え、心に悲哀を感ず。しかも過去を覚えず、未来を望まず。幽暗陰沈の生涯なり。

意　解

人は弱きものなり。弱きは彼の特性なり。彼は弱き女の産みしものなり。咲いてすぐ散る花のごときもの、風に追わるる浮雲のごときものなり。彼はまことにあわれむべきものなり。責むべきものにあらず。彼を責むるは赤子を責むるがごとし。無慈悲のわざなり(一―三)。

有は無より求むべからず。清は濁より望むべからず。純潔は人より望むべからず。これを望むは、いばらよりぶどうを望み、あざみよりいちじくを望むがごとくならずや(マタイ伝七・一六)。しかもなんじエホバはわれより清浄を求めたもう。なんじはわれより無理を要求したもう者にあらずや(四―五)。

人は人として扱いたまえ。彼を限りなく苦しめたもうなかれ。絶えず彼を責めたもうなかれ。彼を虐待したもうなかれ。時には彼に休息を与えたまえ。われは煩悶に疲る。われはなんじの要求に応じて自己を清うしてなんじの前に立たんとせり。しかもあたわざるなり。われは今は人生の解釈を求めず。休息を求む(六)。

木には望みあり。人にはなし。木にして百年の生を保つものは少なからず。人にして七十に達するものはまれなり。木は枯れて再び芽をふくの望みあり。人は死してまた帰らず。有情の人は無覚の木に対して誇るあたわず。いな、彼は老幹巨材の前に立ちて自己の脆弱短命に恥じざるを得ず(七—一〇)。

願わくは死は生命の休止にとどまらんことを。願わくは、われに、死してまたエホバにまみゆるの機会あらんことを。願わくは、ある一定の時期を経過して後にわれは再び知覚を備えて現わるるを得んことを。「われはわが変化の来たるを待たん」。われはわが体質に変化の来たるを待たん。再生か復活かは、われ(ヨブ)はいまだ知らず。されどもわれはただこの血この肉をもってしては神の前に立つあたわざるを知る(一三—一五)。

再生はわが希望なり。されども「人もし死なばまた生きんや」。われにこの大疑問ありて存す。わが知識はわが希望に添わず。われは知らざることを望む。われはわが希望の空望ならんことを恐る。ああわれに再生を確かむる者はたれぞ(一四)。

われは再生を未来に望む。されども現在のわれは窮困苦痛のわれなり。神にわが罪を糺《ただ》され、一日として寧日あるなし。彼はわが善はことごとくこれを忘れたもうがごとし。しかしてわが悪はことごとくこれを記憶にとどめ、これを一々わが前に列挙してわれを責めたもう。さばきの神の心は善をとどむるに粗にして悪を保つに密なるがごとし(一六—一七)。

神が人の希望を絶ちたもうや、水が岩をうがつがごとし。刻々やまず、時々休まず、全然これを破砕せざればやまず。人は希望をもって生まれ絶望をもって死につかしめらる。希望の蓄積をもって世に現われ、これを消費し尽くして世を去る。生命何ものぞ。希望の減殺時期にあらずや(一八—一九)。

希望ことごとく失せて後に陰府に下る。そこに生命は絶滅せず。されどもその趣味は存せず。歓喜なし、また恐怖なし。ただ痛苦と悲哀とあるのみ。山もついにはくずれて平地となり、地は平々坦々となりて何の趣味をもとどめざるに至るがごとく、人もついには全くその希望をそがれて、陰府の趣味なき生涯に入らざるべからず(二〇—二二)。

あわれむべきヨブは自己の弱きを神に訴えてその宥恕にあずからんとせり。されども神は人の弱きのゆえをもってその罪をゆるしあたわざるなり。罪は意志の行為なり。荏弱の結果にあらず。神は正義にのっとりて人の罪をゆるしたもう。その弱きをあわれみてみだりに彼を放免したまわず。

煩悶の間にヨブは再生復活の曙光を認めたり。言あり、いわく「来世の希望は地獄のへりに咲く花なり」と。困難の極に迫らざれば来世は吾人の目に映ぜず。困難の用は吾人に新希望を供するにあり。ヨブは苦しみつつ彼の来世の希望を増しつつあり。彼の患難は無益にあらざるなり。神は試練のむちをもって彼を天国に追いやりつつあり。

されどもヨブにとりては希望は万緑叢中紅一点なりき。彼の希望はいまだ彼を繞囲する真闇を破るに足らず。曙光は一たび彼に臨みしといえども幽陰は再び彼を包めり。彼は頭上に再生を望めり。されども足下に陰府を認めざるを得ざりき。「人もし死なばまた生きんや」と。彼は来世を望みながらも、この懐疑より脱するあたわざりき。

ヨブしかり、われらもまたしかり。懐疑と憂懼とはわれらの習慣性なり。われらは疑いやすくして望みがたし。われらもし上に一光を認むれば、下に万難のわだかまるを見る。われらはとうてい疑懼の子なり。神よ、願わくはわが信なきを助けたまえ（マルコ伝九・二四）。

第十五章

エリパズ再び語る　ヨブの不敬と傲慢とを責む　大いに悪人の挙動運命について教うるところあり

一 テマン人エリパズ答えていわく
二 知者あにむなしき知恵をもて答えんや
あに東風をその腹に満たさんや
三 あに用なき話をもて争わんや
益なきことばをもてあげつらわんや
四 まことになんじは神をおそるることを捨て
その前に祈ることをとどむ
五 なんじの罪なんじの口を教う
なんじはみずから選びて狡猾人（さかしらびと）の舌を

用う
六なんじの口みずからなんじの罪を定む。われにはあらず
なんじのくちびる、なんじの悪しきを証す
七なんじあに最初（いやさき）に世に生まれたる人ならんや
山よりも先に出で来しならんや
八神の御謀議（みはかり）を聞きしならんや
知恵をひとりにて蔵（おさ）めおらんや
九なんじが知るところはわれらも知らざらんや
なんじが悟るところはわれらの心にもあらざらんや
一〇われらの中には白髪の人および老いたる人あり
なんじの父よりも年高き人あり
一一神の慰めをなんじ小なりとするや
かの柔らかきことばをなんじ無視せんとするや
一二なんじなんぞかく心狂うや
なんぞかく目をしばたたくや
一三なんじなんぞかくのごとく神にむかいて気をいらだつるや
なんぞかかることばをなんじの口より出だすや
一四人はいかなるものぞ。いかにしてか清からん
女の産みしものはいかなるものぞ。いかにしてか正しからん
一五それ神はその聖き者にすら信を置きたまわず
もろもろの天もその目の前には清からざるなり
一六いわんや罪を取ること水を飲むがごとくする
憎むべき汚れたる人をや
一七われなんじに語るところあらん、聞けよ
われ見たるところを述べん
一八これすなわち知者たちが父祖より受けて
隠すところなく伝え来しものなり
一九彼らにのみこの地は授けられて
外国人（とつくにびと）は彼らの中に行き来せしことなかりき
二〇悪しき人はその生ける日の間つねにもだえ苦しむ
強暴（あら）き人の年は数えて定めおかる
二一その耳には常に恐ろしき音聞こえ
平安の時にも滅ぼすものこれに臨む
二二彼は暗やみを出で得るとは信ぜず

目ざされて剣に渡さる
二三彼、食物はいずくにありやといいつつ尋ねあるき
暗き日の備えられておのれのわきにあるを知る
二四患難（なやみ）と苦しみとはかれを恐れしめ
戦いの備えをなせる王のごとくして彼に打ち勝たん
二五彼は手を伸べて神に敵し
高ぶりて全能者にもとり
二六うなじをこわくし
厚き楯の面（おもて）を向けてこれに馳（は）せかかり
二七顔に肉を満たせ
腰に脂（あぶら）を凝（こ）らし
二八荒らされたる町々に住まいを設けて
人の住むべからざる家、石塚となるべき所におる
二九このゆえに彼は富まず、その貨物（たから）は長く保たず
その所有物（もちもの）は地にひろがらず
三〇またおのれは暗やみを出づるに至らず
炎その枝葉を枯らさん
しかしてその身は神の口のいぶきによりて失せ行かん
三一彼は虚妄（むなしきこと）をたのみてみずから欺くべからず
その報いは虚妄なるべければなり
三二彼の日の来たらざる先にその事成るべし
彼の枝は緑ならじ
三三彼はぶどうの木のその熟せざる実を振り落とすがごとく
オリブの木のその花を落とすがごとくなるべし
三四よこしまなる者のやからはおちぶれ
まいないの家は火に焼けん
三五彼らは残害（そこない）をはらみ艱苦（くるしみ）を生み
その腹にて偽りを調う

辞解

(二)「**むなしき知恵**」声のみにして実なき知恵。風のごとき知恵。大言壮語なり。「**東風……**」暴風を腹に満たしてこれを吐く。暴言なり。(七)「**山よりも先に…**」なんじは神知そのものなるや。山いまだ定められず、陸いまだあらざりし先にすでに生まれたるものなるや（箴言八・二五）。(八)「**神の御謀議……**」なんじは三位の神のひ

とりにして、造化の謀議にあずかりし者なるや。すなわち「**われらにかたどりて、われらのかたちのごとくに、われら人を造り**」といいたまえる神のひとりなるや（創世記一・二六）。「**知恵をひとりにて蔵めおらんや**」知恵と知識の蓄積はいっさいキリストに隠れあるなり（コロサイ書二・三）。なんじは実に彼のごとき者なるや。（九）なんじもし人なればわれらも人なり。（一一）「**神の慰め……柔らかきことば**」われら（ヨブの友人ら）によりて伝えられし慰めとことば。なんじはこれを軽視するや。（一二）「**目をしばたたく**」まぶたをしげく開閉（あけたて）す。内心煩悶の表顕なり。（一五）「**神の聖者**」天使なり。「**天**」星辰をつらねたるおおぞらなり。

透明なる青玉をもて作れるごとき輝けるおおぞら
（出エジプト記二四・一〇）

なり。（一六）「**罪を取ること水を飲むがごとき……**」飢えかわくごとく義を慕うにあらで、罪を追い求むる者。これ憎むべき汚れたる生まれつきの人なり。（一九）「**彼らにのみこの地は授けられて……**」われらのこのうまし国は神がわれらの先祖に授けたまいしもの、外国人のかつてこれを侵したることなし。ゆえに真理は純粋に先祖よりわれらの中なる知者に伝えられたり。われ今これをなんじに伝えんとすと。エリパズの国自慢なり。（二〇―二四）「**悪しき人は常にもだえ苦しむ……**」「**かすめ奪う者の天幕は栄え**」といいしヨブの言葉に対していう。（二五―二八）内に平安なし。ゆえに外に強暴なり。神は内に彼を攻む。ゆえに彼は外に神に逆らう。（二七）悪人の相貌なり。（二八）荒れ塚再建は神の禁じたまいしところなるに（申命記一三・一六参照）、彼ら悪人はことさらに選んで住居をかかる所に設く。（三〇）虚妄（むなしきこと）をたのむはみずからを欺くなり。そは彼が報いとして得るところは彼がたのみし虚妄そのものなればなり。

不義を耕し悪をまく者はその得るところもまたかくのごとし（四・八）

（三二）「**彼の日の来たらざる先に……**」彼の終わりの日（死）の来たらざる先に、彼は虚妄にたのみし報いとしておのれみずから虚妄を受くべし。（三五）「**残害をはらみ艱苦を生み**」他人に残害を加えんとたくらんで、かえって艱苦を自己に招く。「**その腹にて偽りを調う**」彼の腹中は詭計の製造所たり。彼はこれを他人のために調えて、おのれみずからこれを食う。

意　解

老義人エリパズなおいまだヨブの煩悶の理由を解せず。ゆえに彼の言をもって狂暴不遜不敬の言なりという。彼エリパズは年老いたりといえども、いまだかつて神の聖霊にその心を乱されしことなし。ゆえに彼は霊魂の「産みのくるしみ」を知らず。彼はヨブを責めて「彼の口みずから彼の罪を定む」、すなわち彼の信仰のいかに浅薄にしていかに機械的なるかを自白す（一―六）。

彼エリパズのたのむところは彼の高齢にあり。彼の長き生涯の経験にあり。彼は知恵は齢（よわい）にありと信ず。彼は神より直接に来たる深き知恵のあることを知らず。ゆえにヨブを戒むるに傲慢無礼をもってす。あわれむべし、エリパズは白髪のゆえをもって神の深き事に関する自己の無識をおおわんとす。白髪あに必ずしも信仰の徴ならんや。神に導かれし者のみ、よく神の事を知るなり。古老あに必ずしも信仰の先導者ならんや（一七―一）。

ヨブのいいしところの事をエリパズもいう、

女の産みしものはいかにして清からん

と。ヨブはこの言（こと）を神にむかっていえり。しかるにエリパズはこれを人にむかっていう。ヨブはおのれ神の赦免にあずからんと欲してこの言を発せり。しかるにエリパズはその友を戒めんとて同じ言を放てり。同一の言も話し掛けらるる者のいかんによりてその意義を異にす。前者は自己の汚穢に堪えずして清浄を求むる声なり。後者は自己の清浄に足りて他人の汚穢を責むる言なり。神にむかって発する叫びの声は狂者の言として人に解せらる（一二―一六）。

エリパズまた大いにヨブをさとすところあらんとす。しかして彼のいわんと欲するところは父祖より受けしいいつたえにすぎず。父祖はかくいえり、古老はかくいえりと。自己の確信を語るにあらず。独創の意見を述ぶるにあらず。ただ古人の背後に隠れてその威厳を借りていうのみ（一七―一九）。

古老にたよる者はまた故国にたよる。国自慢はまた彼らの特性なり。

外国人は彼らの中に往来せしことなし

と。わが国はかつて外国の侵略に会いしことなし、ゆえに真理は粋然としてわが国に存すと。彼らの誇りとするところは祖先と祖国となり。神にあらず。神より直接に受けし光にあらず（一九）。

悪人は短命なり、悪人に恐怖絶えず、悪人は常に幽暗のうちに彷徨す、悪人はついに飢死すべし、悪人に患難と苦痛多しと。これエリパズが称して祖先伝来の大真理となすところのものなり。しかしてその真理の一面なることは何びともよくこれを知る。されども吾人はまた

義者に患難多き（詩篇三五・一九）

を知る。神のしもべの傷つけられ、砕かれ、むち打たるるを知る。エリパズの父祖伝来の教訓は真理の半面にすぎず。しかもその浅薄なる半面にすぎず。彼はこれを知るのゆえをもって知者をもってみずから任ずべからざるなり（二〇—二四）。

悪人は神に敵す、悪人は頑硬なり、悪人は酒肉に飽く、悪人は好んで人の住まざる所におるとエリパズはいう。されどもある時は善人も神を汚す者として十字架につけられ、彼の確信は頑迷なりとして世にきらわれ、彼もし食うことをなし飲むことをすれば、食をたしなみ酒を好む人、税吏、罪ある者の友として、世の義人の排斥するところとなる（マタイ伝一一・一九）。彼は孤独にして世に枕する所なし。善人と悪人とはこれをその外部の境遇によりて区別する難し。エリパズの誇りとするいわゆる祖先伝来の真理なるものは、この点においてもまた大いに欠くるところあり（二五—二八）。

悪人は富まず、悪人の子孫（枝葉）は絶たるべし、彼自身も神の口のいぶきによりて失すべし、彼は虚妄をたのむがゆえにみずからを欺くものなり、彼は存命中必ずその報いを受くべし、彼の事業は、ぶどうの木のその熟せざる実を振り落とすがごとく中途にして敗るべしと。しかしてエリパズは年老いたりといえどもこれ以上の真理を知らず。彼は「失敗の成功」を知らず。彼は「貧困の神聖」を知らず。彼は「十字架の福音」を知らず（二九—三三）。

よこしまなる者のやからはおちぶれ、まいないの家は火に焼けん

と。しかり、吾人もしか信ず。されども現世において目前にしかあるべしと信ぜず。実に多くのよこしまなる者のやからと多くのまいないの家とは栄えつつあり。しかして多くの義人とその家族とは饑餓に苦しみつつあり。吾人もエリパズのごとくに神の厳罰を信ず。されども彼

が信ずるがごとくに信ぜず。吾人は未来における神の正罰を信ず。しかして現世はいたって不公平なる世なるを認む(三四)。

悪人は残害をはらみ、艱苦を生み、その腹にて偽り
を調う

と。老人エリパズの観察ここに至ってその当を得たりというべし。悪人はその心において悪人たるなり。その外形をもって彼の悪人たるを見分くるあたわず。悪人の特質は心に残害をはらむにあり。腹に偽りを料理(調う)するにあり。彼らの内部はすべて闇黒なり。その中に善の歓喜の踊るあるなし。愛の光の輝くあるなし。恨みの大蛇はその中にわだかまり、憎みのさそりはその中に隠る。彼らはねたみに嫁して偽りをはらむ(三五)。

しかり、白髪老人エリパズのいうところは多くは平々凡々なり。彼は人をさばくにその外観をもってす。彼は「内なる人」について知るところ少なし。彼がヨブを慰めあたわざるはこれがためなり。彼はヨブの困難におちいりしを見て、彼ヨブもまた悪人なりと推測せり。彼は人生を半解せり。ゆえに彼にこの悲しむべき誤解ありたり。彼の高齢はもって神を求むる少者を導くに足らざるなり。

第十六章

ヨブ再び友人に沈黙を促す　ことばの慰藉を退く　神を恨み人を責む　地に向かって叫ぶ　神なる中保者を要求す　朋友を離れて神に向かう

一 ヨブ答えていわく
二 かかる事はわれ多く聞けり
なんじらはみな煩わしき慰め人なり
三 むなしきことば、あに果てしあらんや
なんじ何に励まされて答えをなすや
四 われもまたなんじらのごとくにいうことを得
もしなんじらの身、わが身と所を換えなば
われもことばをつらねてなんじらを攻め
なんじらにむかいて頭を振ることを得
五 また口をもてなんじらを強くし
くちびるの慰めをもてなんじらの憂いを解くことを
得るなり
六 たとえわれことばを出だすともわが憂いは解けず

黙するとてもわが身は安らかならず
七 彼いますでにわれを疲らしむ
なんじ、わがやからをことごとく荒らしたまえり
八 なんじ、しわをもてわが身をおおいたまえり
これわれにむかいて見証(あかし)をなすなり
またわがやせおとろえたる姿わが顔の前にわが罪を
証す
九 かれ怒りてわれをかき裂き、かつ苦しめ
われにむかいて歯をかみ鳴らし
わが敵となり、目を鋭(と)くしてわれを見る
一〇 彼らわれにむかいて口を張り
われを卑しめてわがほおを打ち
相集まりてわれを攻む
一一 神われをよこしまなる者に渡し
悪しき者の手になげうちたまえり
一二 われは安らかなる身なりしに、彼いたくわれを打ち
悩まし
首を捕えてわれを打ち砕き
ついにわれを立てて的となしたまい
一三 その矢わがまわりに飛び
やがて情もなくわが腰を射通し
わが肝を地に流れ出でしめたまえり
一四 彼はわれを打ち破りて破れに破れを加え
勇士(ますらお)のごとくわれにはせかかりたもう
一五 われ麻布をわが肌に縫いつけ
わが角をちりにて汚せり
一六 わが顔は泣きて赤くなり
わがまぶたには死の蔭あり
一七 しかれどもわが手には不義あることなく
わが祈りは清し
一八 地よ、わが血をおおうなかれ
わが叫びは休む所を得ざれ
一九 見よ、今にてもわが証となる者天にあり
わが真実(まこと)をあらわす者、高き所にあり
二〇 わが友はわれをあざける
されどわが目は神にむかいて涙を注ぐ
二一 願わくは、彼、人のために神と論弁し
人の子のためにこれが友と論弁せんことを
二二 数年すぎさらば

われは帰らぬ旅路に行くべし

辞解

(二)**「かかる事」**エリパスがいえるがごとき平々凡々の世の倫理道徳。**「煩わしき慰め人」**慰め人ならん、しかも煩悶を除くにあらずして、かえってこれを増す慰め人なり。すなわち偽りの慰め人なり。前章十一節におけるエリパズの言に答えていう。(三)**「むなしきことば……」**空言に果てしなし。沈黙を守るにしかず。**「何に励まされて……」**何が刺激となりてわれに答うるや。憎悪か、憐愍か、はたまたおのれの知恵をてらう虚栄心か。われすでになんじらに沈黙を乞いしにあらずや(一三・五)。(四)**「ことばをつらねて」**エリパズがなせしごとく、古諺格言を陳列して。**「頭を振る」**あざけるの意なり(詩篇二二・七―八参照)。(五)**「くちびるの慰め」**空言をもってする慰め。実物と誠実との伴わざる口のみの慰め。(七)**「彼」**神なり。神と人とは今やヨブの敵となれり。神まず彼を疲らし、人は彼の疲労に乗じて彼を苦しむと。**「なんじ」**同じく神をさしていう。**「やからを……荒らせり」**わが家族、友人、郷党の者を駆ってことごとくわが敵となしたまえり。われに大患難を下したまいて、わが宗族中に大離反を起こしたまえり。(八)**「しわ」**心配、苦痛、煩悶のしわ。(九)**「彼」**神なり。彼は今はヨブの首敵なり。彼まずししのごとくにヨブに向かい来たる。(一〇)**「彼ら」**彼より離反せる彼の宗族なり。神まずししのごとくに彼を攻め、宗族狐狸のごとくにその後に従うて彼を苦しむ。(一一)**「よこしまなる者」「悪しき者」**前節にいえる宗族をさしていうにはあらざるべし。世の賤民、暴徒をいうなるべし(三〇章参照)。(一二)**「彼」**なお神を敵魁と見ていうなり。彼、不意にわれを襲いたまえりと。(一三)**「矢」**疾病、貧苦、讒誣、嘲弄等。**「肝を地に流れ出だす」**肝は胆汁なり。胆を汁流れ出ださしむとは、血を流れ出ださしむというに同じ。われを傷つけしめたまえりというに同じ。もちろん災難艱苦を加えたまえりとの意なり。(一四)**「破れに破れを加え」**「城塞を奪取する時のさまにたとえていう。まず第一塞をおとしいれ、次に第二塞を抜き、ついに全塁をこぼちたまえり。われは神の攻むるところとなりて、今は大敗北の地位に立てり。(一五)**「麻布を肌に縫いつけ」**麻布をまとうは愁傷の兆なり。これを肌に縫いつくるとは、肌ちかくこれを着るとの意なるべし。あるいは長くこれをまといしがゆえに皮膚に糊着せりとの意なるべし。**「角をちりにて汚せり」**角は栄光の表号なり。角をちりにて汚すとは、名誉地に落ちたりというに同じ(詩篇八九・一七参照)。(一六)**「顔は泣きて赤し」**われ知らずに涙の流るるは象皮腫症の徴候の一なりという(三・七参照)。**「わがまぶたには死の蔭あり」**わが目憂いによりて衰え、もろもろの仇ゆえに老いぬ(詩篇六・七)。(一七)されどもわれに不義あることなし。われの神に対する態度は清し。前章四節エリパズの言に答えていう。(一八)**「地よ……」**神と人とはわが敵となれり。われ彼らに訴うるも益なし。今は地に向かって訴えん。「血をおおうなかれ」わが罪なきを証せよ。わが血をして声を揚げて叫ばしめよ(創世記四・一〇参照)。**「わが叫びは……」**わが声の天地に聞かるるまではわれをして絶叫せしめよ。(一九)**「今にても」**今すでに。神の最後の裁判を待たずして。**「証となる者」**ヨブの無罪を証する者、また同時に彼の正義を弁護する者。(二〇)**「わが友はわれをあざける」**わが友はわが証人として立たずして、かえってわれをあざける。(二一)**「彼」**天にありて証となる者。父の前の保恵師なり(ヨハネ第一書二・一参照)。**「人」**、**「人の子」**おのれをさしていう。保恵師が神と人(友)とに対しておのれのために論弁せんことを願う。(二二)わが死期のいたるは遠きにあらず。

意解

なんじらは知者ならん。なんじらは長者ならん。なんじらの経験は広からん。なんじらの頭髪は白からん。なんじらに多くの古きことわざと祖先の遺訓とあらん。されどもわれはなんじらに向かっていわざるを得ず、なんじらの言はもって今日のわれを慰むるに足らずと。なんじらはまことにわれにとりては煩わしき慰め人なり。われはなんじらがわがかたわらにあらざらんことを欲す。なんじらはわが苦痛の理由を解せず。ゆえになんじらのことばはかえってわが煩悶を増すにすぎず。われすでになんじらに沈黙を乞えるにあらずや。なんじら何を目的になんじらのむなしきことばを続くるや。願わくは果てしなきなんじらのことばをやめて、われをして少しく内にやすむところあらしめよ(一―二)。

ああ慰藉の術なんぞ易きや。われもしなんじらの地位に立たば、なんじらのごとくによく古人のことわざをつらねて慰藉の言をつづるを得ん。なんじら口の慈善をやめよ。われはなんじらのくちびるの慰藉に堪ゆるあたわざるなり（四―五）。

わが内に大なる苦痛あり。深遠にして語りがたし。われこれを語らんか、わが憂いは解けず。黙せんか、わが身は安からず。語るも苦痛なり。語らざるも苦痛なり。われは今苦痛の中に彷徨す。慰安の道、われにあるなし（六）。

そは神、今わが敵となりたまいたればなり。彼われを責め、われを疲らせ、わが宗族までをわれより離反せしめたまいたればなり。神われを去り、宗族われより離れて、われは天にも地にも身を安んずる所なきに至れり。ああ、われいずくに適帰せん（七）。

われ鏡に対してわが顔を見れば、憂愁のしわ、そこに現われ、われに向かいてわが罪を責むるがごとし。わが憔悴の状はわがとがの証跡なるがごとし。われはおのれの影を見て驚くなり。神ののろいは今やわが身をまとうがごとし（八）。

わが神は今や猛獣のごとし。われをかき裂き、かつ苦しめ、わが敵となりてわれを攻む。しかして世の陋徒はその後に従い、われをのろい、われを卑しめ、相集まりてわれを攻む。しし、まずわれを傷つけ、狐狸その後に従い、わが弱きに乗じてわれを悩ます。神われを捨て、われを悪人の手に渡したまえり（九、一〇、一一）。

われは安全の身なりしに、神はわれをこぼちたまえり。われは高貴の者なりしに、神はわが角を折りて、われを恥辱の淵に沈めたまえり。わが顔は泣きて赤く、わがまぶたには死の蔭あり（一二―一六）。

されどもわれおのれに省みて不義あることを発見するあたわず。われはいまだかつて身の利益を神より求めしことなし。わが祈禱は今なお清し。われは神がかくもわれを苦しめたもうその理由を知るに苦しむ（一七）。

神に訴うるも、彼、聞きたまわず。人はもちろんわが叫号の声に耳を傾けず。さればわれは地に向かって叫ばんかな。地よ、なんじ、わが無辜の血をおおうなかれ。神と人とはわれを忘るるとも、地よ、われを産みし地よ、なんじは慈母のごとくなりてわが不幸を記憶せよ。一人のヨブなる不幸児ありて、神に仕えんとしてかえって神に捨てられ、人を愛せんとしてかえって人に憎まれし者あるを記憶せよ。ああ地よ、天然よ、土よ、墓よ、神にのろわれ人に捨てられし者はなんじを慕うことますます切なり（一八）。

しかり、われに同情を寄するものは無心の天然のみにあらざるなり。見よ、今にてもわが証となる者、天にあり。彼は神ならざるべし。もちろん人にあらず。されども神のごときの公平をもって人のごとくにわが真実を表明する者、われはかくのごとき者の高き所にいますを信ず。われはわが弁護を彼にゆだねん。彼は神とわれとの間に立つ中保者なるべし。彼によりてわれはわが神に近づくを得べし。ああ救い主！　保恵師！　義者の弁護者、罪人の庇保者！　われは信ず、困苦に迫りて今初めて信ず、わが証となる者天にあり、わが真実を表明する者高き所にあるを（一九）。

わが友はわれをあざける。彼らはわが不幸にあるを見て、われをもって神にのろわれし者なりとなす。ゆえに彼らに向かってわが義を弁ずるも益なし。彼らをしてわれについて彼らが思うままに思わしめよ。されどもわが目は神に向かいて涙を注ぐなり。われは友の同情を求めんとせず。求むるも益なければなり。されども神の憐愍を求めんと欲す。われは今は旧来の友より離れて孤独の者となれり。されども同時に神を求むる者となれり。われ今、神と語るにことばなし。ただ涙を流してわが憂いを訴うるのみ（二〇）。

われは一たびは神はわが敵となりたまえりといえり。しかして今は神の憐愍を求むという。神は新しきかたちをもってわれに現われたまいたればなり。われが今憂愁を訴うる神は

高き所にありてわが真実を表明する者なり

彼は神なる証明者ならざるべからず。神にして、神の前に人の真実を表明したもうという。神は同時に裁判官にしてまた弁護者たるを得るか。われ深くそのゆえんを解せず。されどもわが霊魂はかかる神と、かかる神なる弁護者とを要求す（二一）。

願わくは彼、神なる弁護者、われのために神なる裁判人と論弁し、わが義をその前に立てたまわんことを。またわれのためにわれをあざけるわが友と論弁し、これをさとしたまわんこと、これわが切なる祈願なり。われはおのれを神の前にも人の前にも弁ずるあたわず。われはわが弁護を他者にゆだねざるべからず。しかして

天にありてわが証となる者
彼、必ずわがためにこの事をなしたまわん（二一）。

これわが祈願なり。されどもわが歳はすでに数えられたり。われの帰らぬ旅路に行くは遠きにあらざるべし。われはこの世にありてわれの義とせらるるを見るあたわざるべし。この事を思うてわが心は再び悲痛に沈むなり（二二）。

第十七章

ヨブまだ死と墓とを慕う　いたく友人とその子をのろう　神を恨みまた神に頼む　義者の堅信を述ぶ

一わが息はすでにくさり
わが日すでに尽きなんとし
墓われを待つ
二まことにあざける者どもわがかたわらにあり
わが目は彼らのいい争うを常に見ざるを得ず
三願わくは今、質（ものしろ）をわれに賜え、なんじに対するわれの保証（うけあい）となりたまえ
たれか、ほかにわが手を打つ者あらんや
四なんじ彼らの心を閉じて悟るところなからしめたまえり
必ず彼らをしてまさらしめたまわじ
五友を渡して掠奪（かすめ）に会わしむる者はその子どもの目つぶるべし
六彼われを世の民の笑いぐさとならしめたまえり
われは顔につばきせらるべき者となれり
七わが目は憂いによりてくらみ
体はすべて影のごとし
八正しき者はこれに驚き
罪なき者はよこしまなる者を見て憤る
九さりながら正しき者はその道を堅く保ち
手の潔（いさぎよ）き者はますます力を得るなり
一〇請う、なんじらみな再び来たれ
われはなんじらの中に一人も賢き者あるを見ざるなり
一一わが日はすでに過ぎ
わが計るところ、わが心にこいねがうところはすでに敗れたり

一二 彼ら夜を昼に変う
暗やみの前に光ちかづくという
一三 われもし待つところあらば、これわが家たるべき陰府（よみ）なるのみ
われは暗やみにわが床をのぶ
一四 われ腐りに向かいては、なんじはわが父なりといい
うじに向かいては、なんじはわが母わが姉妹なりと
いう
一五 さればわが望みはいずくにかある
わが望みはたれかこれを見る者あらん
一六 これは下りて陰府の関にいたらん
これとひとしくわが身はちりの中に静臥すべし

辞解

（二）**「息は腐り」** 生気は衰え。息は生命なり。（三）**「願わくは……」** 天にある保証者にむかって願求す（一六・一九）。**「質を賜え」** 未来の裁判において、さばく神とさばかるるわれとの間に立ちてわが保恵師たるを約する証拠物をわれに賜え。**「なんじに対するわれの保証」** さばく神にむかって保証者（弁護者）たらんことを求む。神は同時に裁判人にしてまた弁護人なり。父にしてまた子なり。正義の神にしてまた罪のあがない主なり。三位一体の教義は往々にして旧約聖書の中に現わる。**「手を打つ者」** 保証人の意なり。ユダヤ人の旧慣による（箴言一七・一八、二二・二六参照）（四）**「彼ら」** あざける者どもなり。三人の友人をいう。彼らは心閉じてわれの証人となるあたわずと。**「彼らをしてまさらしめたまわじ」** 彼らのわれに対する弁争をして勝利に帰せしめたまわじ。（五）**「友を渡して……」** 三人の友をののしっていう。彼らは艱難にある友を敵に渡してその掠奪に会わしむ。これ無情の極なり。その罰としてその子らの目つぶるべしと。（六）**「彼」** 神をいう。友はわれを敵に渡し、神はわれを世の笑いぐさとなしたまえり。（八）義人の世に苦しむを見て、義者は疑い聖者は惑う。（九）されど義者は患難のために義を捨てず。彼は苦しめられてますます力を得るなり。（一〇）**「再び来たれ」** 帰ってまた来たれ。われは今なんじらに聞くを好まず。（一一）われはすでに失望の人なり。（一二）**「夜を昼に変う……」** われに来たるべき夜を昼なりという。また暗黒の前に光明ありという。知者をもってみずから任ずるわが友らは物の黒白す

らをも弁ずるあたわず。(一四)腐りは父、うじは母と姉妹、死はわれに最も親しきものなり。(一六)「これ」わが希望は。わが身はわが希望とひとしく陰府に下るべし。しかしてそこにちりの中に静臥すべし。希望まず失せ、身その後に従って消ゆと。

意解

幽暗いまだヨブの身を去らず。ゆえに彼は人生を消極的に解してこれを積極的に解するあたわず。彼は時には暗夜に星光を認むるを得たり。されども義の太陽はいまだ彼の上に昇らず。ゆえに彼に悲歎の言多くして歓喜の声少なし。彼はなお苦痛を感ずること鋭くして恩恵を感ずること鈍し。神は彼を鍛練せんために一時その聖霊を彼より取り上げたまえり。しかしてヨブはその再送を求めてやまざるなり。これ彼の悲鳴のますます高きゆえん。

ヨブは幾回か死を望めり。しかして今やこれを慕うに至れり。

墓われを待つ
腐りはわが父、うじはわが母、わが姉妹

と。彼の妻は彼を捨て去り、彼の親友は彼を解せず。しかして彼の神もまたそのみ顔を彼より隠したまえり。彼、今たれと親しみ、たれと語らん。しかり、彼の妻は墓なり。彼女は草のしとねをのべて彼の帰るを待ちつつあり。彼の父は腐りなり。彼は寂滅の休息をもって彼の勤労に報ゆるところあらん。しかして彼の母と姉妹とはうじなり。彼らは彼の病軀をむしばみて彼を慰むるところあらんと(一一四―一五―一六)。

同情の友は今は嘲弄者として感ぜらる。彼を慰めんとする者は彼といい争う者のごとくに思わる。いな、逆境にあるヨブはその友を称して

友を敵に渡して掠奪に会わしむる者

となせり。彼はその子らまでをのろいて、彼らの目はつぶるべしといえり。聖霊を取り去られしヨブは峻厳にして冷酷なり。春風いまだ彼の心を吹かず。ゆえに宥恕の温暖いまだ彼にあるなし。暖かかりしヨブは、肉に病み霊に飢えて偏僻狭隘の人となれり(三一五)。

神を恨みまつり、また神を頼みまつる。裁判の神として恨みまつり、仲裁の神として頼みまつる。神を恨みてまた神に訴う。これ人が神に対して取る必然の態度な

り。神は絶対者なれば一位としてのみ考うべからず。あるいは父として、あるいは母として、あるいはまた兄弟として考うるを得るなり。ヨブの神に二位あるは、よく神の神たるを示すものなり（三一四一六）。

消極的のヨブは今や温愛の人たるあたわず。されどもよく困難の中に処して正義の人たるを得たり。善人のこの世に苦しめらるるを見て、義者は驚き聖者は憤ることありといえども、彼自身は堅く道を守り、心に偽りなきがゆえにますます力を得んといえり。神の人はもちろん義人以上なり。されども前者たり得ずといえども何びとも務めて後者たるを得べし。世には神を信ぜざる義人なきにあらず。しかして神はまたかかる義人を愛しかつ恵みたもう。

手の潔き者
は、信者たるも不信者たるも
ますます力を得るなり

ヨブ今は前のごとくに神を見るあたわず。ゆえに讃美と感謝の生涯を送るあたわず。されども不義を憎む義人となりて、人たるの正道を踏むを得たり。ヨブの高貴なるはここに存せり。彼はいかに堕落せるも義人以下には堕落せざりしなり。彼がついに義人以上の人たるを得しは彼にこの堅心ありしがゆえなり（八一九）。

（第一―七章、『角筈聖書　ヨブ記注解　第一篇』として一九〇四年八月初版。第八―一七章、一九〇五年二―四月、一九〇六年六、七、九、十月「聖書之研究」）

ヨブ記の研究 (二)

一　ヨブ記はいかなる書であるか

ヨブ記の発端は一章、二章にして、十九章がその絶頂たり。それより下りて四十二章をもって終尾となす。しかしこの四つの章を読みしのみにては足らず、その間にはさまる各章を読むは、あたかも上り道および下り道において金銀宝玉を拾うがごとくである。ゆえに四十二カ章全部に心を留めねばならぬのである。

注意すべきは、ヨブ記の聖書における位置である。すべて聖書中に収めらるる各書の位置を知るは、その書の研究上たいせつなることである。まず新約聖書を見るに、マタイ伝より使徒行伝までは「歴史」、最後の黙示録は「預言」にして、その間にはさまる使徒らの書簡は「霊的実験の提唱」ともいうべく、「教理の解明」とも称すべく、または簡単に「教訓」とも名づくべきである。歴史と預言は教会および人類の外部の状態に関し、教訓は個人の内界に関するもの、外より教え、また内より教うるのである。そしてこの事は旧約聖書においても同様である。その三十九書中、初めの十七書は歴史、終わりの十七書は預言、そしてその間の五書すなわちヨブ記、詩篇、箴言、伝道の書、雅歌は心霊的教訓である。そしてヨブ記がこの教訓部の劈頭第一に位するに注意せよ。そもそも創世記をもって始まりし歴史は、イスラエルを通して伝えられし神の啓示を載するものである。しかしてそれが最後のエステル記をもって終わるや、ここにヨブ記をもって一個人の心霊をもってする啓示が伝えられたのである。ここに新たなる黙示が伝えられたのである。すなわち神の教示が全く別の道を取るに至ったのである。すなわち個人の実験を通して聖意がこの世に臨んだのである。「歴史」と「預言」とは、過去と未来における国民または人類の外的表現によりて伝うるもの、これに対して「教訓」は、神と霊魂との直接関係そのままの提示である。

神は外より探り得べし、また内より悟り得べし。神を歴史において見、従って神の教えを国民的、社会的、政治的に見るも一の見方である。されどこれのみにとどまる時は浅薄におちいりやすい。これを個人心霊の堅き実験上にすえて初めてその真相をうがち得るのである。かかる実験の人が集まるところ、おのずから外部的に神の国は成立するのである。そして史的勢力となるのである。われらはわが内界に不抜の確信を豊強なる実験の上に築き、そしてまた同時にその外的表現に留意すべきである。外にのみ走りて浅薄になるおそれあると共に、内にのみ潜みて狭隘となるきらいがある。いずれにせよ、旧約聖書においてこの個人的沈潜の深みを伝えし第一がヨブ記であることは忘るべからざる点である。

ヨブ記を心霊の実験記と見る上において注意すべきは巻頭第一の語である。

ウヅの地にヨブと名づくる人あり

としるさる。ウヅとは異邦の地である。実に旧約聖書はその歴史部を終えて教訓部に入るや劈頭第一に異邦の地名を掲げ、異邦人ヨブの実験を語らんとするのである。

これ真に今人の驚異に値することである。ウヅの地とはいずこなるかについて諸説あるも、そのパレスチナの中になきことは明らかである。そしてこれをアラビヤ砂漠の北部地方（全砂漠の三分の一または四分の一）の総称と見るを正しと思う。しかる時は、ヨブの住みし村または町はいずこぞという問題が次に起こる。砂漠の最北部すなわちパレスチナに接近せるあたりという学者もある。しかし砂漠の中央に近きジュマまたはショフ（Duma; Dschof）であるとの説を余は採るのである。羊七千、らくだ三千というごとき大群の家畜を養い得んには広き緑野を要するのである。そしてヨブのほかにも彼に匹敵する、または彼に近き豪農が住んでいたことと当然推定せらるるがゆえに、かかる緑野の充分ある地はジュマのほかにはないのである。さればヨブの住みし地は、パレスチナより見て純然たる異邦であったのである。

この事は何をわれらに示すのであるか。イスラエルは神の選民たりといえども、神を求むるの心はイスラエルの独占物ではない。人は各個人直接に神を求むるを得、神は各個人の心霊にその姿をあらわしたもう。この意味において国籍民族の区別は全く無意味である。そは実に個人的なるがゆえにまた普遍的である。ゆえに神を求むる者をユダヤ人に限る要はない。異邦人にてもよいのである。いな、異邦人の方がかえってよろしいのである。ヨブ記が異邦人ヨブの心霊史を掲ぐるは、神を求むる心の普遍的なるを示すと共に、神の真理の包世界的なるを示すのである。実に各個人の——従って全人類の——実験をえがかんとせば、その主人公をユダヤ人以外に求むるを得策とする。しかして旧約聖書はその教訓部の劈頭に異邦人の心的経験を記載して、もってその人類的経典たることを自証しているのである。げに聖書ほど人類的の書はない。聖書をもってユダヤ思想の廃址と見るは大なる誤謬である。そのしからざるを証するものは少なくないが、ヨブ記のごときはその最たるものである。されぱヨブ記は特に普遍的の書物である。特に国家なきアラビヤ人中よりその主人公を選びて、たれといえども、いやしくも人である以上は、神を知り神の真理を探り得ることを示したのである。ヨブ記が特殊の力をもって吾人を引くゆえんの一はここにあるのである。

神の選民たる誇りの中に住みおりたるユダヤ人中、異邦人を主人公としてかかる大信仰を開説したるヨブ記作者があったのである。そのいかなる人なりしかは今これを明らかにしがたいが、その大胆なる態度とその自由なる魂とはうらやむべきである。同時にまた人生最高の実験としてえがきたるこの書のごときを尊重し、これを聖書中に正経として加えたるユダヤ人の心の広さをわれらは見落としてはならない。げにこの民ありてこの著者ありというべきである。

人は何ゆえに艱難に会するか、ことに義者が何ゆえ艱難に会するか、これヨブ記の提出する問題である。これ実に人生最大問題の一である。そしてこの問題の提出方法が普通のそれと全く異なりおるがこの書の特徴である。まず一章全部と二章前半を見よ。ヨブに大災禍臨みて産はことごとく奪われ、子女はことごとく殺され、身は悪疾に襲われ、最愛の妻さえ彼をののしるに至ったのである。かくて彼はただひとり苦難の荒野に坐してこの問題の解決をしいられたのである。実に彼は生涯の実験――ことに悲痛なる実験――をもって問題を提出せられたのである。教場における口または筆による問題の提出およびその解答ではない。哲学上の問題や文学上の問題のごとく、思想をもって提出され思想をもって答うるものとは全然性質を異にする。ヨブは患難の連続をもって患難の意味てふ(ちょう)問題を提出せられ、そして事実的の痛苦、煩悶、苦闘をもってこれに答えざるを得なかったのである。彼のごとき敬虔なる信者がかくのごとき大苦難に会したのである。これはたして愛なる父の所為として合理なるか、神に対するわが信仰は誤謬ならざりしか、むしろ世に神なきにあらざるか、もし神ありとせば義者に患難を下したもうは何ゆえか――およそこれらの疑問が彼の心霊を圧倒すべく臨んだのである。実に彼は実験をもって大問題を提出せられ、実験をもってこれに答えしめられたのである。ゆえにヨブ記全体に生ける血がかよっている。火と燃ゆる人生の鎔炉に鉄は鍛えられんとするのである。文学の上の遊戯ではない。生ける人間生活の血と火である。これヨブ記の特徴である。この事を心に収めおかずしてはこの書を解することはできない。ヨブ記は美文でない。霊魂の実験録である。

ヨブ記が世界第一の文学なることは古来よりの定説である。これを単なる文学書として、審美心あるいは思想愛好心より研究するも全く無効には終わるまい。しかしながらこれ信仰的立場において初めて充分に了解せらるる書である。われらはこの書を研究する時、まず著者に対して深き同情と尊敬とをいだかねばならぬ。由来この書は文学書または思想書として著わされたものではない。著者みずから書中にしるすごとき大苦難に会わずとするも、少なくもこれに似たる苦難に会いて、その実験の上にこの書を著わしたものと見ねばならぬ。ゆえにこれを文学としまた思想として研究する時は一のなぞとして終わるのみである。身みずから人生の苦難に会し、悲痛しきりに心に往来するを味わい、しかも神を信ずる信仰とわが苦難との矛盾に血涙とどめあえざりし人――この種の人が深き同感と少なからぬ敬意とをもってこの書に対する時は、この書を理解し得るのみならず、この書より得るところ少なくないのである。

今日までにヨブ記の注解は少なからず現われた。しかもその多くはこれをもって不可解の書となすのである。この書をうるわしき仏文に移したるルナンのごときは、聖書学者としてまたヨブ記研究者として有名なる人なるにもかかわらず、ヨブ記の真意を捕捉することを得なかったのである。その他この書の研究者はおおむね古代の習慣、思想等の考古学的研究に心を奪われて、この書の神髄をとらえ得ないのである。これ研究の態度が正しからぬためである。これを実験的に解せんとせずして思索的に解せんとする時は、いかなる学者にもこの書は不可解のなぞとして残るのである。自分をヨブの位置に置き、苦闘、労力、もって光明を得んとせし者には、この書は決して不可解の書ではない。無学者といえども、老人、小児といえども、この心をもってせばヨブ記を解し得るのである。聖書はそのいずれの書といえども読者にかかる態度を要求するものであるが、ヨブ記のごときは格別にもしかるのである。

実験をもって与えられし問題を実験をもって解かんとしてヨブの苦しめる時、エリパズ、ビルダデ、ゾパルの三友人現われ、おのおの独特の思想と論法とをもってヨブを慰めんとする。かくて世に普通の解釈はみな与えられしも、そはかえって彼を苦しむるのみであった。その時、青年エリフ、仲裁者として現わる。エリフは学識経験においては三人に劣れども、同情においてまされるため、ややヨブの心を柔らぐるにおいて成功する。最後にエホバご自身現われて親しく教示する。しかもこの教示中、直接ヨブの疑問を解くべき答えは一つも与えられておらぬのである。義者に臨む苦難の意味については一言も答うるところないのである（三八章以下参照）。これふしぎというほかはない。しかるになおふしぎなるは、ヨブがそれに全く満足し、わが罪を認めて全き平安に入りしことである。問題の説明供せられざるに彼の苦しみがことごとく取り去られしとはまことにふしぎなることである。初めから問題を提出しないならばそれでよろしい。しかるにこれを明らかに提出しながら、その解答を載せざるは、実に怪しむべきことである。

しかし解答は与えられずして与えられたのである。実に神を信ずる者の実験はこれにほかならぬのである。苦難の臨みし説明は与えられざれど、大痛苦の中にありてついに神ご自身に接することができ、そして神に接すると共にすべての懊悩痛恨を脱して大歓喜の状態に入るのである。ただ神がその姿を現わしさえすればよいのである。ただ直接に神の声を聞きさえすればよいのである。それで疑問はことごとく融け去りて、歓喜の中に心を浸すに至るのである。その時、苦難の臨みし理由を尋ねる要はない。いな、苦難そのものすら忘れ去らるるのである。そしてただふしぎなる歓喜の中に、すべてが光をもって輝くを見るのみである。

今日キリスト信者の実験もまたこれである。彼にとってはこれが患難苦痛の唯一の解釈法である。友人らの提供する種々の説明も彼になんら満足なる解答を与えない。あるいは人生の長き実験より、あるいは深き学識より、あるいは暖かき同情より彼を慰むれども、いずれも問題の中心に触れない。かくて彼の煩悶いよいよ加わる時、ついに父はキリストにおいてその姿を現わし、その光、彼をめぐり照らし、その光の中にすべての懐疑や懊悩がおのずと姿を収めるのである。そしてすべてを失いてもこれを糞土のごとく思い得るに至るのである。

ちなみにしるす。ヨブ記は文学書にあらずしてしかも世界最大の文学書である。世界の大文学中、ヨブ記を手本として作られしものは少なくない。ゲーテのファウスト、ダンテの神曲、シェクスピアのハムレット、カーライルのサーター・レサータス（Sartor Resartus）、ブラウニングのイースター・デー（Easter Day）とラビ・ベン・エズラ（Rabbi Ben Ezra）等はそれである。また現代英の文豪たるH・G・ウエルスの『不死の火』（Undying Fire）のごときもヨブ記を手本とせる作物である。もってヨブ記の大を知るべきである。

二　ヨブの平生と彼に臨みし患難

ヨブ記　一―二章

ヨブ記は今日の語をもってせば劇詩（Dramatic Poetry）と名づくべく、また叙事詩（Epic）と称すべきものである。劇詩と見るも、舞台に上すべき性質のものではない。ギリシャ人のごとくに風景的観念に豊かならぬユダヤ人の作なれば、これを舞台に演ずる時は簡単にして無味なるをまぬかれぬ。ヨブの平生、天国における神とサタンとの問答、ヨブに臨みし災禍、三友人の来訪、ヨブ対三友人の長い論争、エリフの仲裁、最後にエホバご自身の垂訓とヨブの慚改感謝――これにて大団円となるのである。これでは劇としてあまりに無意味である。ゆえにこれは舞台に上すために書いたものでないことは明らかである。しかし劇作にははなはだ乏しきユダヤ文学のことなれば、ヨブ記、雅歌等をその中に加うるも可なりと思う。

ヨブは実在の人物か想像の人物かは一の問題である。そして余はヨブを実在の人物と信ずるものである。その本名がヨブなりしかいかがは不明なるも、少なくともこの人の味わいし経験は事実的に起こりしものと余は認めるのである。たしかにヨブ記はある確実なる事実を根拠とせるものである。もとよりかかる作品の常として、その光景、その対話等に著者独特の修飾あるは当然ながら、この作がある事実の詩的表現であることは疑うべくもない。しかしてこの作の主人公と著者とは別人なるべきも、著者はいわゆる文学者の列に加えらるべき人にあらずして、主人公ヨブと似たる経験を持ちしところの敬虔摯実なる人なりしは明らかである。しからずしてはかかる大作を生み出だし得べきはずがない。神をおそれ悪に遠ざかりしヨブの実伝を、ヨブとひとしき実験を持てるある人が、自己の実験に照らしまた詩的外衣に包みて提示せしもの、これすなわちヨブ記である。ゆえに吾人はヨブに対して敬意を表すると同時に、著者に対してもまた同一の敬意を払わねばならぬのである。

これより本文に移ろう。一章一節に

ウヅの地にヨブと名づくる人あり。そのひととなり全くかつ正しくして、神をおそれ悪に遠ざかるとある。「ひととなり全く」とあるも、これもとより人より見ての完全であって、神より見ての完全ではない。完全の程度は見る人の目によりて異なる。日本にて品行方正ぐらいの程度をもって比較的完全と見るは低き見方である。むかしのユダヤ人のいわゆる完全ならずとするも、今日のわが国のごときよりははるかに高き道徳的標準に照らしての完全であるに注意すべきである。第一章に現われたるヨブ、ことに三十一章に現われたる彼を見れば、彼がいかなる程度において完全なりしかを知り得る。かかる人が今日われらの間にあらば、社会はこれを全き人と見、教会はこれを完全なる信者と見るであろう。しかしながら聖書の立場より見れば、ヨブの完全は絶対の完全にあらず、さらに完全なるを要するところの完全であったのである。これヨブ記に現われたる悲劇の生ずるゆえんである。

この完全なるヨブの生涯もまた完全であった。

その生めるものは男の子七人、女の子三人

という完全なる家庭であった。

その所有物は羊七千、らくだ三千、牛五百くびき、雌ろば五百、しもべもおびただしくあり

というほどの富の程度であった。そしてその家庭は夫婦、兄弟、姉妹相和して平和みなぎるの状態にあり、特にヨブがその子の教育において誤らず、祭壇を設け、みずから祭司の職を取りて、子女の赦罪のため燔祭をささぐるごとき、すべてが完全の状態であった。すなわち富足り、家栄え、家訓おこなわれ、敬神の念さかんなりというべきありさまであったのである。

試みにヨブを今日の社会に立たせて見よ。その富は何百万、外に出でては多くの有力なる会社の社長または重役たり、内にありては子女の教育において全く、牧師の任に当たりてあやまたざる人たるであろう。不幸にしてわが国にこの種の人はほとんどない。富者は多けれども、神をおそるるの信仰なきはもちろん、わが生みし子をすら治め得ざるもの、比々みなしかりである。まして家にありて牧師の職を取り得る者のごときはとうてい見出だし得ぬところである。しかしこれ世に皆無の事象ではない。欧米諸国においては少数ながらこの種の人が実存するのである。ヨブのごとき人を今日わが国において見ざることは、必ずしもヨブが架空の人たる証左とはな

らない。しかしながら、ヨブの完全は神より見ての完全ではない。さらに大なる完全に彼を導くべく、大災禍は続々として彼を襲ったのである。かくてヨブの悲歎起こる。しかしこれ同時に神の恩恵の現われである。

次に問題となるのはエホバ対サタンの問答である。ある時、サタン、エホバの前に現われ、エホバまずサタンに向かって語り、サタンこれに答え、かくてヨブに災禍は臨むに至ったのである。一章および二章のこの対話は、その表面の意味においてははなはだ明瞭であって、なんらの注解をも要しないのである。しかし今日の人にはかかる事はたしてあり得るやとの疑問が起こる。人類に下る災禍ははたしてサタンが神の許可を得て起こすところのものなるか——これ今日の人の疑問とするところである。彼らはいう、すべての疾病は神より刑罰としてくだりしものにあらず、その他の災いにもそれぞれ天然的または人間的原因あり、これを天において神の定めたまいしところと見るは誤れりと。

しかしながら天上におけるエホバ対サタンの対話の実否いかんはしばらく別として、吾人クリスチャンの実験に訴うる時は、この記事がその究竟的意味において至当なるを知るのである。この記事を見るに、エホバ対サタンの対話は偶然に発せしものではない。エホバよりまずサタンに向かって

なんじ心を用いてわがしもべヨブを見しや。彼のごとく全くかつ正しくて神をおそれ悪に遠ざかる人、世にあらざるなり

といいかけたのである。ヨブの清浄はエホバの充分認めかつ喜べるところ、ゆえにエホバよりまず問題を提出したのである。これヨブに起こりし災禍がその究竟の原因をエホバに置くことを示したのである。クリスチャンは自己に臨みしいっさいの事件が聖意に基づくことをその実験の上に認むる者である。

すべての事は、神の旨によりてまねかれたる神を愛する者のために、ことごとく働きて益をなすをわれらは知れり（ロマ書八・二八）

とのパウロの言はすなわちクリスチャンの実験である。余自身についていえば、病にかかりし時のごとき、これを神より直接に来たりしものとは思わず、他の原因が明らかに認めらるれど、後に回顧すれば、その中に深き聖意を認めざるを得ないのである。

しかり、神を信ずる者においては、自己の生涯に臨みしすべての出来事に必ず道徳的価値があるのである。そして宇宙人生のすべての出来事はその究竟的原因を聖旨に置くと見るを正しとするのである。しかり、万事万物の本源を握るものは神のみ手である。これ近代人といえども必ずしも否認せんと欲するところではあるまい。直接の原因と見ると間接の原因と見るとの差別こそあれ、原因の原因にさかのぼれば、すべての災禍のみなもとはヨブ記のここにしるすところにほかならない。すなわち地に起こるすべての出来事はみなもとを天に置くのである。近時の心理学がようやくこの辺に着目して有形世界と神秘世界の関係に想到せしごときは一段の進歩と称すべきではあるが、しかしこれ、いにしえより神を信ずる者の実験し来たったところにすぎぬのである。この古き実験を今に至って心理学者が初めて研究の主題としたのである。

かくてエホバとサタンとの対話の結果、サタンは神の許可を得ていよいよヨブに災いを下すのである。その災いは前後二回に分かたる。前の災いは彼の所有物に関するもの、後の災いは彼の生命の脅威である。そして前の災いは四回に彼に臨んだ。その第一回には、シバ人のために牛と雌ろばが奪われ、若者が殺された。第二回には神の火、天より降りて、羊および若者を焼きて滅ぼした。第三回には、カルデヤ人がらくだを奪い、若者を殺した。第四回には、大風のために子女十人ことごとく死した。かく彼の所有物ことごとく失せしも、彼は

　われ裸にて母の胎を出でたり。また裸にてかしこに帰らん。エホバ与えエホバ取りたもう。エホバのみ名はほむべきかな

といいて、

　この事においてヨブは全く罪を犯さず、神に向かいて愚かなる事をいわなかった。忍耐深きヨブよ。

第二章に進みては、エホバとサタンとは第二回目の対話に入るのである。エホバはヨブを称揚し、サタンはこれに対していう、

　皮をもて皮に換うるなれば、人はそのすべての所有物(もちもの)をもておのれの命に換うべし。されど今なんじの手を伸べて彼の骨と肉とを撃ちたまえ。さらば必ずなんじの顔に向かいてなんじをのろわん

と。皮をもて皮に換うとは古いことわざであって、その意味は不明である。しかしたぶんB・A・デーヴィッドソン氏のいうごとく、肉をもて肉に換うというとひとしく、人はおのが生命を全うせんためには骨肉の生命を犠牲に供するをいとわぬとの意であろう。ゆえにサタンのこの語は

人はおのが生命を全うせんためには何ものをも犠牲にせんとするものにして、生命は彼の最貴重物なれば、もし神、ヨブの生命をおびやかすあらば、彼必ず神をのろわん

という意味に解すべきものであろう。かくてサタンはエホバの許しを得てヨブを撃ち、ヨブは癩病の襲うところとなった。ここにおいてヨブは自己生命の脅威を感ずるに至ったのである。これ後なる災いである。

サタンのこの申し出は、人間をそしりまた神をそしりしものである。先にはいう、

ヨブあに求むるところなくして神をおそれんや…されどなんじの手を伸べて彼のすべての所有物を撃ちたまえ。さらば必ずなんじの顔に向かいてなんじをのろわん（一・九―一一）

と。後にはいう、

彼の骨と肉とを撃ちたまえ。さらばなんじの顔に向かいてなんじをのろわん

と。けだし神をおそるるごときは要するに物質的恩恵を希求する人間の卑しき動機より発せしもの、ゆえに物を失い生命をおびやかさるるや、人は必ず不信に落つと。これサタンの人間観である。しかして人に対するサタンのこのそしりは神に対するそしりをも含むのである。すなわち人類なるものは利欲中心の生物にして、決して善そのもののために善を求むるごときことなしと主張して、この人間を造りし神自身をも利欲的存在者と貶したのである。サタンはかく信じ、サタンの子らまたかく信ず。かかる場合において、神は、サタンに対しまたこの世に群生する彼の子供らに対して、「いな！　世には利欲を離れての信仰あり。善のために善を追求する信仰あり。神は物質的恩恵のゆえにあがむべきものにあらず。神は神ご自身のゆえにあがむべきものなり」とのことを示す要がある。これを立証せんためにヨブに用いられたのである。われら今日のクリスチャンもまたこの真理を証明せんために奉仕すべきである。自己の生涯をもっ

て、自己の信仰の物質を超越せる至醇なるものなることを立証すべきである。前後数回の大災禍に会して、静かにこれに堪えてなお信仰の上に立ちしヨブは、われらの最上の模範である。

しかもついに最大の災いがヨブに臨むに至った。それは彼の妻の離反である。

時にその妻、彼にいいけるは、なんじはなおもおのれを全うしてみずから堅くするや。神をのろいて死ぬるにしかず

と二章九節は語る。人生に災い多し。しかもヨブのごとき清き家庭を営める人においては、妻の離反は最大の災いであるというべきである。産をことごとく失うもよい。子をことごとく失うも、あるいは堪え得よう。悪疾に襲わるるもまた忍び得よう。しかし寂しき人生の旅路における唯一の伴侶（とも）たる妻が、みずから信仰を捨てしのみならず、進んで信仰放棄を勧むるに会して、彼の苦痛は絶頂に達したのである。われらは深き同情を彼に表さねばならぬ。しかし一方、またヨブの妻をもって悪しき女となすべきではない。彼女は普通の婦人の堪えがたきを堪え来たったのである。財産を失い、地位を失い、子女をことごとく奪われて、彼女はなお夫と信仰を共にして来た。最後に夫に不治の悪疾が臨むに至って、ついに信仰を捨つるに至ったのである。されば彼女に対してもまた深き同情を表さねばならぬ。財産の一部を失いてすら夫に信仰の放棄を勧むる、いわゆるキリスト教婦人がこの世には少なくない。彼らに比してヨブの妻のまされること幾ばくぞ。さりながら彼女もついにサタンのわなにおちいり、ヨブは全く孤独の人となった。茫々たる大宇宙にただ一人の孤独！　その寂寥、その苦痛、はたしていかがであったろうか。察するに余りありというべきである。

この事しだいに世に知れわたりて、ついに遠隔の地にあるヨブの三友人の耳に達するに至った。通信機関不充分なりし当時のこととて、その間早くも一年は経過したと見ねばならぬ。その間にここにしるされざる多くの苦痛がヨブにありしことは、後章に至って知れるのである。産を失い悪疾を得て、今はヨブを信ずる者、世になく、今までの敬慕者も嘲笑者と変わり、友としてたよるべき者もなき悲境に彼はおちいったのである。しかるにここに三人の良き友があった。テマン人エリパズ、シュ

ヒ人ビルダデ、ナマア人ゾパルがそれである。彼らは互いに離れおりしも、ヨブの災禍を伝え聞きて、ある時某所に会して相談の結果、共にヨブをおとなうこととなった。ヨブとこの三人は、その社会的地位、その学識、その信仰（霊的経験）をひとしくしていた。彼らは砂漠の海数百マイルを遠しとせずして来たのである。おのおの従者を従え、また友情に厚き人々のこととて多くの見舞品などを携え、砂漠の舟と呼ばるるらくだに乗りて、いそぎ来たったのであろう。砂漠の旅は夜においてなすものなれば、あるいは明月煌々たる夕、あるいは星斗爛干たるの夜、一隊のキャラバンが香物のかおりを風にただよわせながら悩める友を見舞わんと鈴打ち鳴らして進む光景は実に絶好の画題である。そして今日まで度々画題として用いられたのである。いずれにせよ、ヨブに三人の真の友ありて、世が彼を捨つるも彼を捨てなかったのである。まことにほしきは真の友である。かくてヨブは全く不幸ではなかったのである。

やがてエリパズ、ビルダデ、ゾパルの三人はウヅの地に来た。そしてヨブの所に来たり見れば、さきの繁栄、さきの家庭、さきの貴き風采ことごとく失せて、今は見るかげもなく、身は足の裏より頂きまで悪しき腫物に悩み、陶器の破片をもって身をかきつつ灰の中に坐するありさまであった。三友人の驚き、はたしていかに。

目を挙げてはるかに見しに、そのヨブなるを見知りがたきほどなりければ、ひとしく声をあげて泣き、おのおのおのれの上着を裂き、天に向かいてちりをまきておのれの頭の上に散らし、すなわち七日七夜、彼と共に地に坐していて、一言も彼にいいかくる者なかりき

と第二章の末段は語るのである。

かくて友人の来訪に会してヨブの心にもまた一変動が起こったのである。患難はその当時においては堪え得る。また敵や無情の人に対しては忍耐を持続し得る。しかしながらわが心を知る友人と相会する時、涙は初めてそのせきを破って出で来たるのである。患難におけるこの心理を知りて初めてヨブ記の構想を知り得るのである。三友人はヨブのこの心理を察し得ざりしゆえに、真正面より彼の論理に向かって突撃したのである。かくて三章以下にしるさるるヨブ対三友人の議論は始まるのである。

三　ヨブの哀哭

ヨブ記　三　章

ヨブの哀哭はヨブ記のいたる所にあるが、第三章はその哀哭の最初であり、かつその最も代表的のものなるがゆえに、この章の研究ははなはだ有意味なのである。

さてこの章の研究にあたり注意すべきは、五章十九節の

彼は六つの艱難《なやみ》の中にて救いたもう。七つの中にても災いなんじに臨まじ

の語である。ユダヤにありては七は完全を意味する語であれば、六は未完を示す辞である。ゆえに七つの艱難とは、艱難がその極に至ったことを意味するのである。今ヨブの場合を見るに、事実上六つの艱難はすでに臨んだのである。牛と雌ろば全部およびしもべ若干、羊全部としもべ若干、らくだ全部としもべ若干、子女全部、健康、妻と、六回に分かってこれらを失ったのである。第四以下の艱難のごときはかなり手痛きものであり、第六のごときはその最たるものであった。けれども災いはなお六つにとどまっていた。もしさらにこれに加えて第七の災い来たる時、ヨブの艱難はその極に至るのである。そしてもしなお来たるべき艱難があるとすれば、それは友の離反である。ある場合において妻よりもなおよく人の心を知るものは真の友である。妻が彼を解し得ざるも、友が彼を解し得ば、宇宙間なお一点の光が残るのである。もしこの最後の光まで失せ去った時はすなわち第七の艱難が臨んだのであって、ここに艱難はその完全に達し、宇宙は暗黒となるのである。

ヨブのさきの地位をもってしては、彼はむしろ友の多きに苦しんだであろう。しかしこれらの友はみな彼の零落と共に彼を離れたであろう。けれども彼は、少なくともエリパズら三人は彼の心を解し得ると思っていたに相違ない。案のごとく、三人は遠きをいとわずして彼を見舞うべく来た。すべての人に捨てられたるヨブはいかに三人の来訪を喜んだであろうか。はるかに三友を望みし時、彼の心は天にも昇るべく躍《おど》ったであろう。しかしヨブにまた危惧がないではなかった。そは彼ら三人もまたあるいは彼の真の心を解し得ないではあるまいか

との疑いであった。それは青空に一抹の黒雲を望み見て雨の襲来を恐るる旅人の心と同じ恐れであって、心より払わんとするも払い得ない一種の雲影であった。

一方、エリパズら三友は、来たり見て想像以上の悲惨なる光景にまず吃驚し、同情と共に一種の疑いの起こるを防ぎ得なかったのである。たぶん彼らは途中ヨブについて種々の悪評を耳にし、これを打ち消しつつ来たりしも、疑いもなくそれはある暗示(ヒント)を彼らに与えたに相違ない。そして彼らいよいよ来たり見れば、あまりに陰惨なるありさまよ！　あまりに大なる変化よ！　町の外に追われて乞食のごとく坐し、悪腫全身を犯すその惨状よ！　疑う、ヨブあるいは隠れたる大罪を犯してこの災いを受けしにあらざるか、彼、信仰に堅く立ち、おこなうところ正しからんには、かくまで大いなる災いに会する道理なきにあらずやと。同情のみが彼らの心を占領したらんには、彼らはただちにヨブに近づいて、あつき握手をなし、もって慰藉の言を発したであろう。しかるにいかにその驚き大なりしとはいえ、七日七夜、地に坐して一語をも発しなかったというのは、彼らの心に同情のほかに右の疑いが擡頭していたことを示すものであると思う。

そしてヨブは三友の態度表情によって彼らの心に潜むこの疑い——すなわち彼に対する非難——を直覚したのである。彼らはついに彼の頼むべき友ではなかった。彼の恐れつつあった事が事実となって今目前に現われた。かく最後の頼みの綱もいよいよ切れたのである。災いは六をもって終わらず、いよいよ七にまで至ったのである。すなわち彼の艱難はその極に達したのである。ために洪水のごとき悲痛が彼の心を満たすに至り、それがおのずから発して第三章の哀語となったのである。これ決して余一人の憶測にあらず、深きヨブ記研究家の幾人も認むるところである。かかる推測を二章と三章の間に加えずば、三章におけるヨブの信仰の急変を説明する道がない。産を失い子女ことごとく死せし時も彼は

われ裸にて母の胎を出でたり。また裸にてかしこに帰らん。エホバ与え、エホバ取りたもう。エホバのみ名はほむべきかな（一・二一）

といい、また妻が信仰放棄を勧むるに会しても

なんじのいうところは愚かなる女のいうところに似たり。われら神より幸いを受くるなれば、災いをも

受けざるを得んや（二・一〇）

と述べて、静かに信仰の上に堅立していた。そのヨブが友人の来訪に会して突然三章の痛歎を発してわが運命をのろうに至るは、必ずそこに彼の心理状態の急変を促すある誘因があったに相違ないのである。そしてその誘因を友の離反の直覚と見るは、唯一正当の見方であると思う。

第三章は三段に分かちて見るべきものである。第一段は一節―十節であって、のろいの語である。悲歎の極、ヨブは何ものかをのろわざるを得なかった。そして他にのろうべき何ものをも有せざる彼は、ついにわが生まれし日をのろったのである。これ注意すべき点である。普通の信者はかかる際は神をのろいて信仰を捨てる。信者ならぬ者は、あるいは社会をのろい、先祖をのろい、父母兄弟をのろい、友をのろう。しかしヨブはかかる心理状態に入らなかった。彼はとうてい、わが神をのろうことはできなかった。また他のものをのろうことを得なかった。ゆえにその生まれし日をのろったのである。極端なる患難に会しても神をのろわず神を捨てず、また神の存在を疑わぬ。ここに彼の信仰の性質の優秀なることを知るのである。

一節―十節のこののろいの語のいかに深刻痛烈なるよ！　その中、二、三難解の語を解せんに、八節に

日をのろう者、レビヤタンを奮い起こすに巧みなる者、これをのろえ

の語がある。「**日をのろう者**」とは、日をのろう術者のことである。「**レビヤタン**」は日月蝕を起こす怪獣であって、「**レビヤタンを奮い起たすに巧みなる者**」は、この怪獣をして日月蝕を起こさしむる魔術者のことである。ゆえに八節の語は、術者をして良き日をのろいて悪日となさしめ、魔術者をして普通の日を日蝕の日となし普通の夜を月蝕の夜となさしめんと願ったものである。古代においては日月蝕を不吉と見たのである。次に九節の「**東雲**（しののめ）**のまぶた**」は、東雲を美婦人の起床にたとえての語である。あけぼのの美はこの世における最上の美ともいうべきもの、ことに古代文学にはこれを讃美したうるわしき文字が多いのである。

十節までにおいて激越のことばをもって生まれし日をのろいしヨブは、十一節―十九節において、死と墓とを慕う心を述べたのである。実に人は苦痛の極に至るや、

死していっさいを忘るる休安(やすみ)を思うに至るのである。しかしながら死せんとするも死し得ざる彼、墓を尋ね得んとするも得ざる彼は、二十節以下において依然たる悲調をもって神に迫るのである。その辞切々、人の心を動かさずばやまない。しかし彼の友はこの哀哭に接して、ヨブをもって信仰的堕落者と定め、彼を責めるのである。（ちなみにしるす。ヨブのこの死を慕う語と似たるものを聖書中に求むれば、エレミヤ書二十章十四節以下のごときはそれである）。

ヨブ、おのが生まれし日をのろい、また死と墓とを慕いてやまぬ。さらば彼は何ゆえに自殺を決行せざりしかとの疑問起こる。一たびわが生命を絶たば絶対の休安に入り得るのである。彼のごとき死を慕える者 においては、これ最上の、かつ最捷径の問題解決法ではないか。マシュー・アーノルドの作なる「エトナにおけるエムペドクレス」(Empedocles at Etna) はこの意味を表わしたる劇詩である。エムペドクレスが人生を不可解となして、ついにエトナの噴火口に身を投げ、もって最後の解決を計ったことを述べたものである。これ世に数多き事である。何ゆえヨブはこの道を採らなかったのであるか。

実に死が最上の道なりと思わるる場合はたしかにある。トマス・フードの詩「悲歎の橋」(Bridge of Sighs) のごときは一貧婦の自殺をえがけるものであって、これを読んで、たれもその自殺の同情すべきものなるを思うのである。またわが『平家物語』における三位通盛の妻小宰相の自殺のごときもこの類である。実にある場合には自殺が最上の、そして最美の道と見ゆるのである。

しかしヨブは自殺しようとは思わなかったのである。聖書は徹頭徹尾自殺を否認している。旧新両約聖書を通じて自殺を記述せるはただ四つのみである。その一はギルボア山におけるサウルの自殺、その二はイスカリオテのユダの死、その三はアヒトペルの場合（サムエル記下一七・一以下）、その四はジムリのそれである（列王記上一六・一八）。いずれも信仰を失いし者の自殺である。人生の災いことごとく臨みて死を思う切なりしヨブすら、みずから生命を絶たぬのである。十一節―十九節を熟読せよ。そこに彼の死を慕う心は痛切に現われているが、自殺せんとの心はみじんも出ていないのである。

何とて胎より出でし時に息絶えざりしや……さらば
今はわれ伏して安んじ、かつ眠らん

とありて、彼は生まれてただちに死せしならば今墓にありていかに安けきかなと歎いたのである。彼は今ここに墓に行きたしと望んだのではない。また

かかる者は死を望むなれども来たらず

とあるは、彼が自然死を求むれど得ざるを悲しみし語であって、自殺という観念が彼の心に全然なかったことを示すのである。彼は自殺の罪なることをよく知っていたのである。彼もしこの時自殺せしならば、自身が後の大歓喜に入るあたわざりしのみならず、ヨブ記の現わるるはずもなく、従って永久にこれをもって人を慰むることもできなかったのである。実に至大なる不利益であったといわねばならぬ。わが生命を愛擁し、これを善用して自他を益すべしとは聖書の明白なる教訓である。問題が行きつまりしとて自殺を選ぶがごときは、聖書の精神に反し、また父の聖旨にそむく行為である。

しかしながら、なおいう人があるであろう、ヨブ記、エレミヤ書のごときに死を慕うことばある以上は、そして聖書がかかる言葉を平然としてそのまま載せおる以上は、自殺を奨励せざるとするも、少なくとも自殺を是認するものにあらざるかと。しかしこれ一部をもって全部をおおうものである。一たび旧約聖書を去って新約に入らんか、この種の陰影は毫も認めがたいのである。たとえばコリント後書四章八節以下のパウロの言のごときを見よ。これを幾度繰り返して読むも、その偉大なることばたるを感じないことはないのである。日々死に面するごとき迫害にありて、生命と勇気に充溢しているその心理状態は実に驚異に値するものではないか。これをヨブの哀哭と比して霄壌の差ありというべきである。しかしこの理由をもってヨブを貶することはできない。この大なる差異はキリストを知ると知らぬに基因するのである。キリスト降世以後に生まれしパウロは、キリストを知れるゆえにかの大安心あり、キリスト降世以前に生まれしヨブは、いまだキリストを知らざるゆえにかの大哀哭があったのである。そしてこのキリストを暗中に捜索せんとするがすなわちヨブの苦闘史である。ヨブ記一巻四十二章、要するにこれキリスト降世以前のキリスト探求史である。実に悲痛なる探求である。ゆえに悲痛なる文字を衣とするのである。またキリスト出現前のキリスト探求史なるゆえに、ある意味において救い主出現の予表であり、福音以前の福音であるのである。

まことに人の苦痛は人の慰藉をもって慰めることはできない。人の千言万語もこの点においては何らの益ない。ただ主キリストを知りてすべての苦難に堪え得るのである。ヨブの苦闘が進んでパウロの救い主発見に至って、苦痛は苦痛でなくなるのである。キリストが心にやどるに至って、人の慰藉を待たずして苦痛に堪え得るに至るのである。ゆえに一たびパウロのごとき心をわれに実得し得ば、すべての難問題が難問題でなくなるのである。最も不幸なる人さえ最も幸いなる人となり得るのである。しかるに世には不幸に会せしため信仰的自殺をとげし人が少なくない。これ肉体的自殺と相選ばざる忌むべき事である。われらはキリストにすがりて、すべての悲痛艱苦に勝つべく努めねばならない。

ヨブのこの哀哭の真因いかに。第六の災いまでは彼を歎かしめず、第七の災い来たって彼の哀哭生じたと前に説明した。しかし第七の災い、すなわち友の誤解は、この哀哭を爆発せしめし誘因たるにすぎない。他に彼の悲痛の深き原因があったのである。それは神に捨てられしとの実感であった。彼はこの種の災禍続々としてくだるに会してエホバの真意を測り得なかったのである。これらの災いを受くべきだけの罪科彼にあらざるに、神は何ゆえに彼をのみかくも苦しむるか、たぶん神は彼を捨て彼を離れ去りしなるべしと。これ彼の心の底に潜みし懐疑であった。そして三友の彼を正解せざるに会して、この懐疑は奔流のごとく心の表に現われて、彼の口より大哀哭を発せしめたのである。病の真因にうがち得ざる庸医の見舞に接して患者の病苦は倍加し、ひとりみずから解決を得べく突き進んだのである。

四　老友エリパズまず語る

ヨブ記四―五章

ヨブ記四章五章のしるすところは、第三章のヨブの哀哭に対するエリパズの答えである。エリパズら三友人はヨブの不信的哀哭に接して、彼らの推測のあやまたざりしを知り、半ば彼をあわれむの同情心より、半ば彼を責むるの公義心―神に対する義務の感―よりして、彼に向かって語らんとするのである。そしてエリパズは最年長者のゆえをもってまず口を開き、その長き人生の経験に照らしてヨブをさとさんとするのである。

彼まず口を開いていう、

人もしなんじに向かいてことばを出ださば、なんじこれをいとうや。さりながら、たれかいわで忍ぶことを得んや

と。もって神の道のためには弁ぜざるを得ずとの彼の意気込みを知るべきである。しかして三節より五節までにおいて彼はまずヨブを責めていうのである、なんじ、かつては人を慰めたる者、今災いに会すれば、もだえ苦しむは何のざまぞと。いかにも傍観者のいいそうな冷ややかな言葉である。苦艱にある友に向かって発する第一語において、かく詞詰(かきつ)の態度を取るは冷刻といわねばならぬ。しかしこれ彼の罪というよりもむしろ当時の神学思想の罪である。この事は六節以後においてますます明白となるのである。

六節にいう、

なんじは神をかしこめり。これなんじのよりたのむところならずや。なんじはその道を全うせり。これなんじの望みならずや

と。これ特に注意すべき語である。ここに当時の神学思想が遺憾なく現われているのである。エリパズはヨブの信仰の性質を語りて誤らざりしのみならず、エリパズ自身もまた(他の二友ももちろん)この信仰の上に立っていたのである。われ神をおそるる事によりたのみ、われ神の道を守る事に望みを置く。わが敬虔わが徳行、これわがよりたのむところ、わが望みのかかるところなりと。すなわちわれの無価値を認めてもっぱら神によりたのむにあらず、われの信仰と行為にたのみてそこに小なる安心と誇りの泉をうがつのである。わが信仰の純正とわが行為の無疵(むきず)とにたのむ。これ何の時にもあるオーソドクシー(いわゆる正統教)である。ヨブはこの心理状態にありしゆえに、災い来たるやたちまち懐疑の襲うところとなり、エリパズらはこの状態を出でざりしゆえに、ヨブを慰め得なかったのである。ヨブの苦闘は要するにこの誤想より出でて新光明に触れんがための苦闘である。すなわちすべての真人の経過する苦闘である。

七節—十一節もまた右と関連せる思想として、ヨブ記解釈上注意すべきものである。

請う、思い見よ、たれか罪なくして滅びし者あらん。正しき者の絶たれしこと、いずくにありや。われの見るところによれば、不義を耕し悪をまく者は

……みな神のいぶきによりて滅び、その鼻の息によりて消え失す

というは、これまた実に当時の神学思想である。罪を犯し不義を計る者はみな滅び失せ、正しき者は災いその身に及ばずしてますます繁栄致富するに至るというのである。すなわち人の成敗栄辱をもって人の信仰および行為の善悪に帰するのである。エリパズはかくのごとき既成観念に照らしてヨブの場合を見たのである。ゆえに見るに忍びざるヨブの惨落をもって、何か隠れたる大罪の結果ならんと思うよりほかなかったのである。ゆえにかく語りて、明らかにヨブを罪に定むると共に、彼をしてその罪を懺悔せしめて災いより救わんと計ったのである。深切なる、しかし冷刻なる友よ！　（十節、十一節は、ししのたけきも滅ぶることあれば、不義者の滅ぶるごとき当然のみとの意を表わしたのである。ここに、しし、たけきしし、若きしし、大じし、小じしと五種のししをしるしているが、原語においてはいずれも別々な語を用いてあって、老少種別等に応じて種々の名の付けられてあったことがわかる。これ、ししが比較的人家に近く棲息していた時代において、人々がこの動物の習性を熟知していたことを示すものである)。

十二節—二十一節は有名なる幽霊ものがたりにして、文学的立場より見て、シェークスピアの悲劇マクベス中のそれと比肩すべきものといわれている。これエリパズが天地闃（げき）として死せるがごとき深夜において、ある霊に接し、その語りし語を取り次いだのである。これ彼の実験談か、あるいはヨブをさとさんための技巧なるか、いずれにせよ、かかる演劇的態度をもって悩める友をさとさんとするは真率において欠くるところありといわねばならぬ。しかしながら、かくえがき出す時は聴者の心に深き印刻を与うることはいうまでもない。

しかして彼が霊より聞きしことばの主意は、

人いかで神より正しからんや。人いかでその造り主より清からんや……これは（人は）朝より夕までの間に滅び、顧みる者もなくしてながく失せ逝（さ）る

というにある。人の神より清からざること、人命のまことにはかなきこと—これをエリパズはヨブに告げんとしたのである。すなわち彼は人の罪と弱きとをヨブに想起せしめて、みずから正しとする彼の反省を促し、もって彼を懺悔の座にすわらしめんとしたのである。これ普通

の道徳家のなすところである。

エリパズの語はなおつづいて五章にしるされている。二節—七節は愚者の必滅を説く。けだし災禍は悪の結果なりとの思想の一発表である。


災いはちりより起こらず、艱難は土より出でず

と六節にあるは、災禍艱難は理由なく起こるものにあらずして、必ず相当の原因ありて神より下したもうものであるとの意である。そして七節の

人の生まれて艱難を受くるは、火の子の上に飛ぶがごとし

とは、火の子が上に飛ぶを本性とするがごとく、人の艱難を受くるは、人の本質上まぬかれがたきことであるとの意である。いずれもこれエリパズのいだける既成観念の発表である。

進んで八節において

もしわれならんには、われは必ず神に告げ求め、わが事を神にまかせん

という。これヨブの信仰の不足を責めた語である。そして九節—十六節においては美しきことばをもって神の異能をえがいている。天然と人事に対する神の支配は実にあざやかに書きしるされている。(十節に、雨を地に降し水を野に送りとありて、これをもって神のふしぎなるわざの一としたるごときは、砂漠の住民の立場としての見方であって、ヨブ記の舞台を知るに足る語である。)

十七節以下はエリパズの艱難観として注意すべき所である。十七節にいう、

神のこらしたもう人は幸福なり。さればなんじ全能者の戒めを軽んずるなかれ

と。彼は人に臨む艱難をもって罪の結果と見、従ってこれを神よりのこらしめとなしたのである。すでにこれこらしめである。すなわち同一の罪を重ねざらしめんがための戒めである。さればこれ愛のむちである。ゆえにもし彼にして一たび悔い改めんか、その災いは取り除かれ、その上なお神の保護と愛抱は豊かに下るのである。

神は傷つけまた包み、撃ちて痛め、またその手をもてよく癒やしたもう

のである。ゆえにこらしめを受けたる者は饑饉においても救われ、戦いに出でても死せず、地の獣にも襲わるることなく、天地万有と相和らぐに至り、衣食住において欠くるところなく、子孫相続いてこの世に栄え、長寿の

幸福を享受するに至ると。これエリパズの語るところである。この観念もとより全きものではない。しかしながら慰藉の語としてたしかに貴きものである。富貴、繁栄、長寿等のこの世の幸福をもって神の恩恵のしるしとなす見方は依然として存しているけれども、患難をもってこらしめと見、このこらしめに堪えし者の上に各種の恩恵相重なりて下ると説くあたりは、文も想も相伴ってうるわしというべきである。しかり、これ慰藉の言としてたしかに貴きものである。

以上をもってエリパズの第一回演説は終わったのである。その内容について考察を下す前に、この場合の事を今日の事にたとえて考うるははなはだ便利である。まずヨブをもって今の教会の信者とせんに、彼、信仰および行為において欠くるところなく、模範的信者として教会員の間に大いに推称せられ、その家また富みかつ栄えていた。よって教会員らは彼の栄達をもってその良信仰のたまものなりと見なしていた。しかるに何事ぞ、一朝変事起こりてヨブの繁栄たちまち消え失せ、身は零落して乞食のごとく、体は人のいとう病毒の犯すところとなった。教会員ら呆然としてなすところを知らず、一人としてその所由を解し得る者がない。すべての会合は彼に関するうわさ、または批評をもって満たさるるに至った。彼のごとき篤信家にかかる大災禍の臨むは神の存在せざる証拠にあらざるかと疑う者さえ現われた。あるいは、神は存在すれど必ずしも愛の父にあらざるならんなどという者もあった。しかし大多数の賛成をもって全会の世論となったのは、彼が何か隠れたる罪を犯したためにこの大災禍が神より下ったのではあるまいかという老牧師の推測であった。ここにおいてか代表者数名を選びてヨブを見舞わしめ、その痛苦を慰むると共にその罪を懺悔せしめて再び神の恩恵に浴せしめんとの議が全会の賛同を得た。かくて三人の委員が挙げられた。甲は老牧師エリパズ、乙は壮年有能の神学者ビルダデ、丙は少壮有為の実務家ゾパルであった。三人いたり見れば、ヨブの実状は思いのほかにさんたんたるありさまであった。彼らは彼らの推測の誤らざりしを今さらのごとく感じた。一方、ヨブはまた彼らの沈黙の中に彼らの心中の非難を知りて悲歎一時に激発した。しかるに彼らはヨブの哀哭の語に接して、そのことばにとらえられてその心裡を解するあたわず、ますます彼らの推測の正当なりしを悟り、ここにヨブを責めてそのひそかなる罪を懺悔せしめ、もって彼を旧（もと）の恩恵の中に引きもどさんと計ったのである。そして年長と経験とのゆえをもって老牧師エリパズまず口を開き、全教会の世論を提唱して第一回の詰問を与えたのである。――かく考えて、この場合を今日に生かすことができるのである。

しかしてエリパズの語りしところはいかに。その中にうるわしくかつ正しき思想を含まざるにあらず。されど要するにこれ当時の神学思想の発表たるにすぎない。すなわち災禍は罪のために起こりしもの、すなわち上よりの懲罰であるというのである。しかして事実かかる場合少なからざるは、エリパズならぬわれらもまた人生においてあまたたび観取するところである。さらば何ゆえヨブは「しかり！」とこれに応じてその罪を告白しなかったか。何ゆえ六章においてその友の推定に対して激しき憤懣を放ったのか。彼のこの憤懣こそまことに愚かなるものではあるまいか？

いな、しからず。罪は災禍のみなもとたることあれど災禍はことごとく罪の結果ではない。もししかりとせば、キリストはいかに。パウロはいかに。その他、多難の一生を送りし多くの優秀なるクリスチャンはいかに。苦難迫害をもってその一生涯を囲まれたるキリストは、おのれの犯せる罪の結果を受けたのであるか。罪とはキリストと全くかけ離れたものではないか。パウロ以下多くの信者はもちろんイエスのごとき聖浄完全の人ではない。しかしながら彼らの受けた苦難災禍がその罪の結果でないことは明々白々の事実ではないか。さらば人の受くるすべての災禍苦難をその犯せる罪の結果と見ることはできない。

苦難に三種あるをわれらは知る。第一は罪の結果として起こるものである。これ神の義において当然しかるべきものである。第二は、神より人に下るこらしめとしての苦難である。これ愛のむちである。恵みのむちである。これまではエリパズも知りヨブもまた認めている。しかるにここにヨブもエリパズも他の二友も知らぬ苦難がある。これ第三のそれであって、すなわち信仰を試むるために下る苦難である。ゆえにこの苦難に会するは特に神に愛せらるる証左である。浅き人は第一のみを知り、これより進める人も第二をあわせ知るにとどまる。しかし最も注意すべきは第三である。この三をあわせ知らずしては苦難はわからない。ヨブは第三を知らぬために苦しむのである。ゆえに彼の苦闘はこの新原理を発見せんがための苦闘である。そしてエリパズら三友のことばの肯綮（こうけい）に当たらずかつその同情の不足せるは、これまた第三種の災禍を知らぬからである。そしてヨブの場合がこの第三種のものであることは、第一章の天国の場がこれを暗示しているのである。ここに信仰を試むるための苦難の襲来は予示されているのである。されどもたれか天国の光景を知らん。ここにヨブの苦しみあり、三友の迷いがあるのである。

ブレンチウス（Brentius）いう、人が患難に会したる時はその患難をもってその人をさばくべからず、その人格をもってその患難をさばくべしと。けだし患難の意味は人の人格によりて異なるのである。十字架につけられし二盗賊の死は罪の当然の報いとしての死である。しかし同じく十字架につけられしイエスはその正反対である。ゆえにわれらが人の受けし災禍苦難をもってただちにその人を判定するは大なる誤りである。その人の人格によりてその苦難の意味を判定すべきである。苦難にも幾つも意味がある。人により場合によりて異なっている。一様の既成観念をもってすべての場合をおおうことはできない。ゆえに艱難をもって人をさばかず、その人格をもってその艱難をさばくべきである。

五　ヨブ再び口を開く

ヨブ記六―七章

前にも説きしごとく、エリパズらは災いは罪の結果なりとの既成観念をいだき、この観念をもってヨブの場合を判定し、もってヨブをしてその罪を認めしめんとしたのである。彼らはかくしてヨブをその災いより救い得ると信じた。そして年長のエリパズまずこの意味をもって四章、五章の語を発し、ヨブをしてその隠れたる罪を告白せしめんと計った。ヨブ、もとよりおのれをもって完全無疵とはしない。しかしながら、この度の災いがある隠れたる罪の結果なりとは彼において全然覚えなきことであった。ゆえに彼はエリパズの詬詰に接して憤然として弁明せざるを得なかった。これ第六章に載するところである。

一節―四節は友に対する不満の発表と、おのれの立場の弁明とである。

願わくはわが憤りの善く量られ、わが悩みのこれと
向かいてはかりにかけられんことを

というは、友の観察の浅きを責めし語である。

さすればこれは海の砂よりも重からん。かかればわ
がことば躁妄（みだり）なりけれ

とあるは、苦悩大なるため、前の哀哭もわれ知らず躁妄におちいったのであるとの意である。ヨブは自己の哀語の乱調を明らかに認めていたのである。これ苦悩に重く圧せられし心の琴の、おのずからなる乱奏であった。しかるに友はこれを悟らずして、ヨブの哀々たる心のうめきを言句の末において判定する。これヨブの大なる不満であった。ゆえにこの語を発したのである。

それ全能者の矢わが身に入り、わが魂その毒を飲め
り。神の恐れわれを襲い攻む

と四節はいう。これヨブがその苦悶の理由を示してわが立場を弁明したのである。神は今やわが敵となりてわれを撃ちたるかと。これ彼の暗き疑いであり、またその懊悩の原因であったのである。

五節—七節は、友の言の無価値なるを冷笑した語である。

淡（あわ）き物あに塩なくして食われんや。卵の白
（しろみ）あに味あらんや

というは、いわゆる乾燥無味砂をかむがごとしという類の語であって、エリパズの言に対する思いきった嘲罵である。

友、今や頼むに足らず、友の言はいたずらにわれを怒らすも、一毫の慰藉をもわれに与えない。さらばわが願うところは依然として死の一つのみと。かくて八節—十三節の語となったのである。

願わくはわが求むるところを得んことを……願わく
は神われを滅ぼすを善しとし、み手を伸べてわれを
絶ちたまわんことを

と彼はひたすらに死を願う。前説せしごとく、彼は死を願えども、それは神がおのれを取り去りたまわんことを願ったのである。決して不自然なる自殺を望んだのではない。自殺などいうことは彼の思うだにしないところであった。これ大いに注意すべき点である。

十四節—三十節は、友の頼みがたきを述べし言としてすこぶる有名である。文学的意味においても価値と名と

共に高く、西洋の文学書にしばしば引用せらるるものである。まず十四節において友の同情心の不足を責めて軽き脅迫を与え、十五節—二十節においては友を砂漠の谷川にたとえて、生命をうるおす水を得んとてそこにいたる隊旅客（くみたびびと——Caravan）を失望慚愧せしむるものであるとなしている。げに当時のヨブの心を語るべくこの比喩は適切である。人生の砂漠に生命の水を求めつつあったヨブは、たまたま三友の来訪に接して、あたかも隊旅客がはるかに谷川を望見せしごとくに感じた。そこには必ず彼の求むる水があると思った。しかるにいよいよ近づきて彼らの態度を見、またその語に接するや、期待は全然裏切られて、わが渇を癒やすべき水は一滴も見当たらないのである。ヨブの失望察すべきである。ゆえに二十一節において

　なんじらも今はむなしき者なり

と彼は友人らに対しまず総括的断定を下して後、激語を重ねて彼らを責むるのやむなきに至ったのである。

　二十四節の

　われを教えよ。さらばわれ黙せん。請う、われのあやまてるところを知らせよ

とは、彼の心の切なる願いそのままの発表である。同時にまたこれをなし得ぬ友の無能を責めた語である。二十六節には

　なんじらはことばを戒めんと思うや。望みの絶えたる者の語るところは風のごときなり

とある。ヨブは自己の語るところが風のごとく秩序も連絡もなくして取るに足らぬものなることを自認していたのである。これ望みの絶えたる彼としては自然のことである。しかるにかかる者の語のことばじりをとらえて是非の批判を下すは何の陋ぞと責めたのである。友人らはヨブの言語の表面の意味のみを見てその誤謬をたださんとする。かくては「ことばを戒」むるにとどまってヨブ自身を戒むることは少しもできないのである。これいわゆるオルソドクシー（正統派）の取る態度である。いたずらに死文死語に執して相争い、自己を正しとし、自己の定規を他に加えるのである。

　二十七節の

　なんじらはみなし子のためにくじをひき、なんじらの友をも商貨（あきないもの）にするならん

は、人身売買の罪をも犯すに至らんとの意である。ヨブ

がかく友を責めしはあまりに峻烈なりと評さるるであろう。しかしこれ感情激発の語であれば、普通の批判の標準をもってこれに対すべきではない。しかしながらヨブの言必ずしも全然誤謬ということはできない。前にもいうたとおり、エリパズら三友人はいわゆるオルソドクシーの徒である。しかしてオルソドクシーは、その信条、その神学の擁護のためには、ある時はいかなる罪をも犯してはばからないのである。そもそもオルソドクシーなるものは、ある真理の一群を信仰個条と定めて動かざるものである。もしこれらの真理を真正の意味において受得信奉すれば、これ理想的の状態であって、かかるオルソドクシーは貴むべきものである。しかるにこの一群の真理を固定の教条として相伝的、非実験的に丸のみにし、みずから信条の純正をもって誇り、人にしゆるにこれをもってし、もし人の信仰または行為にして自分らの信条と相反する時はただちに彼を不信非行の罪人として排去せんとする、これいわゆるオルソドクシーである。彼らはその教条、その神学をあらゆる他のものの上に置くのである。ゆえにその教条、その神学のためにはあらゆる他のものを犠牲に供していとわない。その結果は知らず知らず恐ろしき罪をも犯すに至るのである。ヨブは二十七節において、三友のオルソドクシーの恐ろしさを説いたのである。ヨブ記の著者はこの言をヨブに発せしめて、あるいは当時のオルソドクシーを責めしものではなかろうか。

かくてヨブは二十八節以下において強き語をもって自己の無罪を主張している。

この事においてはわれ正し。わが舌に不義あらんや。わが口悪しき物をわきまえざらんや

とは、彼の友に答えし最後の語である。まことにヨブは罪のゆえならずして災いに会ったのである。しかるに友は罪のゆえなりと固く信じて彼を責むる。ゆえにヨブは怒っておのれの無罪を高唱せざるを得なかったのである。

友は人にして神ではない。友に満全を望むことはできない。友より得るところには限りがある。ゆえに友に過大の要求をなすべきではない。このことをヨブは今学んだのである。彼はあまりに友を信じすぎていた。友をもって全くおのれとひとしきものと思い、友はわが衷心をことごとく了解してくれるならんと予期していた。しか

るにこの予期は裏切られて、彼は大なる失望を味わった。そして初めて友の頼みがたきを悟ったのである。初め彼は妻にそむかれ、ここにまた友に誤解せられた。夫婦の関係といい友の関係といい、いずれもこれ人と人との関係であって神と人との関係ではない。もし完全の妻を得また完全の夫を得て人生の幸福を計らんとならば、ただちに失望の襲来となるほかはない。人は完全なるものでない。ゆえに全然よりたのむべきではない。人には先天的の制限がある。よくこのことを知って、人がその妻、その夫、その友に対して過大の要求をなさざる時、そこに寛容と理解と平和と愛とが自由の流れ口を得て、ここに幸福なる夫婦、幸福なる友人関係が生まれるのである。しかしてこのことがヨブにわかり、最後に至って彼がついに神のみを唯一の真の友として持つに至って、彼は幸福と安心の絶頂に達し、われに同情足らざりし三友のためにも祈るほどになり得たのである（四二章参照）。

　人に満全を望みて、後、失望し、しかして人を恨む。これわが国人の通弊である。この時、失望のあまり信仰より堕つる者さえある。これ出発点において全く誤っていたためである。人は頼むべからず、頼むべきは父なる神と子なるキリストのみである。人に頼らず、神を友としキリストを友として初めて全いのである。かかる状態に入りし人のみ、他（ひと）に対し、夫に対し、妻に対し、子に対して正しき関係を保ち得るのである。まず神に頼みてしかる後に人に頼む、その時に人は信頼するに足るものとなる。

　ヨブは七章においては神に対して訴うるところあった。これ第三章の反覆であって、依然死を願う語である。しかしその間にヨブの思想に進歩がある。三章と七章を仔細に比較して見ればこのことがわかる。けれどもたやすくはわからない。これがヨブ記の実験記たる証拠である。実験そのものの提示なるがゆえに、すなわち人生の事実そのままの記載なるがゆえに、それに徐々たる思想の進歩が隠れて存しているのである。もちろん著者の筆の巧妙をも認めないわけにはいかない。しかし実験の上に立ちての文藻なるゆえの巧妙である。空虚の上にいかに巧みなる想像の橋を架するも、かくのごとくなることはできないのである。

　一節―十一節は、のがれがたき人生の苦悩を深刻なる語をもって述べたものである。十二節以下は、神の手の彼の上に加わりて離れざるをいとい、死の早く来たらんことを望みしものである。

人をいかなるものとして、なんじこれを大いにし、これを心に留め、朝ごとにこれを見そなわし、時わかずこれを試みたもうや。いつまでなんじ、われに目を離さず、わが津をのむ間もわれを捨ておきたまわざるや

とは、彼の神に対する切々たる哀訴である。ゆえに彼は

われを捨ておきたまえ

と願い、また

われ命をいとう。われは長く生くることを願わず

と歎くのである。まことにこれ神をあつく信ずる者の叫びである。彼は大災禍に会するも毫も神の存在を疑わない。ただ神がわれを撃ち、われを苦しめ、われを試み、われの上に監視の目をゆるめざるをつぶやきて、神がわれより離れんことを願い、死の早く来たらんことを望むのである。これ実に信仰家の苦悩である。その哀々として吾人の心に迫り来たる理由はここにあるのである。

ある人いわん、かく苦悩を重ぬるよりは神を捨つるのまされるにしかずと。まことにしかり、神を離れ、神を忘れ、神の存在を否定する時は、ヨブのこの苦悩は薄らぎ、問題の解決は容易となるのである。まことにそうである。しかしながら神を捨て神を否定するとき人生は全然無意味となるをいかに。神を捨てて問題の解決を計るは最捷径である。けれどもこれ人生を無意味とするの結果に帰着するのである。ゆえに人生を重んずる者は、かかる解決法を計り得ない。ぜひとも神を保持して、その上に立ちて問題の解決を計らねばならない。神を捨てざる時、この苦難のくだれる意味はいかに。神の存在と罪なくしてくだる災禍とは両立しがたき二現象である。この二つを何とかして両立せしめずしては問題の解決には達しない。ここにヨブの特殊の苦悩が存するのである。しかしてまたそこに特殊の貴さも存するのである。

神を父としキリストを主とする信仰の上に立ちて人生の矛盾を解かんとす。ここにわれらの特別の苦心困難が存するのである。信仰を捨つれば問題はたちまち解ける。しかしかくては人生は無意味となり、われは貴き生の消費者となり、人生の失敗者と墮するに至る。ゆえに人として生きんためにはぜひとも信仰を保持せるままに

て難問題の解決に当たらなければならない。ここに困難があり、ここに苦悶懊悩が生まれる。しかし人生を愛重する者は、いかなる代価を払っても信仰の上に立ちての解決を計り、神のなしたもうところの正しきを証さなくてはならぬ。若きミルトンは Justify the ways of God to men といいて、神のなしたもうところを人の前に正しと証するをもってその一生の標語となした。われらもまた苦悶をもって信仰の上に立ちて解決を計り、新しき光明に触れ、われのため、人のため、人類のために計らねばならない。これは唯一真正なる人生苦難の解決法である。しかして神はかくのごとき解決法をわれらに命じ、かくのごとき解決をわれらより求めたもうのである。ゆえに苦難と痛苦はわれらに満全の光と幸福とを与えんとする天使である。われらはこのことを忘れてはならない。

六　神学者ビルダデ語る

ヨブ記八章

第八章を研究する前に少し前講を補う必要がある。七章十七、十八節の

人をいかなるものとして、なんじこれを大いにし、
これを心に留め、朝ごとにこれを見そなわし、時わ
かずこれを試みたもうや

なるヨブの言は、詩篇八篇より引用せるものと思わる。しかしかれにおいては神の愛を嘆美せし語であるのに、これにおいては神の目のおのれより離れぬをつぶやきしものである。ヨブは何ゆえかかる悲声を発したのであるか。これ神に対するつぶやきであるのみならず、その内容たる、すこぶる不道理であるといわざるを得ない。ゆえにある人はいう、ヨブの病気は癩病の一種なる象皮病にして、この病は精神の異常を起こしやすきものゆえ、彼はかかるゆえなき迷想をいだくに至ったのであると。しかしながら健全なる人にして、神が罪のゆえをもってわれを苦しむるとの霊的実感を味わいし人が少なくな

い。アウガスチンのごとき、バンヤンのごときはその最たるものである。事は前者の『懺悔録』および後者の『恩寵あふるるの記』において明らかである。彼らは罪の苦悶のゆえに心の平安を失いて、悲痛懊悩の極、神に向かって何ゆえかくもわれを苦しむるかとつぶやいたのである。さればヨブのつぶやきは決して彼の病の徴候ではない。多くのまじめなる人の霊的実感として起こりしことである。

そしてたれといえども、神に対してこのつぶやきをいだける間は神を離れないのである。神を捨ててしまえばこのつぶやきも失せる。さわれ、かくては人生の失敗者たるの否運に会するをいかに。人生を愛する以上、神を保ちおりて難問題の解決に当たらなくてはならない。ゆえに苦難懐疑の中にありて神を保たんとの努力に歩む時、その努力の一変態として神に対するつぶやきの起こることがある。これは善きことでない。しかし全く神を捨つるよりは、つぶやきつつも神を保つをはるかにまされりとする。しかしてこのつぶやきのある間は神との関係が絶えぬのである。ゆえに再びつぶやきなくして神を信じ得るに至る見込みがあるのである。

ヨブは右のごときつぶやきをもってその哀語を終えた。これに対してこの度はシュヒ人ビルダデが語るのである。三友順次に語り、これに対してヨブは一々返答する。（ヨブの語には三種ある。甲は友に直接答うる語、乙は神に訴うる語、丙はおのれに語る語、すなわち独語である）。そしてヨブは友の攻撃に会うごとに進歩する。さればその語る内容は一段一段光明に向かって進むのである。友に責めらるるごとに彼の苦痛は増す。しかしその度ごとに少しづつ新光明に触れる。かくして一階また一階と進展のはしごを踏みて、ついに最後の大安心境にいたるのである。さらば最初エリパズの責むるところとなった時、ヨブはいかなる新光明に触れたか。それは六章七章の彼の答えにおいて明らかなるがごとく、（一）友の頼むに足らぬことを悟り（二）神に対する誤想より離れ始めたのである。彼がかく神に対してつぶやくのは、そのいだける神観の誤謬に基いするのである。神は信仰に立ち義をおこなう者に物質的恩恵を下し、しからざる者に災禍を下すとなせしごときは、明らかに彼の神観の誤謬を示すものである。かく神を正解しおらざりしゆえ、つぶやく必要も起こったのである。神をその真性において信受せる者、いかでつぶやくの必要があろうか。ゆえに彼は神に向かってつぶやきつつ、その神が真の神にあらざるを学びて、しだいに真ならぬ神より離れて真の神に近づくに至るのである。そしてその第一歩がこの時すでに彼に始まったのである。

第八章ビルダデの言を調べてみよう。まず一節—七節を見よ。ここにビルダデの神学思想は遺憾なく現われている。四節において彼は

なんじの子供かれ（神）に罪を得たるにや、これを

そのとがの手に渡したまえり

というた。彼はヨブの子らの死はその罪の当然の報いなりと断定したのである。彼もとよりヨブの子らの罪を見たのではない。ただ罪を犯したに相違なしと断定したのである。（罪を得たるにやと想像的の言語を用いたのは、単に用語上の礼儀たるにすぎない）。彼は災いは必ず罪の結果であるとの神学思想をもってすべての場合を照らす神学者である。ゆえにヨブの子らは当然ある重き罪を犯してその罰を受けたものに相違ないと断定したのである。そして彼は進んで

なんじもし神に求め、全能者に祈り、清くかつ正しゅうしてあらば、必ず今なんじを顧み、なんじの正しき家を栄えしめたまわん……

という。すなわち彼はヨブもまた罪の結果なる災禍に苦しめるものとなし、死せる子は追うべからず、少なくとも生けるなんじは正に帰り義をおこない、もって物質的恩恵の回復を計れと勧めるのである。無情なる浅薄なる神学者よ！

十人の子をことごとく失い、身はこの上なき困苦の中にある友に向かってこの言をなすのいかに無情なるよ！なんじの子の死は罪のゆえなりと告ぐ。かかる言をもってしていかでヨブを首肯せしむるを得よう。もし罪のゆえをもってせば、われこそわが子らより先に死すべきものであると、親の心はただちに反駁するではないか。この人情の機微をも知らずして、ただちにわが神学的断定を友の頭上に加えて得々たるところ、まさにその神学の純正を誇る若き神学者そのままというべきである。彼の言はあたかも学舎にて学びし既成の教理をそのノートを見て繰り返すがごとくである。これ余が彼を「神学者」と名づくるゆえんである。

八節—十節において、彼はおのれの断定の支持者とし

て古人を引くのである。これまたいかにも学者らしき態度である。今日においていえば、「何某いわく……、何某いわく……」と、しきりに大家の権威をもって自説を維持する類である。

十一節―十九節は、自然界の事象を三度引例して、神にもとる者の必滅を主張したのである。十一節に

　蘆（あし）あに泥なくして長（の）びんや。葦（よし）あに水なくして育たんや

とありて、この二つの植物が水辺に生ずるものなることを示している。「蘆」と訳せるはパピラス（Papyrus）であった。これエジプトにありてはナイル川の水辺、パレスチナにありてはメロム湖の周辺に生ずる草である。これをもって古代人は紙を製したのである。英語にて紙をペーパー（Paper）と呼ぶはパピラスより出でたのである。また日本訳聖書に「荻」と訳せしはむしろ「葦」と訳すべきもので、これまた水辺に育つ草である。十二節に

　これはその青くしていまだ刈らざる時にも、ほかのすべての草よりは早く枯る

とあるは、旱魃来たりて水退くや、この二つの草がたちまち枯るることをいうたのである。この両節のごときは古代博物学の資料として値あるものである。しかして十三節に

　神を忘るる者の道はすべてかくのごとく、もとる者の望みはむなしくなる

とありて、神を忘れ道にもとる者は旱魃時のこの二つの草のごとく、その繁栄一朝にして消え失すとの意を述べている。これ第一の引例である。

次の十四節には

　そのたのむところは絶たれ、そのよるところはくもの巣のごとし

とありて、神を忘れて他の物によることのむなしきを述べている。彼が営々として名誉、財産、地位を積み重ねてこれによりたのむは、あたかもくもがその巣を金城鉄壁として頼めるの類であるというのである。これ第二の引例である。

十六節―十九節は、神を忘るる者を再びある草にたとえたのである。

　彼、日の前に緑をあらわし、その枝を園にはびこらせ、その根を石塚にからみて石の家をながむれど

も、もしその所より取り除かれなば、その所これを
認めずして、われはなんじを見たることなしといわ
ん……

とある。これたぶん一夜に育ちてたちまち頭上をおおえりというヨナのひさごの類であると思う。たちまちに成長して全園をおおうに至り、その勢威、人を驚かせど、一たび根を絶たば枯死して跡をとどめない。すべて神を忘るる者の運命はかくのごとく、その繁栄は一夜の夢のごときものであるというのである。これ第三の引例である。

ビルダデは右のごとくに説きて、ヨブ、神を忘れ道にもとりしためにその繁栄一朝にして失せたのであると主張したのである。ゆえに二十節以下においては、ヨブが罪を悔い正に帰りて再び神の恩恵に浴さんことを勧めているのである。

それ神は全き人を捨てたまわず……（なんじもし神
に帰らば）ついに笑いをもてなんじの口に満たし、
喜びをなんじのくちびるに置きたまわん

というている。

ビルダデの説くところに多少の真理がないではない。しかしこの場合にヨブを慰むる言としては全然無価値である。彼の苦言もただヨブより哀哭の反覆を引き出したのみに終わった。神の言であるという聖書に、かく友に対する無情なる語あるを怪しむ人があるであろう。しかしこれはこの種の場合にこの種の言を友に向かって発することの無効なるをしるして、読者に言外の戒めを与えたのである。すなわち艱難にある友に向かってはかくのごとく語るべからずと教えたのである。同様に、一夫一妻を明白に主張する聖書がアブラハムの一夫多妻をしるしたのは、彼の一夫多妻が彼のすべての苦痛災禍の種となったことを記述して、一夫多妻の害を事実的に示し、一夫一妻の利を間接に教えたのである。聖書は文字の表面のみを読むべきものでない。その裏面にその真意の蔵せられある場合が少なくないのである。

ビルダデはオルソドクス（正統教会）の若き神学者である。彼はその真理と信ずるところを、場合も考えず相手の感情をも顧慮せずして、頭から平気で述べ立てたのである。あたかも一の学説を主張するがごとくにその論理を運ばするのみであって、実際問題に携わるにあたって必要なる気転や分別はその影すらない。最初にヨブの

子らの死をもって罪の結果のみと一挙に論断し去るごときは、相手の心を少しも察せざる無分別の言といわねばならない。その神学思想の幼稚なるは時代の罪としてやむを得ずとするも、その信条を確定不変の金科玉条となし、これをもってあらゆる場合を説明し去り、これがためには相手の感情のごときはもちろん、何を犠牲に供するもいとわぬというその心持、その態度そのものが全くの神学者のそれである。

右のごときビルダデの態度、およびそれと大同小異なるエリパズ、ゾパルらの態度はいずれも排すべきである。ヨブ記はこの事をその教訓の一として教えるのである。彼ら三友が教義を知るも愛を知らざるは、かかる態度を生みし原因である。愛ありてこそ教義も知識も生きるのである。愛ありてこそ人を救い得るのである。愛なき知識は無効である。このことをヨブ記は文字のうちに暗示しているのである。これヨブ記の大文学たる徴証の一である。

諸君もしヨブ記八章にあわせてコリント前書十三章を読まば思い半ばに過ぐるものがあるであろう。ことにその初めの三節において、いかに広き知識も、いかに強き信仰も、いかに盛んなる行為も、愛を含まざる時は全く空であると説けるは、あたかもビルダデを責むるがごとくではないか。彼に種々の長所があったかも知らぬ。しかしその説くところが明らかに示すごとく、彼は神の愛をよく知らず、また事実が示すごとく友に対して真の愛をいだき得なかった。これ彼のすべての長所もヨブを慰むるにおいて全く無効であった理由である。

まことに愛なくばすべてが空（くう）である。愛はキリストの福音の真髄である。再臨の信仰といえども、これを既定教理の一となし、これに照らして人をさばくがごときはいわゆるオルソドクシーにて、余の採らざるところである。これ真理の濫用または誤用であって、ビルダデの流れをくめるものである。再臨は神の愛を最もよく示すものであるゆえにこれを信ずというが健全なる信じ方である。聖潔（きよめ）の真理といえどもまた同様である。神の愛を第一前提としてその上に立ちし教理にして始めて値あるのである。また伝道も人を愛するがための伝道たるに至って初めて真の伝道となるのである。この愛を根底とせざる時、いたずらに純福音と誇称するも無効である。無効であるのみならず大なる害を伴なうのである。しかるに愛を心に置かずして、ただ教理のために教理を説く者が世にははなはだ多い。これ教理のためには何ものを犠牲とするもいとわぬ心を生みやすきものであって、愛の反対なる憎を呼び起こし、無数の害悪を生むに至るのである。いかなる教理を説き、いかなる伝道に従うも、それが愛の動機より出でしものでなくてはならぬ。余のこの小なる伝道のごときもまた父の愛を示さんため、また人の魂を愛するがためでなくてはならぬ。諸君のここに参集し来たるもまた父の愛をなお深く知らんため、そして人に対するわが愛を増さんがためでなくてはならぬ。しからずしてこの集まりを幾度なすも無効である。げに愛の不足をえがくヨブ記八章は愛の必要をわれらに教えてやまぬのである。

愛である。しかり、愛である。愛ありての神学である。愛ありての教会である。愛ありての伝道である。愛なくして、いかなる知識も、いかなる熱心も、害ありて益なきものである。しかるにああ、ビルダデ流の神学者なんぞ多き。まことに憤慨に堪えない。

七　ヨブ、仲保者を要求す

ヨブ記九章

ヨブの友三人は、ヨブに臨みし災いを彼の隠れたる罪の結果と誤断した。そして年長のエリパズまずこれをヨブにさとらしめんとて第一回の勧告を試みしも徒労に終わった。これを見たる若きビルダデはあからさまにヨブの罪過を断定して彼に肉迫した。ヨブはますます心を痛めるのみであった。そのさま、あたかも庸医が病を誤診して、初め普通薬を用いて無効なりしや、さらに劇薬を病者に服せしめしごとく、病は平癒せざるのみか、ますます重る一方であった。しかしながら友人の誤解と難詰はヨブの思想を刺激し、神を知らんとする熱情をますます高めしゆえ、かえって彼を光明に向かって導く原動力となるのである。このことを知るは、ヨブ記の主部（発端と結末を除きし部）を解する上において最もたいせつである。

前講において述べしごとく、ヨブの語は、友に対する語と、おのれに対する語と、神に対する語の三種に分かたれる。九章十章のヨブの語の中、九章一節―二十四節は友に対する返答、九章二十五節―三十五節はおのれに対する語（すなわち独語）、十章全部は神に向かっての愬訴である。そして九章前半の友に対する答えは友の神観の批評とでも称すべきものである。神は善人を栄えしめ悪人を衰えしむるとはビルダデらの神観であった。これに対してヨブは答えるのである、

　神がはたしてかくのごときものならば、世のこの状態は何のゆえぞ。善人かえって衰え悪人かえって栄えつつあるにあらずや

と。二十四節には

　世は悪しき者の手に渡されてあり。彼またそのさばき人の顔をおおいたもう。もし彼ならずば、これたれのわざなるや

とある。これ世に悪人の跋扈するを神のわざなりと認めて神をあざけりし語である。しかし真の神をあざけったのではない。友人の称するところの神をあざけったのである。すなわち友人の提唱する神観の誤謬を指摘したのである。この世のあらゆる不公平、義人に臨む災い―これ必賞必罰の神のなすところとしては全く不可解である。友人らのいだく神観をもってしてはとうていこの世の実相を解し得ない。ゆえに彼らの信ずるごとき神を彼は信じ得ないというのである。九章前半は、文字直接の意味においては、神を責むるがごとくにして褻瀆（せっとく）の極というべきも、実は友の提唱する神観の誤りを指摘したものであって、ひっきょうするに友を責めた語である。

　ヨブ対三友人の対話を読むに、すべての点においてヨブの彼らにまさっていることは明らかである。信仰はもちろん知識においても彼ら以上である。三友の信仰と知識を合するもなおヨブ一人に匹敵し得ないのである。ゆえに三友の語にも見るべきものが少なくないが、ヨブ記の中枢はいうまでもなくヨブ自身の言である。三友の難詰の語はヨブより大真理をよび出したという点において有意味ではあるが、その価値においてはとうていヨブ自身の語とは比較し得べくもないのである。

　九章のヨブの語の中には彼の広き知識が現われている。五節、六節には彼の地文学の知識がうかがわれる。

　　彼（神）山を移したもう山知らず、彼、怒りをも

てこれをくつがえしたもう

は、火山の爆発を形容せし語、

彼、地を震いてその所を離れしめたまえば、その柱
ゆるぐ

は、大地震をえがきし語である。次の七節―九節は彼の天文学の知識を示す語である。九節は「また北斗、参宿、昴宿（ぼうしゅく）および南方の密室を造りたもう」という。北斗は大熊星座（北斗七星）、参宿はオリオン星座、昴宿はプライアデス星座である。いずれも七つのおもなる星を有する星座である。南方の密室は赤道以北の住民には見るあたわざる星を総称したものであろう。（これと三十八章三十一、二節とをあわせて、当時の天文知識を知る良資料となる）。

また十二章によれば、ヨブは生理学にも通じていたのである。まことに彼はその時代の最も深くかつ広き知識を有していたのである。ヨブ記作者は学識と信仰とにおける当代の最優者を主人公として、その煩悶と最後の勝利とをえがかんと努めたのである。ヨブ記の大作たる理由の一はたしかにここにある。試みに今日世界のあらゆる知識に達しおる人が宗教的大煩悶を味わい、ついに翻然いっさいを捨てて父なる神に帰服せしという心的経過をえがきし小説または脚本あらば、これほど現代の人に強く訴うるものはあるまい。げに広博深遠なる知識の所有者なりしヨブは、最後にその知識をことごとくエホバの前に投げ出して、「われは罪人なり」との痛切なる叫びを発したのである。無学者の軽き煩悶と浅き解決ではない。大学者の重き煩悶と深き解決である。その煩悶の深刻なりしと共に勝利は絶大であったのである。

九節において星辰界の神秘を述べたるヨブは、十節においてはさらに進みて、

大いなる事をおこないたもうこと測られず、くすし
きわざをなしたもうこと数知れず

という。その当時の幼稚なる天文知識をもってすら、神の聖業の驚異すべきを知る。まして今日の進歩せる天文知識をもって宇宙の精妙荘美を知るわれらはますます造化の神を讃美すべきではないか。しかるに事実はこれに反して、科学の進歩はかえって神を駆逐する傾きを生じ、今日の科学は人を神に導くものでなくして神を否定せしむるものとなった。これ実に痛歎すべきことであって、理想の状態の正反対である。近世の科学者中にても

ニュートンのごとき敬虔なる信仰家ありといえども、その多くは仏の天文学者ラランドの類である。彼ラランドは一生涯を天体観察にささげた人であるが、彼はいうた、「余の望遠鏡に神のうつりしことなし。ゆえに神はあるものにあらず」と。現今のいわゆるキリスト教国の科学はたいていは無神論の味方である。

九章前半は神に対する強き疑いの語である。これ無神論者の言に似たものである。しかし懐疑は決して信仰を否定するものではない。大なる懐疑のあるところならずしては大なる信仰の光は現われない。黒煙の濛々として立ちのぼるところに一たび火が移れば、えんえん天を焦がす猛火を見るに至る。ヨブは九章のごとき深き懐疑の黒煙に閉じ込められたるがゆえに、ついに信仰の火これに移りて霊界の煌火えんえんとして昇り、大光明は彼に臨みまた彼を通して世に臨んだのである。ゆえに懐疑は貴いものである。知識のない所に懐疑はない。知識の少ない所に懐疑は少ない。ヨブのごとき深き性質の人に広き知識備わりて、天の城を攻略せんとするがごとき激烈雄大なる懐疑が起こったのである。しかもこの懐疑の黒煙に天の霊火移りしゆえ、ついに最終章に示すがごとき光燿赫々たる大信仰に入ったのである。

次に九章の二十五節—三十五節は、ヨブのおのれに対する独語である。おのれのあわれさをあわれむ語である。邦訳聖書において見るも、その悲哀美に富める哀哭（Lamentation）たるを知り得るのである。二十四節までの友に対する語は、天地をいどむがごとき元気充盈せるものにて、あたかもバイロンやニイチェの一篇を読むようであるが、これに反して二十五節以下は沈痛悲寥なる哀語である。その対照著しというべきである。しかし実は二十四節以前においてもわれをあわれむ語が見えるのである。すなわち二十、二十一節にいう、「たとえわれ正しかるともわが口われを悪しとなさん。たとえわれ全かるともなおわれを罪ありとせん。われは全し。しかれどもわれはわが心を知らず。わが命を卑しむ」と。しかしてこれバイロン、ニイチェらの近代文士のいい得ざるところである。大宇宙を前にしてのこのへりくだりは彼らになきものである。ヨブのこの言たる、パウロの

　われみずから省みるにあやまちを覚えず。しかれどもこれによりて義とせられず。われをさばく者は主なり（コリント前書四・四）

とその精神を一にするものであって、神をおそるる者の魂より流れ出づる語である。ヨブにこの心あり、また二十五節以下のごときおのれに対する失望ありしゆえに、ついに最後の救いに浴し得たのである。これややもすれば自己を神となさんとする近代文人とヨブとの著しき相違点である。

　わが日は駅使（はゆまづかい、早馬使、駅丁）よりも早く、いたずらに過ぎ去りて幸いを見ず。その走ること葦舟のごとく、物をつかまんとて飛びかけるわしのごとし

との悲歎の語が二十五、六節にある。わが日の過ぎ去ることの早きを、陸上、水上、空中の最も早き物に比したのである。今日において、自動車、汽船、飛行機を挙ぐるがごときものである。（葦舟は速力早き軽舸にして、今日も南米ペルー国において用いられている）。

　二十七節―三十一節はわが病の苦痛を訴えし語なると共に、またわが心霊の苦悶をありありと述べしものである。かく見て、その生き生きした発表たるを知るのである。

　われ雪水をもて身を洗い、灰汁（あく）をもて手を清むるとも、なんじわれを汚らわしき穴の中におとしいれたまわん。しかしてわが衣もわれをいとうに至らん

のごときを見よ。肉体の汚れと共に心霊の汚れを歎きしものたること明らかである。「雪水」は、砂漠地のこととて雪のある時にのみ水を充分持ち得るからの語である。「灰汁」は天然ソーダ（natron）すなわち天然に存する結晶せるソーダである。これを石鹼のごとく使用するのである。

　三十二節以下はヨブ記中においても最も注意すべき語の一つである。

　神はわれのごとき人にあらざれば、われかれに答うべからず。われらふたりして共にさばきに臨むべからず

と三十二節にいう。ヨブは神とおのれとの間に充分なる交通の道なきを歎じたのである。そして三十三節にては

　またわれらの間にはわれらふたりの上に手を置くべき仲保あらず

といいて、彼は神とおのれの間に仲保者のなきを遺憾としたのである。「仲保あらず」というは、仲保を欲する

心を示した語である。ほしきものが無きゆえに、その無きを歎いたのである。ヨブのこの叫びは、神の探究におのずと伴う仲保要求の最初の声である。旧新約全体においてこれより以前にこの声はないのである。その声は短くかつかすかである。しかし人の本性より出づる重大なる叫びである。人の心の深みより生まるる人類本具の叫びである。そして、この要求は世界大となりてついに満たさるべきものである。高等動物の目のごときはすこぶる精妙なるものであるが、生物進化の流れをさかのぼってみれば、その初現は一黒点、一核子たるにすぎない。しかもこのかすかなる原始ありてこそ後の全き発達あるのである。そして十九章二十五節に至れば

われ知る、われをあがなう者は生く。後の日に彼、必ず地の上に立たん

といいて、仲保者出現の確固たる希望を歌っているのである。

しかしてヨブの仲保要求の完全に満たされたるは、もちろんイエスの降世によりてである。かのかすかなる叫びがついにこの大なる実現にまで進化したのである。新約聖書はいう、

それ神はひとりなり。また神と人との間にはひとりの仲保あり。すなわち人なるキリスト・イエスなり（テモテ前書二・五）

と。またいう、

もし人、罪を犯せば、われらのために父の前に保恵師あり。すなわち義なるイエス・キリスト（ヨハネ第一書二・一）

またいう、

新約の仲保なるイエス（ヘブル書一二・二四）

この新約的大事実は、その初現をヨブのかの語において発したのである。ヨブ記にはかくのごとき語が所々にある。そはあたかも砂中の真珠を拾うがごとくである。同じ意味において、われらはまた九章二節に注意すべきである。そこに

人いかで神の前に正しかるべけん

とある。義人なし、一人もあるなしとのことである。ヨブはこれを最も深き意味においていうたのではないとするも、ここに新約の中心問題が存しているのである。彼は単なる失望の声としてこれを発せしも、実はこれ神と人とに提出せられし最重要の問題なのである。宇宙の

中心問題ともいうべき重大問題が、その発芽をヨブの語において有したのである。見よ、「人いかでか神の前に正しかるべけん」と。げにこれこの世における最も難き問題の提出ではないか。人は罪に生まれ、罪に育ち、罪に歩みて、いかに奮闘努力するも神の前におのれを正しくすることはできない。しかしながら、人、義たらずして永生を獲得することはできない。神いたずらに人を義とする時はみずから義たり得ぬをいかに。ここに問題は至難中の至難として現われたのである。しかしながら人より見ての至難は神より見ての至難ではない。彼はついにそのひとり子を世にくだしたもうて、罪人を義とすると共にまたみずから義たるの道を開き、ついに千古の難問を解決したのである。しかしてこの難問題は実にヨブ記の九章二節にそのみなもとを発したのである。

ヨブ記は種々の大問題を暗示的に提出し、これに対して多少の解決を試みている。しかしその全き解決はもちろん新約においてあるのである。かの有名なる法王グレゴリー七世（ヒルデブランド）は特にヨブ記を愛読せしという。その理由は、この書の中に聖書中の真理がことごとく含まれているというにあった。すべてキリスト教の大真理はヨブ記の中に発芽している。しかもそれが暗示（サッゼスチョン）の形において問題として提出されている。すべて大著述の特徴は論証的なるよりも暗示的（suggestive）なるにある。もってヨブ記の大を知るべきである。

八　ヨブ愛の神に訴う

ヨブ記一〇章

九章前半は友に対する語、後半は自己に対する語である。そして沈黙暫時の後、ヨブは第十章の語を発して神に訴うるところあったのである。前述せしごとく、九章前半の彼の語は友の神観の不備を指摘したものである。彼は友の提唱するところの神学の神、教会の神に反抗したのである。そして別に真《まこと》の神を発見せんとする努力に入ったのである。第十章はすなわちこの努力の発端を示したものというべきである。そもそも時代の神学思想に反抗して別にわが魂の飢渇を癒やすに足るべき神を見出ださんとする苦闘は必ずしもヨブに限らない。

他にも類例が多いのである。およそ深刻摯実なる魂の所有者はみなそうであった。ゆえに十章におけるヨブと九章前半における彼とは全然その心の姿を異にしている十章に入りても彼の説くところは依然として旧(ふる)き神ながら、その中に新しき神観が発芽しているのである。

ヨブはまず

わが心、命をいとう。さればわれわが憂いを包まずいい表わし、わが魂の苦しきによりてものいわん

との発語を述べて後、痛刻なる語をもって神と争わんとするのである。二節―七節は、何ゆえわれを苦しむる。と、神に向かって不平を並べし個所である。

われ神に申さん。われを罪ありとしたもうなかれ。何ゆえにわれと争うかをわれに示したまえ(二)

といい、

何とてなんじ、わがとがを尋ね、わが罪を調べたもうや(六)

という。

彼は神に苦しめらるるがごとく感じつつあったのである。実に彼は神がおのれを拷問にかけていると思ったのである。すなわち神はあらかじめ彼を罪ありと定め、そして拷問をもって彼を苦しめて彼に罪を自白せしめんとしていると思ったのである。

かおよそ拷問なるものの起こる理由が二つある。罪ありと推定せらるるも、罪の自白に接せずしては不正確なるゆえ、罪人を糺弾し、もってその罪を自白せしめんとするが第一の理由である。人命は明日を期しがたきものゆえ、早く罪を定めんとするが第二の理由である。これ人が人をさばくにあたって拷問の起こる理由である。甲の理由は人間知力の有限であって、乙の理由は人間生命の有限である。ゆえに拷問は、有限てふ(ちょう)壁に取り囲まるる不完全なる人間の関係の上に生起する事象である。されば無限をもって特徴とする神――無限の知力と生命を有する神――においては、なんら人を拷問にかける必要がないのである。しかるに今神がわれを拷問にかけて苦しめつつあるは何ゆえであるかと、ヨブは神に向かって迫るのである。四節に

なんじは肉眼をもちたもうや。なんじの見たもうところは人の見るがごとくなるや

というは、神の知力は人のそれのごとく有限なるかとの

問いであって、「いな、しからず。神の知力は無限なり。ゆえに拷問を用いずして、人に罪あるか、なきかを知る。しかるにわれにのみ拷問を用うるは何ぞ」となじったのである。五節の

なんじの日は人間の日のごとく、なんじの年は人の日のごとくなるや

は、神の生命が人のそれのごとく有限なりやとの問いであって、「いな、しからず。無限なり。さらばなんぞ人を拷問にかける要あらんや」との詰問を含む語である。すなわち人と人との間に拷問の起こり得る二つの理由は、神と人との間においては全然消滅するとヨブは主張するのである。しかるにこの理由なき拷問を神がわれに向かって加うるは全く不可解である。「なんじはすでにわれ罪なきを知りたもう」。しかるに何のゆえのこの拷問ぞと、ヨブは神を責めかつ恨んだのである。

次には八節―十二節を一段として読むべきである。

なんじの手われを営み、われをことごとく作れり。しかるになんじ今われを滅ぼしたもうなり

と八節はいい、九節は八節の反覆というべく、また十節―十二節は

なんじはわれを乳のごとくに注ぎ、牛酪のごとくに固めたまいしにあらずや。なんじは皮と肉とをわれに着せ、骨と筋とをもってわれを編み、生命と恵みとをわれに授け、われを顧みてわが息を守りたまえり

という。乳のごとく注ぎ牛酪のごとくに固め…とあるは、「乳産製造業」の盛んなる地方にて初めていわるる形容語である。アラビヤ、ダッタン等、牧畜業の盛んなる地方においては、獣乳が主要なる食物であるため、これを種々の物に製するのである。神が人を造るに乳のごとく注ぎ牛酪のごとく固め、皮と肉とを着せ、骨と筋とをもて編むというは、胎内における発生を語ったもので、当時の発生学（Embryology）の知識を示すものである。もちろん幼稚不充分ながら、九章の天文学と相対して、ここに古代生理学の一端が見ゆるのである。実に神はかく人を母の胎内に造りしのみならず、これに生命と恩恵とを授け、これを顧みて、あたかも母がその子の寝息を守るがごとくに人の息を守るのである。かほどまでに神は努力と苦心と愛とをもって人を造り、育て、養い、守るのである。ヨブ自身はかくのごとくに造られ、

また育てられたのである。しかるに神の所作にして愛養物なるわれを何ゆえに彼はかくまで苦しめかつ滅ぼさんとするのかと、ヨブは依然として神に向かって肉迫するのである。

九章において神の宇宙創造および支配を述べて高遠なる想像を筆に上せたる彼は、ここに繊細微妙なる造化の一面にその豊かなる描写力を向けたのである。心憎きまでにうるわしき筆なるかな！　想像の翼を張って天の高きに達しまた地の深きをうがつ。高遠と細微と伴い荘大と優美と並立す。まことに得がたき筆、古今独歩の大文学というべきである。

人間発生の叙述としては、十、十一節の不正確なるはいうまでもない。文字直接の意味においてはもちろん近世科学の承認を得ることはできない。しかしながら、いうところの精神に至っては、近世科学といえどもあえて抗議を提出し得ないのである。宇宙万物を神の所作と見る時、一個の人を得るまでのその準備、その努力はたしていかに。神なる思想を外より入るるは科学の拒むところなるゆえ、しばらく科学者の筆方を用いて「天然」なる文字を用うるも、事は同一である。すなわち今日の科学に基づき宇宙万物の進化生成を認め、その上に立ちて進化の長き歴史を思え。漠々たる大虚の中に散乱せる物質は一団また一団相集合してついに無数の天体を形造るに至り、わが太陽生まれ、それに付随する数百の遊星現われ、初め火と熱せる地球も漸次冷却してようやく生物の育ち得るに至った。それまでには無限にひとしき長き年を経過したであろう。地球生成以後、人類がこれに住み得るに至りしまでには、三億五千万年ないし七億万年を経過せしと科学者は算す。その間の変遷はいかがであったか、人間の想像にもあまることである。そして単細胞物の発生より進化また進化の幾億万年を経て、一重また一階の過程に整然たる秩序の道を一歩づつ踏み上りて、ついに人類の発生となったのである。それまでの「天然」の努力奮闘は実に想像に余る絶大なるものがあった。そして神を信ずる者においては、神のこのすべての努力、このすべての準備、このすべての時が人類生成のために費やされたるを知る時は、もちろんその人類という観念の中におのれをも加えざるを得ないのである。すなわち父がわれ一人のためにこれだけの準備と労苦とをなしたまいしことを認めざるを得ないのである。

しかるに世人の人を見るはこれと異なっている。政治家はただ民を民衆てふ（ちょう）一団として見、経済学者は数をもってのみ人を見、軍人はあたかも将棋の駒を動かすがごとき考えをもって部下の兵に臨むのである。かく個人の認められざる社会にありては、われらもまた人を軽んじまたみずから軽んぜんとする。しかるに一たびヨブの見るところをもってせんか、人一人が神の絶大なる努力の結果として現われたるものにして、一人は大宇宙全体と匹敵するのである。しかしてこれ単にヨブ一人の思想にととまらず、またヨブ記一書の主張にとどまらずして、実に聖書全体の教うるところである。

神の心をこめての所作なる人を何ゆえ神は苦しむるかと、ヨブは神に迫ったのである。そしてわれらキリストの救いに浴して永遠の生命を信ずる者は、ヨブのこの詰問に対しては永生の真理をもってこれに答うるを最上の道とする。すなわち「神はその所作にかかる忠誠なる魂を決して捨てず、たとえ一時彼を苦しむることあるも、しかして彼の生命断たるることあるも、神は復活の恵みをもって彼を起こし、永遠の生命を彼に与えて、彼をして最後のかつ永久の勝利を得しむ」と答えるのである。そしてこれに関しては、キリストの復活、その永世賦与の約束等、確実なる証拠を提供し得るのである。これキリスト以後に生まれしわれらの幸福である。げに人生の苦痛惨禍は幕一重のかなたなる永生をもってせずしては根本的に慰められ得ない。たとえば多年苦心撫育せし子女を失いたる母親の心のごとき、復活再会の希望によらずして何によりてか慰め得よう。そして単に婦人のみに限らず男子もまた同様である。今日まで多くの知力優秀なる男子がこの事を信じて大いに慰められたのである。近時の欧州において、サー・オリヴァー・ロッジやロムブロゾーのごとき大科学者が競って心霊現象をもってする来世問題の研究に没頭するごときは見のがすべからざる事がらである。さりながら来世問題についての最大権威者はキリストである。彼の復活ありて、来世問題は完全に解かれたのである。

しかしながら、この時のヨブはその詰問に対していまだ明確なる解答を得なかったのである。ゆえに彼は十三節以下においてまたつぶやきと嘆きとに入るのである。

もし頭をあげなば、ししのごとくになんじわれを追い打ち……なんじはしばしば証する者を入れかえて

われを攻め、われに向かいてなんじの怒りを増し、
新手に新手を加えてわれを攻めたもう

とヨブは神の迫撃盛んなるを怨じ、そして十八節以下においてまた死を慕う心を哀々たる文字をもって発表するのである。十八、十九節において、ヨブはこの世に生まれ来たりしを悲しみ、次に二十節においていう、

わが日は幾ばくもなきにあらずや。願わくは彼（神）しばらくやめてわれを離れ、われをして少しく安んぜしめんことを

と。ヨブはわが生命の終わり近きを感じ、その前の少時の間、神の迫撃の手がおのれの上に来たらざらんことを願ったのである。あわれむべきかな、ヨブ！　彼は神に攻められつつありと感じて、死ぬる前数日間なりと神がその手をゆるめたまわんことを乞うたのである。その心情（こころ）まことに同情すべきでないか。そして彼は最後にいう、

われは暗き地、死の蔭の地に行かん。この地は暗くしてやみにひとしく、死の蔭にして区別（わかち）なし。かしこにては光も暗やみのごとし

と。これ世を去って陰府（よみ）に行かんとの心をいい表わしたものである。けだし旧約時代においては、死者は陰府（Sheol）てふ（ちょう）暗黒世界に住むと信ぜられていたのである。

今第十章全部を心に置きて考うるに、ヨブは義の神に対して愛の神を求めているのである。八節―十二節において彼が神の愛護を述べたとき、彼の心に愛の神はあけぼのの光を発しはじめたのである。神は義たるにとどまらずまた愛なりとの観念が、この時彼の悩める心に光明として臨みはじめたのである。この曙光が発展して真昼の輝きとならば、神の愛はことごとくわかり、来世の希望は手に取るごとくあざやかとなるのである。しかしながらこれは急速に発展すべきものではない。ちらと輝いた曙光はひとまず消えて、ヨブはまたもとの嘆きに入ったのである。さわれ曙光はたしかに現われたのである。これ見のがすべからざる点である。

神を義と見るは不充分である。ためにヨブは解決点を得ないのである。ゆえに彼の神観はぜひとも一転化を経ねばならぬ。第一の神のほかに第二の神を認めねばならぬ。義なる神のほかに愛なる神を認めねばならぬ。そしてヨブは十章において愛なる神を認めはじめたのであ

る。神を義とのみ見る時、人の心は平安を得ない。罪を罰し、悪をただし、規律を維持するをのみ神の属性と見なす時、人はわが罪の報いを恐れて平安《やすき》を得ない。この時キリストを通して愛の神を知るに至れば、神観一転化を経て赦免の恩恵を実感し、もって光明に入るのである。しかしキリストを知らぬヨブは、ひとりみずから愛の神の捜索に従わざるを得なかった。義の神と愛の神とが人の魂の中において平均《バランス》を取るに至って初めて人の心は安定するのである。それに至るまでは苦闘である。ヨブは今この苦闘の道程においてある。それはあたかも車を峻坂に押し進めるがごとくである。二歩進みしかと思えば一歩退く。ヨブは十章の八節—十二節において愛の神の一端に触れしも、十三節以下また後ずさりするのである。しかしおよそ光明接受に向かって進む道程は常にこれである。この微細なる点をあやまたずえがきしヨブ記は偉大なる書といわざるを得ない。同時にこの書が人生の確実なる実験を背景とせる劇詩なることを知るのである。

ちなみにしるす。十章八節—十二節に似たる個所を旧約聖書中に求むれば、左記のごとき代表的のものがある。いずれも旧約中の新約的曙光というべきものである。

エホバがおのれをおそるる者をあわれみたもうことは、父がその子をあわれむがごとし（詩篇一〇三・一三）

女、その乳のみ子を忘れておのが腹の子をあわれまざることあらんや。たとえ彼ら忘るることありとも、われはなんじを忘るることなし（イザヤ書四九・一五）

われらのなお滅びざるはエホバのいつくしみにより、そのあわれみの尽きざるによる……（哀歌三・二二以下）

ヨブ記十章とあわせて読むべきものは詩篇四十二、三篇である。

わが魂はかわけるごとくに神を慕う。生ける神をぞ慕う

しかし神は容易に見えない。

いずれの時にかわれ行きて神のみまえに出でんと歎く。されども神の見えざる時は静かに神の見ゆる時を待ち、その希望の中に生くべきである。

ああわが魂よ、なんじなんぞうなだるるや。なんぞわが内に思い乱るるや。なんじ神を待ち望め。われに

み顔の助けありて、われなおわが神をほめ称《たと》うべければなり

と三度繰り返さるるに注意せよ（四二・五、一一、四三・五）。望みは達せられずしては満足しない。しかし望みの達せられぬ間は、望みのあることそのことが慰めである。「なんじ神を待ち望め」とわが魂に告げつつ静かに待つ者は幸いなるかな。ヨブは愛の神を探りていまだ得ず、わずかにその一端をとらえてまたこれを放す。暗黒はなおはれやらず、光明はまだ照りわたらない。しかし願いは必ず満たさるる時が来るのである。

疑問あり煩悶ある時、ただちに解決し得べきものではない。ただ必ず神より解答を賜わる時あるべしと信じて、希望をもって今の痛苦を慰むべきである。いそぐなかれ。あわつるなかれ。神を待ち望め。静かに待望せよ。これ暗中に処する唯一の健全なる道である。

九　神知の探索

ヨブ記一一―一二章

われらの研究はしだいに進みて、今やヨブの得たる最大真理に近よらんとしているのである。この際、特にヨブ記研究全体について一言の注意をしたい。そもそもヨブ記了解の困難なる理由の一は、それがあまりに多くの真理を含んでいるにある。一見平凡なるがごとき辞句がある重き真理を暗示している場合がはなはだ多いゆえ、それを見落とさぬためには細心の注意を要する。ヨブ記に限らず聖書全体にわたりて、その記者たちの語法がわれらのそれと根本的に相違せるは忘るべからざることである。われらは順序を整え論理をたどりて組織的に結論に導き、彼らは前後の関係を顧慮せずして続々として真理を提示する。あたかも宝の箱を開きて手当たりしだいに宝石を取り出すがごとくである。これあまりに多く真理に満てるがためである。さりながら本講演はむしろ大体の経過を本流において探るを目的とし、支流または分流に探究の舟を乗り入るる場合ははなはだ少ないのであ

る。

エリパズは初め実験に徴して「神は善なり」と説き、次にビルダデは所伝（つたえ）によりて「神は義なり」と主張す。そしていずれもヨブの撃退するところとなった。ここにおいてか最年少のゾパル現われ、天然学上より「神知測りがたきこと」を述べる。これ第十一章である。しかるに前述せしとおり、ヨブは信仰において知識においてはるかに三友を凌駕せるゆえ、ゾパルの振り廻す天然知識ぐらいにてひるむべきはずがない。ただちにその豊富なる知識の庫を開いて逆襲的にゾパルに答えるのである。これを載するは十二章である。そして彼の語はなお続いて十三、十四章となり、かくてヨブ対三友人の第一問答は決了するのである。

まず十一章においてゾパルの語を見よ。一節―三節は彼のものいわざるを得ざる理由を述べたものであって、ヨブの言説に対して起こしたる青年ゾパルの憤りはさながら見るがごとくである。しかして四節より本論に入りていう、

　なんじはいう、わが教えは正し、われはなんじの目の前に清しと。願わくは神ことばを出だし、なんじに向かいて口を開き、知恵の秘密をなんじに示して、その知識の相倍するをあらわしたまわんことを。さらばなんじ知らん、神はなんじの罪よりも軽くなんじを処置したもうことを

と。しかり、ヨブがみずから正をもっておりて罪なしとせるはあやまっている。しかしゾパルはいうのである、

　神もしその知恵の大なるを示したまえば、ヨブはおのれの知恵の足らざるを知り、かつおのれにくだりし災いはその犯せし罪の報い以下なることを知るに至るであろう

と。すなわちゾパルはヨブをもって大罪を犯せる者と見なし、受けし災いのごときは罰としてすこぶる寛大なるものであると主張したのである。友を責める言として、峻烈を超えてむしろ残酷というべきである。ヨブを大罪人と見なし、彼の災いをもって罪の当然の報いと見る点において、ゾパルは他の二人と全く同一の誤想におちいっていたのである。

七節―十二節においてゾパルは全能者の測りがたき深知を歌っている。

　その高きことは天のごとし。なんじ何をなし得ん

や。その深きことは陰府のごとし。なんじ何を知り得んや。その量は地よりも長く海よりも広しと。彼は神の大知を賛《たた》えつつヨブの誇りを責めているのである。また

彼もし行きめぐりて人を捕えて召し集め（すなわち裁判官が巡回して犯罪人を捕え集めて裁判するごとくし）たもう時は、たれかよくこれをはばまんや。彼は偽る人をよく知りたもう。また悪事は顧ることなくして見知りたもうなり

という。これまた神を賛美しつつ、ヨブを罪人とし、偽る人とし、悪事を犯せる者として非難した語である。

むなしき人は悟りなし。その生まるるよりして野ろばの駒のごとし

というがごとき、あまりに不当なる悪口というべきである。

かくヨブの災いを罪の報いと定む。ゆえに当然十三節以下の忠言となるのである。

手に罪のあらんには、これを遠く去れ。悪をなんじの幕屋にとどむるなかれ。さすればなんじ顔をあげてきずなかるべく、堅く立ちて恐るることなかるべし。すなわちなんじ憂いを忘れん……なんじの生きながろううる日は真昼よりも輝かん……なんじは何にも恐れさせらるることなくして伏しやすまん……

と、すなわち罪を去れ、しかせば幸福臨まんというのである。最年少なるゾパルもまた依然として時代の思想に捕われていたのである。

二十節は改訳して

されど悪しき者は目くらみ、のがれ所を失わん。その望みは死なり

とすべきである。悪しき者は来世の生活をいとう。これ罪の罰を恐るるからである。ゆえに悪しき者の望みは死（絶滅）であるというのである。この語はヨブがしきりに死を願う心を表わしいたるに因して発したものである。ゾパルはヨブを罪人となし、愚者となし、また悪しき者となすのである。

このゾパルの語に対するヨブの答えは十二章に載せられている。彼は若き友がそのいだける知識と思想とに照らして無遠慮に彼を非難するに会して、憤慨の情は一転化して冷たき笑いとなり、皮肉の言葉を並べて相手を翻弄せんとするのである。彼は未熟なる知識を糧《かて》と

せる乳臭児の襲撃を受けて、知識のことならばわれいかでなんじに譲らんやとて、しばし病苦と悲境とを忘れて嘲弄的逆襲に出たのである。劈頭の

なんじらのみ、まことに人なり。知恵はなんじらと
共に死なん

とある語をはじめとし、以下すべてにこの冷笑的気分がみなぎっている。

たれか、なんじらのいいしごときことを知らざらんや

とヨブはいう。ゾパルは新知識の所有者をもってみずから任じ、新説の提唱をなすがごとく思いて、意気揚々として舌をふるう。これに対してヨブは右のごとく答えるのである。今日新説と称し革命的思想と唱えて得々として、あるいはこれを口にし、あるいはこれを筆にする者が多い。しかしヨブのこの答えを借りてわれらは「たれかなんじらのいいしごときことを知らざらんや」といわんとする。ひっきょう、かの新説と称するもの、おおむね旧説の焼き直したるにすぎない。その内容とその精神においてなんらの相違あるにあらず、ただ外衣と装飾とを異にせるのみである。

六節はこれを改めて、

かすめ奪う者の天幕は栄え、神を怒らする者は安泰（やすらか）なり。彼らはおのれの手に神を携う

とすべきである。これすなわち悪人の繁栄と安泰を世に通有のこととして述べたのである。げに

彼らはおのれの手に神を携う

る。彼らは自己のいだく思想、自己の信ずる教義、自己の選ぶ行動、ことごとく真正妥当にして最もよく真理にかなえるものとなす。彼らは自己中心の徒である。自己のすべてが神にかない、神はいたくこれをめでて、すべてにおいて、おのれの味方であるとなす。すなわち彼らはおのれをことごとく捨てて神に従わんとするにあらず、おのれをことごとく立てて神をしてそれに従わしめんとする。いな、神がそれに従いおるとなすのである。これ最大の自己中心である。実は最も「神を怒ら」するものである。彼らの類は世にはなはだ多く、しかして富み栄えかつ安らかである。それに比して正しき者の悲境に沈淪せるは何のゆえぞと、ヨブは疑うのである。

七節—十節はいう、

今請う、獣に問え、さらばなんじに教えん。空の鳥

に問え。さらばなんじに語らん。地にいえ。さらばなんじに教えん。海の魚もまたなんじに述ぶべし。たれかこのすべてのものによりてエホバの手のこれを作りしなるを知らざらんや。すべての生き物の命およびすべての人の魂、共に彼の手の中にありと。天地万有を通して造化の神を認むる心をいい表わしたものである。ヨブは精密周到なる天然観察によりて、天然を通じて神の心を学んだのである。野の獣、空の鳥、海の魚、地上のもろもろの植物、いずれも彼に神を示した。彼が各地に旅行して自然科学上の豊富なる知識をたくわえたる人なることは、三十章以後において明らかである。実に彼は健全なる道を経て大いなる神を学びつつあった人である。

今日キリスト信徒が自然研究を遺却していたずらに新著新説に走り、変わりやすき理論をもって自己を養わんとするは愚の骨頂である。雀の雌雄を知らず、ほととぎすの無慈悲を悟らずして、新しき神学説を喋々するも何の効ぞ。魚類のごとき、すべておもしろからぬはなく、うなぎのごとき、最も不可解なる生物である。心を潜めて一小天然物を見よ。そこに神を知ること深きを加うるではないか。すべての天然物はわれらに神の測りがたき穎知を教う。ゆえに天然研究は神を信ずる者の娯楽であり、また責務である。ヨブのごときは熱心なる天然研究によりて信仰の養成をなしつつあったのである。もちろんこの研究のみにて人は救われるのではない。しかしこれ救いの基礎とし準備として役立つことは疑いない。神の著わせし書物に二つある。甲は聖書、乙は自然界（全宇宙）である。両者を知りて初めて神を知るにおいて全い。自然研究の効、大なりといわねばならない。これを軽んずる時は造化の神をよく知ることはできない。神の探究と称していたずらに脳中に思索を繰り返すは、労して効なきわざである。むしろ神の作物について直接に神を学ぶべきである。神の作物たる聖書と天然、この二つを学びて初めて神を知り得、まますます深く彼を知り得るのである。

十一節―二十五節は、七節―十節とその精神をひとしくする。かれは天然物を通じて神の全知全能を学び、これはこの世に臨む神の支配を通じてその測りがたき知と抗しがたき力とを知ることを述べている。

知恵と力とは神にあり、知謀と悟りも彼に属することを、この世の各方面にわたりて実証している。辞句の意味は説明せずして明らかである。

十一章と十二章を通ずる問題は神知の探索である。それについてしるさるるすべてが貴き真理の提示たるは明瞭である。天然を通じ人事に徴して神知神能の絶大を知るほか、なお一事を知らずしては、われらの神に関する知識、また救いに関する知識は不充分である。なお一事とはすなわち罪の自覚である。ヨブがおのれをもって正しとなすは大なる過誤である。この誇り彼にありて彼はいまだ救われず、彼の知識は不具である。彼わが罪の自覚に達し（もちろん友の想像せるごとき有形的罪悪の意にあらず）、神の前におのれを低うするに至って彼の救いは成立し、彼の知識は全きに至るのである。それまでは暗中の彷徨である。しかし光明に向かっての暗中の彷徨である。

天然をもって神の力を知ることができる。歴史をもって彼の知恵を量ることができる。ある程度までは人知をもって

神の深き事をきわめ、全能者を全くきわむることが
（一一・七）

できる。しかしながら神の心に至っては天然も歴史もわれらに教うるところがない。神の心に関する知識に至っては、われらは全然神の啓示に待たなければならない。神はそのひとり子を賜うほどに世の人を愛したまえりということは、人間の知恵をもってしてはとうていわからない。天然研究貴しといえども罪のいかなるものなるかはこれによりてはわからない。しかして神の知恵を知りつくしても神の心がわからずしては神に関する最もたいせつなることはわからない。ヨブと彼の友人とは今日まで神の知恵について大いに学びかつ知るところがあった。しかして今や神よりただちに神の何たるか、その聖心（かみごころ）の何たるかを教えられつつあるのである。最も貴きはこの知識である。

十　再生の欲求

ヨブ記一四章

十二章より十四章にわたるヨブのことばの中、第十二章は前回に学びたれば、今回は第十三章について一言せしのち、第十四章についてもっぱら学びたいのである。

十三章においては、ヨブはゾパルらに対して逆襲的態

度に出づるのである。
　なんじらが知るところはわれもこれを知る。われはなんじらに劣らず。しかりといえどもわれは全能者にものいわん。われは神と論ぜんことを望む。なんじらはただ偽りを造り設くる者、なんじらはみな無用の医師なり。願わくはなんじら全く黙せよ。しかするはなんじらの知恵なるべし

というごときは明らかにヨブのこの態度を示すものである。なお十三章の中にてたいせつなる句は十五節である。邦訳聖書には

　彼われを殺すとも、われは彼によりたのまん。ただわれはわが道を彼の前に明らかにせんとす

とある。この語の前半はまことにうるわしき心情を示した語として有名であるが、実はそれは誤訳である。

　彼われを殺すとも、われは彼を待ち望まず

と改訳すべきである。かくて十五節の意味は

　われはあくまでわが無罪を神に訴えん。そのため彼に殺さるるに至るもあえていとわず

というにある。彼は勇気をふるい起こしてこの強き語を発してみた。しかし神よりはなんらの反響がなく、友はみなかれを誤解している。そしておのれの中にはこの勇気を持続せしむるだけの力がない。一たび起こせし勇気はたちまち消滅せざるを得ない。あたかも重病人が卒然として仇敵のその前に立つに会し憤然として一たん立ち上がりしも、自己自身に力なきためただちに倒るるがごとくである。第十四章以後のヨブの語にはたしかにこの心持ちが見えているのである。
　十四章はヨブ記中最も重要なる章の一である。神と争わんとしておのれの無力を悟りしヨブの悲歎は壮大なる悲哀美となってこの章に現われている。彼は自然界のもろもろの物象に比して人間のはかなさをえがき出づるのである。ここにもまたヨブ記作者の優秀精到なる天然観察者なることを知るのである。
　女の産む人はその日少なくして艱難(なやみ)多し
と一節はいう。人はたれといえども女より生まれしものであれば、女の産む人とことさらにいう必要はないともいえる。しかしこの語には深き意味がある。女は体も心も弱きものである。ゆえに「女の産む人」としるして、万人の弱きことが暗示せられたのである。まことに女の産む人はその日少なくして艱難多しである。クロンウェ

ルのごとき、ナポレオンのごとき人類中の最強者といえども、実は弱き女の産みし弱き人の子たるにすぎない。彼らの生涯は明らかにこのことを示している。げに人はみな弱きものである。このことを知らずしては、われらは真の同情を人に向かって起こすことはできない。

二節には

その来たること花のごとくにして散り、その馳《は》することと影のごとくにしてとどまらず

とある。この節の後半は、人の生涯を風強き日に砂原を走る雲の影にたとえたものである。これまたヨブ記の舞台を示す語である。四節の

たれか清きものを汚れたるものの中より出だし得るものあらん

は、女より生まれし人のとうてい清くあり得ぬを説いたのである。かくヨブは、人間の弱く、はかなく、汚れおることを説きし後、

その日すでに定まり、その月の数なんじにより、なんじこれが区域《さかい》を立てて越えざらしめたもうなれば、これに目を離して安息《やすみ》を得させ、これをして雇い人のその日を楽しむがごとくならしめたまえ

と訴えている。彼は絶望中のわずかの安息を願ったのである。その心情やまことに同情すべきである。

次に見るべきは七節―十二節である。

それ木には望みあり。たとえ切らるるともまた芽を出だしてその枝絶えず。たとえその根、地の中に老い、幹、土に枯るるとも、水の香にあえばすなわち芽をふき枝を出だして若木に異ならず

とうらやみ、それに比して

されど人は死ぬれば消え失す。人、息絶えなばいずくにあらんや

と歎くのである。げに木には望みあり。そは復活しまた復活す。切らるるともまた芽を出だし枝をひろげる。くわのごとき、くぬぎのごとき、わざと切りてその生命を永久に新鮮ならしむるものさえある。パレスチナにおいても、オリブのごときはかくしてこれを老衰より少壮によびもどし得るのである。木には復活あり、人には復活なし。これヨブの悲歎であった。

植物に再生あるに比して人にこれなきを歎き、あるいはこれあるを望む。これインド、スカンジナビヤ等の各

国の古文学に共通せる思想である。ヨブまた植物に再生ありて人にこれなきを歎く。しかもこの悲歎たる、実はこれ復活再生の希望の初現ともいうべきものである。この悲歎の裏面にこの希望が起こりつつあったのである。そもそも植物は人間以下のものである。しかるに神はこれをしも再生せしむ。まして神の心をこめての所作なる人においておや——とは、当然この悲歎と形影相伴いて起こるべき推定である。根、地の中に老い、幹、土に枯るる樹木も、水の香にあえばたちまち若木として再生するがごとく、人はその体、地の中に枯れ、その魂、土に帰するも、一たび神の霊の香に会わんか、たちまち復生し、再び若くして地の上に立つに至るであろう——と黒雲の中に光明は隠見するのである。

　第十一、第十二節も同じく悲歎である。

　　水は海に竭（つ）き、川はかれてかわく

とは、砂漠地にて常に目撃する現象である（海とは真の海ではない。池のごとく、すべて水のたまれる所をいうのである）。

　　かくのごとく、人も寝（い）ね伏してまた起きず。
　　　天の尽くるまで目さめず眠りをさまさざるなり

とは、死後陰府における生活をえがいたもので、陰府の生活は忘却睡眠を特徴とすとユダヤ人は考えていたのである。「天の尽くるまで」は、永久にの意である。天は永久に尽きずとの思想より出でた句である。

　次は十三節—十七節である。

　　願わくは、なんじわれを陰府に隠し、なんじの怒り
　　のやむまでわれをおおい、わがために時を定め、し
　　かしてわれをおもいたまえ（一三）

とは、再生の欲求の発表である。ヨブは今神の怒りに会えりと信じている。ゆえに世を去りて陰府にくだらば、神が彼をそこに保護して、その怒りやみし後において彼を再生せしむるであろうと思いかつ望んだのである。次の十四節の前半は挿入句である。

　　人もし死なばまた生きんや

は、人死ぬも再生すべきかとの問題の提出である。この時、ヨブはただちに「しかり、再生す」とは答え得なかった。彼はこの大問題を提出したままに放置して、十四節後半よりただちにまた前節の欲求に帰ってしまった。あたかも天よりの閃光のごとく、この問題は突如として彼に起こり、また突如として彼を去った。それはあたか

も雲の切れ目より一瞬間日光が照りしがごとくであった。そしてこれに対しての「しかり」という答えはヨブ記の最後に至って現われるのである。まことに文学として絶妙である。そしてこれまた実験の上の作たるを証するものである。

十四節後半――十七節は少しく改訳せねばならぬ。すなわち

われはわが征戦(いくさ)の諸日の間望みおりてわが変更(かわり)の来たるを待たん。なんじわれを呼びたまわん。しかしてわれ答えん。なんじ必ずなんじの手のわざを顧みたまわん。その時なんじはわれの歩みを数えたまわん。わが罪をなんじうかがいたまわざるべし。わがとがはすべて袋の中に封ぜられ、なんじわが罪を縫いこめたまわん

と訳すべきである。いうところ、もとより漠然たるをまぬかれない。さりながら復活の欲求においてははなはだ大なるものがあり、かつ何らかの形において再生のあるべきことの予感が見える。未来のある時に彼の上にある変動来たり、神と彼と相呼ぶに至り、神、彼のわざを顧み歩みを数えて彼を愛護し、神、彼の罪をうかがわず、とがと罪をおさえて外に出でざらしむというのである。想の大、言の美、まことに三歎すべきである。これキリスト以前に生まれし摯実なる心霊の来世探究史として見のがすべからざる個所である。

ヨブは再生の欲求において盛んなれど、それはいまだ再生の希望となったとはいえない。欲求と希望とは大いに異なる。甲はただの願い、乙はある確実なる未来の事の望みである。欲求には正しきあり悪しきあり、来世の欲求のごときは正かつ善なるものである。必ずしも自己のためにのみ来世を望むにあらず、神の義の完全なる顕照を熱望する時、自己を離れて人に深刻痛切なる来世希求が起こるのである。しかしてこの欲求の満たさるることが確実となるとき、その欲求は進んで希望となったのである。来世の欲求の上に神の約束加わり、キリスト復活の信仰重なりて、ここに来世の希望となるのである。欲求は漠然として不正確、希望は確乎として正確である。あたかも男女間の思慕が、初め欲求たる間は不たしかなれど、のち進みて婚約成立となりて初めて希望と化して確実になるがごとくである。

ヨブのこの欲求は人類全体の欲求である。人にはだれ

にも来世の欲求がある。神はキリストを通じて永生の下賜を約束したまいしのみならず、そのキリストを復活せしめたもうて、もって彼に従う者に確実なる永生の希望を与えたもうたのである。かくて来世の欲求は希望と化したのである。そしてキリストの十字架あるがゆえにわれらのとがはすべて袋の中に封ぜられ、罪は縫い込めらるるのである。かくのごとくにしてここにヨブの願いしところはある時実現せらるるのである。実に感謝すべきことではないか。

しかるに十八節以後においては、ヨブに起こりし光明の一閃は消えて、再び哀哭に入るのである。

それ山も倒れてついにくずれ、岩も移りてその所を離る。水は石をうがち波は地のちりを押し流す。なんじは人の望みを絶ちたもう

と。ヨブは依然として豊富なる自然観察の知識を借りて人間の運命を歎くのである。自然の変動が目に見えざるごとくにしてしかも徐々としておこなわるるがごとく、人の生命もまた徐々として絶たるるというのである。

なんじは彼をながく攻めなやまして去り行かしめ、彼の顔かたちを変わらせて追いやりたもう。その子、尊くなるも彼はこれを知らず、卑しくなるもまたこれを悟らざるなり。ただおのれみずからその心に痛みを覚え、おのれみずからその心に歎くのみ

という。これ死者は陰府にありてこの世の成り行きを感知し得ず、半醒半眠の中にただ自己の痛苦否運を感ずるのみとの時代信念を背景として読むべき個所である。げに痛切悲愁なる魂のうめきである。

今十四章を全体として見るに、光明すでに臨めりということはできない。全体をおおうものは依然たる暗雲である。しかし黒雲を透して電光がひらめくがごとくに、光明は一度または二度隠見する。かくて最後に黒雲ことごとく晴れて全天全地光明をもって輝く時が予想せらるるのである。すべて信仰進歩の順序はこれである。初めより全光明を一時に望むべきものではない。まず懐疑の暗雲に閉じこめられて天地晦冥の間に時々光明の閃光に接し、その光明しだいに増すと反比例して暗雲徐々として去り、ついに全光明に接するに至るのである。この順序を追うてあやまたざるはヨブ記の実験記たる証拠である。そしてわが信仰の性質の漸次的進歩にあることを知るは、自己のために必要であり、また人に向かって福音

を説くにあたって必要である。かの一夜にして人を光明に入れんとするごとき伝道法はこの心理的事実を無視するものであるといわざるを得ない。

来世的光明の徐々として彼に臨みしは何によるか。これ彼にくだりたる災い、災いのための痛苦、痛苦の極の絶望によるのである。「来世の希望は奈落のふちに咲く花なり」との語がある。大苦難、大絶望、あたかも死に瀕するごときを心に味わう時、そこに咲く花は来世の希望である。わが愛する者の死に会してこれをひとりかの世に送る。そして自身の心また死のごとき寂寥悲愁に会して奈落の淵に臨めるがごとくである。しかるに見よ、その時脚下に咲ける美花は来世の欲求であり、進んではまた来世の希望である。これを摘み来たってわが心に植え、われに永遠の希望の抜きがたきもの生まれて、再会の望みをもってわが残生をうるおすに至るのである。患難は人生最大の恵みである。

十一　エリパズ再び語る

ヨブ記一五章

これよりヨブ記の十五章の研究に入らんとするにあたってヨブ記全体の綱目を掲げて研究の便に供する。すなわち左のごとくである。

ヨブ記綱目

発　端……………………一、二章
ヨブ対友人……………………三―三七章
ヨブの独語……………………三章
論戦第一回
エリパズ語る……………………四、五章
ヨブこれに答う……………………六、七章
ビルダデ語る……………………八章
ヨブこれに答う……………………九、一〇章
ゾパル語る……………………一一章
ヨブこれに答う……………………一二、一三、一四章
論戦第二回

ヨブ記は右のごとき結構の上に成り立つものである。三回の論戦の経過を見るに、ヨブはしだいにその論陣を進め、三友はしだいに萎縮退嬰するの形がある。論戦すすむに従って、ヨブの語がしだいに長くなる傾きあるに反して、三友の語はしだいに短くなり、第三回の最後に現わるべきゾパルはついに姿を見せないのである。この時、青年エリフ両者の態度に憤りを起こして現われて仲裁を試み、最後にエホバご自身ヨブをさとしてヨブに平安臨み、そして結末となるのである。

今全巻四十二章を左表のごとく分類することができる。これによって見るに、ヨブの語りしところは合わせて二十章にわたるも、三友の語は全部にて九章にすぎず、これにエリフの語を加うるもなお十五章を出でないのである。もしわれら節の数による分類表を作らば、さらに興味あることであろう。

(項　目)	(章の数)
発　端	2
エリパズ	4
ビルダデ	3
ゾパル	2
ヨブ	20
エリフ	6
エホバ	4
結　末	1
総　計	42

ヨブ記の主部はヨブ対三友の論戦である。この論戦は十四章までにおいて第一回を終え、十五章よりは第二回に入るのである。論戦の主題は簡単なれども人生の深き

疑問に関す。すなわち患難はすべて罪悪の結果なるか、いかに、正しき者に患難の下る理由いかに、の問題である。三友は患難災禍をもって罪悪の結果とのみ見る時代思想の中に呼吸せる人、ゆえにヨブに続々として臨みし災いは彼の罪悪を証明するものと堅く思いて動かなかった。されば彼らはまず間接にこの事を暗示して、ヨブをしてその理由を認めて悔い改めしめんとしたのである。ヨブ一たびその罪を自認して告白せば、災いはたちまち彼を去って倍旧の物的恩恵かれを見舞うならんと彼らは考えたのである。まことに彼らは時代思想の子であったのである。ゆえに第一回戦においては、彼らはなるべくおだやかなる語をもってヨブを責め、彼らに責めらるるヨブはかえって真理の閃光を浴びつつ、徐々として光明の域に向かって進むのである。さりながら、一方、彼はまた友らに対してはすこぶる頑強の態度を持し、自己の無罪を主張してあえてくだらず、かえって無罪なる彼をしいたぐる神を惨酷無慈悲なりと呼号するのである。ここにおいて三友は彼を頑冥不霊となして憤りを発し、この度は陣容を改めて間接射撃をやめて直接射撃に入ったのである。これすなわち第二回戦である。

そして第二回戦の火ぶたをまっ先に切ったものは例によって長老のエリパズである。この十五章を、前の彼の語すなわち第四、五章と比較するとき、その語勢、その態度に大なる相違あることが認められる。間接より直接に、静穏より峻酷へと彼は変わったのである。

一節―十一節は、ヨブを驕慢者となして直接に向けたる非難の矢である。けだし第一回論戦におけるヨブの最後の答えには、彼がおのれをもって三友にまされりとなす自信がみなぎっている。

われはなんじらの下に立たず。たれか、なんじらのいいしごときことを知らざらんや

といい、また

なんじらが知るところはわれもこれを知る。われはなんじらに劣らず

と主張し、そして

なんじらはみな無用の医師なり。願わくはなんじら全く黙せよ。しかするはなんじらの知恵なるべし

とあざける。ヨブのこれらの言に彼らはその誇りを傷つけられ、そしてエリパズはその返報としてヨブを責めるのである。まずヨブをもって知者にあらずと断じたる

後、

まことになんじは神をおそるることを捨て、その前に祈ることをとどむ

とて彼を不信者となして責め、次に

なんじの罪なんじの口を教う……なんじの口みずからなんじの罪を定む。われにはあらず、なんじのくちびる、なんじの悪しきを証す

といいてヨブの罪を肯定している、

七節―十一節は、みずから智(さと)しとなすヨブの誇りをくじかんための語である。

なんじあに最初(いやさき)に生まれたる人ならんや。

山よりも先に出で来しならんや……

とあるは、神の世界創造にあたってその相談相手たりし天使ならんやとの意を伝うる語である。エホバ神まず天使を造り、彼を相談相手として天地万有を造れりとは、いつとはなしに古代人間に起こりし伝説であったのである。

われらの中には白髪の人および老いたる人ありて、

なんじの父よりも年高し

とあるは、老齢の権威をもって年少者に臨むものである。これ年長者の知恵は年少者にまさるとの先有観念の生みし語である。しかしながらエリパズのこの態度は心霊問題に関しては全然不合理なる態度である。心霊のことにおいては人は一人一人独立である。神と彼と二者相対の上に心霊問題は生起する。年齢の権威も地位の権威も、この間の圧迫の力をふるうことは許されない。老人なるがゆえにその知、壮者に勝つといい、監督(ビショップ)なるがゆえにその信仰平信徒にまさるというがごときは、しかしてかくいうておのれを立て他を倒さんとするがごときは、あやまれるのははなはだしきものである。許しがたき背理である。

次の十二節―十六節は

人はいかなるものぞ。いかにして清からん。女の産みしものはいかなるものぞ。いかにして正しからん

との意味を述べて、みずからを正しとするヨブの反省を促した語である。十節は

罪を取ること水を飲むがごとくする、憎むべき汚れたる人

なる語をもって、人間そのものの性質を説明している。かわく者はおのずから水を取る、これその本然の必要に

促されてである、そのごとく、人が罪を取るはその本性上しかるところであって、人はとうてい罪人たる境涯より脱し得ぬと。これこの語の暗示するところである。

十七節よりエリパズの論歩は一転する。まずいう、

> われなんじに語るところあらん。聞けよ、われ見たるところを述べん。これすなわち知者たちが父祖より受けて隠すところなく伝え来たりしものなり。彼らにのみこの地は授けられて外国人（とつくにびと）は彼らの中に往来（ゆきき）せしことなかりき

と。これ祖先伝来のままにて何ら外国の影響を受けざる、まじりなき、純の純なる教えを説かんとの意である。あたかもわが日本において、日本古来の道にして何ら外来思想をまじえざるものと称せらるるものが、一部の人々にこの上なく（何ら格別の理由なくして）尊信せられおるごとく、エリパズは祖先の教えのそのままに伝え来たりしものを、ただまじりなき祖先の教えであるというだけの理由の下に神聖視して、ここに説き出ださんとするのである。

しかるにかくのごとき前ぶれをもってもったいらしく説き出だされし真理なるものは何ら貴きものでないのである。説くところは二十節より三十五節にわたるけれども、要するにこれ悪人必衰必滅という陳腐なる教義の主張にすぎぬのである。

> 悪しき人はその生ける日の間つねにもだえ苦しむ…その耳には常に恐ろしき音きこえ、平安の時にも滅ぼす者これに臨む…彼は富まず、その貨物（たから）はながく保たず、その所有物（もちもの）は地にひろがらず…よこしまなる者のやからはおちぶれ、まいないの家は火に焼けん

という。すなわち悪人は苦悶をもって一生を終え、困窮失敗の中に世を去り、その家族もまた零落すというのである。同時にこの語は、苦悶、困窮、失敗、零落はすべて罪悪の結果であるとの意味を含んでいるのである。

エリパズのこの所説ははたして人生の事実に合っているであろうか。いな！ とわれらは叫ばねばならない。罪悪のちまたに物欲の毒酒をくむ人、決してことごとく苦悶、失敗の実を刈り取らない。悪は必ずしも困窮零落の母ではない。神をあざける悪人にして成功また成功の一路を昇る者は決して少なくない。神をおそれず人を敬わざる不逞の徒にして、何らの恐怖煩悶なくして

一生を終わる者はむしろはなはだ多い。罪を犯し悪の筵（むしろ）に坐して平然たるがすなわち悪人の悪人たるゆえんである。悪人の特徴は煩悶恐怖を感ぜざるところにある。ジョン・バンヤンの作たる The Life and Death of Mr. Badman（悪人氏の生死）は、ある意味において『天路歴程』以上の傑作であると思われるが、英人自身はあまりこの書を尊まないのである。これこの書の価値が彼らにわからぬからである。この書の主人公たる悪人は、神を信ぜず道にそむく悪人にして、しかも事業は成功し、身は栄達し、子女ことごとく良縁を得、艱難痛苦等に少しも襲われず、何らの痛苦なく恐怖なくして大満悦をもって世を送る。しかるに読者は彼おそらくは死に臨んで大煩悶におちいるであろうと予期しつつ読み進むに、その死またははなはだ平安にして、彼は安らかなる大往生をとげるのである。彼の生に死に、苦悶または恐怖または患難または失敗の陰影すらない。そしてこれ実にほんとうの悪人の特徴である。真の悪人の生死は実にかくのごとくである。バンヤンは人生の事実に深く徹せし人なるゆえ、かくのごとき真正なる観察をなし得たのである。

これに反して、十八世紀の大文豪にて信仰の人たりしドクトル・ジョンソンは、死の床に大なる苦悶を味わいしという。これあるいは地獄に落ちざるかとの憂慮にもだえたのであって、この種の苦悶はかえってその人の心の醇真と信仰の霊活を語るのである。恐怖苦悶はその人の心霊的に目ざめたるを示すものである。神を知らざる時、われらに真の恐怖なく、痛烈なる煩悶はない。恐るること、もだゆること、それは神に捕えられた証拠である。そして救拯と光明へ向かっての中道の峠である。悪人はかえって恐怖を味わわず、善人はかえってこれを味わう。虚人はかえって苦悶を知らず、真人はかえってこれを味わう。しかるに浅薄なるエリパズは伝統的教義の純正を誇りてこれを盲目的にいだくのみにて、生ける人生を見る深みと真心とを欠いている。これわれらの大いに考うべきことである。また人を慰めんとするにあたって充分に注意せねばならぬことである。われらはくれぐれもエリパズら三人の心を学んではならない。

十二 ヨブ答う（上）

ついに仲保者を見る

ヨブ記一六章

ヨブ記第十六章の大意を語ろう。第十五章の二回戦開始において、エリパズはまずヨブを罪人として責め、次に罪悪の結果として必ず恐怖、煩悶、零落の臨むべきを説いた。これに対してヨブはまず第十六章の一節―五節において、友の忠言の無価値なることを主張する。

かかることはわれ多く聞けり
なんじらはみな人を慰めんとてかえって人を煩わす者なり

は、なんじらの反覆語にあきたとの意である。

なんじらは人を苦しむる慰者（なぐさめて）なり

は、原語を直訳すれば、となる。慰者とは名のみで、実は人を苦しめ煩わす者であるとの意、強きあざけりの語である。次に

もしなんじらの身わが身と所を換えなば…口をもてなんじらを強くし、くちびるの慰めをもてなんじらの憂いを解くことを得るなり

とあるは、われとなんじらと位置を代えなば、われは立派になんじらを慰め得んというのである。その半面に、三友の慰藉がいたずらに安価なる口とくちびるとの慰めにすぎぬことを暗にあざけったのである。

そもそも「慰め」とは何をさすか。『言海』を見るに、邦語の「なぐさめ」は「なぐ」より出た語であって（風がなぐ（凪）の類）、「もの思いを晴らしてしばし楽しむ」を意味するという。他の事にまぎらしてしばし欝を忘れるというのが、東洋思想の「慰め」である。されば東洋人はあるいは風月に親しみ、あるいは詩歌管絃の楽しみに従いて人生の憂苦をその時だけ忘れるをもって「慰め」と思っている。従ってなお低級なる「慰め」の道も起こり得るのである。正面より人生の痛苦と相対して堂堂の戦いをなさんとせず、これを逃避して他の娯楽をもってわが鬱を慰めるというのは、まことに浅い、弱い、退嬰的な態度である。聖書的の「慰め」は決してこの種のものではないのである。

英語において「慰め」を comfort という。もちろん慰めと訳してははなはだ不充分である。fort は「力」の

意であるゆえ、comfort は「力を共にする、力を分かつ」を意味するのである。そもそも人が苦悩するのは、患難災禍にあたりて力が足らざるためである。その時、他より力を供することがすなわち comfort である。ゆえに真の力を供するのが真の comfort である。しからざるものは comfort ではない。ことに天父より、主イエスよりこの力を供せられるのがキリスト教的の「慰め」である。かくのごとき力を供給する慰めが真の慰めである。ヨブの三友の慰めのごときはむしろ力を奪うところの慰めであったのである。

　六節—十七節において、ヨブはまた神に対して恨みの語を述べている。あるいは神を「彼」と呼びて

　彼、怒りてわれをかき裂き、かつ苦しめ、われに向かいて歯をかみ鳴らし、わが敵となり、目を鋭くしてわれを見る…彼はわれを打ち破りて、破れに破れを加え、勇士（ますらお）のごとくわれにはせかかりたもう

と恨み、あるいは神を「なんじ」と呼びて

　なんじ、わがやからをことごとく荒らせり。なんじ、われをしわよらしめたり

と怨じている。その語法の不統一はかえって情感の熾烈を語るものである。実に六節—十七節の全体にわたる神に対する怨恨は、その語調とその感情と共に激越痛烈をきわめている。しかしてヨブはその最後において

　しかれどもわが手には不義あるなく、わが祈りは清し

と主張して、依然としておのれの無罪を高調し、この罪なき彼を打つ神の杖の無情を恨んでいる。

　この怨語を聞きたる三友は、ヨブをもって神をそしる不信の徒となしたのである。そしてすべてかかる語をかたわらより冷ややかに批評する者は彼らと思いを同じゅうするほかはない。しかしながら事実は彼らの思いと異なる。神に対して恨みの語を放つは、もちろんその人の魂の健全を語ることではない。しかしこれ冷ややかなる批評家よりもかえって神に近きを示すものである。かく神を恨みてやまざるは、神を忘れ得ずまた神にそむき得ざる魂のうめきであって、やがて光明境にいたるべき産みの苦しみである。神を離れし者または神にそむける者は神を忘れ去る者であって、神を恨み得ないのである。神に対する怨言は、懊悩絶望の極にある心霊の乱奏曲で

ある。かくのごとき悲痛を経過して、魂は熱火に鍛われて、しだいに神とその真理とに近づくのである。これ心霊実験上の事実である。この実験なき浅薄者流はこれを解し得ずしてエリパズらの過誤を繰り返すのである。

十七節までにおいて、ヨブは三友をあざけり神を恨んだ。今や三友人は彼の友でなく、神もまた彼の友ではない。ここにおいて彼は訴うるに所なくして、ついに大地に向かって訴うるに至った。これ十八節である。

地よ、わが血をおおうなかれ。わが叫びは休むところを得ざれ

という。彼今や無実の罪を着せられ不当の死に会わんとしている。彼の無辜なる血は地に流れんとしている。彼の死後において、彼の血は彼の不当の死を証明するであろう。ゆえに地に向かって、血をおおうことなく、いつまでもこれを地にとどめて、その血の叫びをして永久に終熄することなからしめんことを求めたのである。

なんじの弟の血の声、地よりわれに叫べり

と、弟を殺したるカインにエホバはいうた（創世記四・一〇）。ヨブは死の近きを知り、かつその不当の死なることを一人も知る者なきを悲しみて、わが血をしてわが無罪を証明せしめんとて、地に後事を托して、めんめんたる恨みをいだいて世を去らんとするのである。これ絶望の悲声であって理性の叫びではない。しかしながら人の心は何か訴うるところを要求するのである。人は何かにわれの証人となってもらいたいのである。おぼるる者はわらにもすがるという。人は神にも友にも捨てられしと感ぜし時は大地に向かって訴え、わが血に向かってわれの証人たれと願うほどに至るのである。

しかるに十九節に至っては、ヨブは一転してわが証人の天にあることを認めている。

見よ、今にてもわが証となる者天にあり。わが真実（まこと）をあらわす者高き所にあり

という。今まで神を恨みながら、ここにはわが証人すなわちわれの無罪を知る者天にありという。そこに明らかなる矛盾がある。しかし心霊の実験としてはかえってこのことは真である。あだかも航海者が海上暴風雨に会して、船は難破し身はまさにおぼれんとして「海よ、われを記せよ」と叫びて絶望の悲声を発するかと思えば、たちまち暗雲風に開けて雲間に星辰のきらめくを見て、そこにかすかなる希望を起こすがごとき状態である。悲壮

の叫びである。痛烈なる要求である。かすかなる、しかし打ち消しがたき希望である。

二十節にいう、

わが友はわれをあざける。されどもわが目は神に向かいて涙を注ぐ

と。友には理不尽なる嘲笑を浴びせられてその誤解を解くの道なし。ここにおいて神に向かいてただ涙の目を注ぐのみと。哀切の極である。無限の感情がこの一語の中にこもっている。いい知れぬ深刻、たとえがたき崇高がこの一節において感ぜられる。他の文籍に類例なき偉大なる語である。

彼を誤解し、彼を難詰し、彼を侮蔑する友を全く忘れ得ぬは何ゆえであるか。「わが友はわれをあざける」といいて、友の嘲笑をいつまでも気にかけおるはいかに。そは友の誤解嘲笑は彼にとりて浅からぬ手傷であるからである。あだかも針をもって心臓を刺されしごとく、彼の心はこれがために激痛を起こしたのである。ゆえに忘れんとして忘れ得ないのである。しかしながら友に捨てられて全くおのれ一人となりし時、茫々たる宇宙ただ神とわれのみあるの実感に入りて初めて神と真の関係に入り得るのである。しかして後、また友誼を回復して、これを清め得るのである。

二十一節は

願わくは、彼、人のために神と論弁し、人の子のためにこれが友と論弁せんことを

という（人の子とあるも人と同じである）。神には撃たれ友には誤解せらる。みずから自己のために弁明するもいささかの効なく、神のわれを苦しむる手はゆるまず、友の矢はますますしげく来たり注ぐ。ここにおいてかヨブは、おのれのために神と論弁しまた友と論弁して彼の無罪の証を立つる一種の証人を要求するのである。「彼」とはすなわちこの者をさしたのである。実に人は自身神に訴えみずから友と争うも力足らず、われに代わりてこの事をなす証人を切に求めるのである。これ難局に処しての人間自然の要求である。人はおのれの無力をさとるとき、強くして力あるわれの代弁者を求めざるを得ないのである。この証者は弱き人類の一員であってはならぬ。同じく弱き人にてはこの事に当たることはできない。ゆえに人以上の者でなくてはならない。ゆえに神のごとき者でなくてはならない。しかし神自身であってはならぬ。人

のごとき者にしてわれらの弱きを思いやり得る者でなくてはならぬ。神にして神ならざる者、人にして人ならざる者、これすなわち神の子たる者である。他の者ではない。

ヨブの証者要求はすなわちキリスト出現の予表である。魂の深底においてヨブは神のひとり子を暗中に求めて、人心本来の切願を発表したのである。げにひとり子を求むるは人心おのずからの叫びである。しかしてこの要求はナザレのイエスをひとり子として信受して初めて満たさるるものである。

十三　ヨブ答う（下）

ついに仲保者を見る

ヨブ記一七章

ヨブ記十七章を見るに、それが十六章の継続なることは明らかである。ことに十六章の十八節より十七章九節までは、一つの思想を伝えているのである。十六章二十二節は

数年過ぎ去らば、われは帰らぬ旅路に行くべし

というた。そして十七章一節はいう、

わが息はすでに腐り、わが日すでに尽きなんとし、
墓われを待つ

と。彼はかかる悲境にありて、十六章末尾のごとく地に向かって訴え、また天の証者に向かって訴えた。そして ここに十七章三節において

願わくは質（ものしろ）を賜うてなんじみずからわれの保証（うけあい）となりたまえ。たれかほかにわが手を打つ者あらんや

と呼ぶのである。これ深く注意すべき一節である。

コリント後書五章はまず終りの日における信徒の栄化（永生賦与）を述べ、次に五節において

それこの事にかなう者とわれらをなしたもう者は神なり。彼、聖霊をその質（かた）としてわれらに賜えり

という。質とは手付金、見本の意である。後に賜う栄化の契約のしるしとして、今聖霊を賜わるのである。われらはこれを賜わりて契約の確立を信じ得、また後に賜わるものの見本を接受するのである。されば「質」とは後に実行さるべき事を今確く約するところの確証である。

十七章三節のヨブの願いは、彼の死後において神が彼の無罪を証明する約束の確証を今賜わらんことを願うのである。彼は今や罪のゆえならずして死せんとしている。友はそれを罪のゆえと断定して彼を責めている。しかし神は彼の無罪を知りたもう。しかり、神のみが彼の無罪を知りたもう。われ亡き後われの無罪を証したもうものは神である。これヨブの暗中に望み見た燈火である。ゆえに彼は神がこの証の確証を今与えたまわんことを願うのである。神が彼の死後必ず彼の無罪を証明するとの約束のしるし（商業上の契約ならば手付金）を今神より得たしと望んだのである。

ヨブは神が罪なき彼を苦しめつつあることを認めてこれを怨じながら、今また同一の神に無罪の証明を求めている。そこに明らかに思想の矛盾がある。由来、仲保という観念は思想上の矛盾の上に成立する観念である。神は罪を憎む神なるがゆえに、人が罪を犯した場合には人を責めなければならぬ。彼は人を罰して霊界の秩序を維持せねばならない。彼はやむを得ずして――実にやむを得ずして人の敵となるのである。この時、人のがわよりして仲保者を要求する心は当然起こらざるを得ない。「人のために神と論弁」する者、すなわち弁護者を要求せざるを得ない。しかしてかかる仲保者はただの人にては力足らず、神自身でなくてはならぬのである。同一の神がわれを責めかつわがために弁護す、同一の神がわれを苦しめそしてわれのために証すると。その明白なる矛盾あるにもかかわらず、人は神に向かってわがための証明、論弁、仲保を望むのである。神以外の者に向かってはとうてい起こらない二つの相反せる望みを、神に向かっては起こすのである。ここに明らかなる矛盾があると共にまたここに霊界の秘義がある。また人心の機微がある。そしてこの矛盾せる、されども牢乎として抜きがたき要求は、キリストの出現によって完全に満たさるるに至ったのである。それまでは暗中の光明探索である。

回教の経典たる『コーラン』にいう、「神と争う時の最後の逃げ場所は神ご自身なり」と。まことに人は神と争いて苦しむとき、われを苦しむる神の所へ行くほかに逃げ場所はないのである。イエスを称して最大の無神論者という人がある。そは彼がこの世において残したる最後の語が、感謝をも平安をも伝えずして「わが神、わが神、なんぞわれを捨てたもうや」と、彼の大失望を語っているからである。しかしこの哀切なる悲声が彼の魂ののどをしぼりて出でたるがために、多くの患難悲痛にある人々が彼によって救わるるのである。失望、痛苦、懊悩にありて神を疑いて離れんとする人が、イエスのこの大悲声に接して、この深刻なる内的経験において彼とおのれと霊犀相通ずるを知り、彼にたよりて神を見出だし神に帰るに至るのである。かくして「最大の無神論者」がわれらを真実の——空理によらぬ実験上の——有神論者とするのである。そは「最大の無神論者」は実は最大の有神論者であるからである。

五節はいう、

友を渡して掠奪（かすめ）に会わしむる者はその子どもの目つぶるべし

と。ヨブが三友人に向かって、余を苦しむるなんじらはその子らの目つぶるるの報いに会うべしと告げたというのである。しかしこの節については説が多い。ヨブは今までかなり激しく友に責められ、自分も相当に逆襲するところあったが、いまだかつてかかる呪咀に類するような語を発しなかった。彼が今に至ってこの種の語を発するは彼のために惜しむべき至りである。いな、彼がかかる語を発したというのははなはだ疑わしきことである。ゆえにこれを改めて

なんじらは友を敵に渡して掠奪に会わしむ。しかして彼ら（友）の子どもは目つぶるべし

と訳する学者がある。しかる時は、なんじらは友を苦しめその子供をして目つぶれるほどの災いにおちいらしむとの意となるのである。六章二十七節の筆法と照り合わせるとき、この見方の方が正しいように思われる。われらはヨブが悪をもって悪に報いたと見たくはない。万一にもしかりとせば、われらはそれを学ばぬようにつとめねばならぬ。

次に注意すべきは第九節である。

さりながら正しき者はその道を堅く保ち、手の潔（いさぎよ）き者はますます力を得るなり

とある。これを英語改訂聖書において

Yet shall the righteous hold on his way,
And he that hath clean hands shall wax stronger and stronger.

と読む時、その偉大なる言たるを知るのである。この一節が失望の語と失望の語の間にはさまれあるため、これ

をヨブの言と見ずして次章のビルダデの語の誤入と見る学者がある。しかし前後関係なくして突如として現われまた突如として隠れたることが、かえってこの語の純正を証するものである。ヨブは大苦難のまっただ中にありて前後左右を暗黒に囲まれつつ、一縷この光明をいだいたのである。もってこの語の偉大さを知るのである。これ人生の根底における彼の確信の発表である。罪のためならずして大災禍に会える彼が、その大災禍の中にありて正と義の勝利を確信したのである。ヨブの偉大よ、またヨブ記著者の偉大よ！

われらはいかなる場合に処してもこの信念を失ってはならない。すべてを失ってもこの信念を失ってはならぬ。

正しき事のために責めらるる者は幸いなりと主は教えたもうた。迫害屈辱に会うも、正義公道に立てりとの確信あらば、われの勝利は確実である。今や北米合衆国は有色人種を苦しめて、明らかに国祖清教徒の自由平等の大信条にそむいている。彼らはその優秀なる軍備をもって他国を屈服せしめ得るかも知れぬ。しかしながら彼らは明白に神の真理にそむいてはたして、安きを得るであろうか。彼らに向かってヨブ記のこの語を提示するとき、おそらく彼らは羞恥に顔をおおうであろう。明白なる非理を立て通して勝つも、実はこれ敗るることである。また彼らに苦しめらるる者といえども、自身正に立ち義に歩めるの確信だにあらば、負けるはすなわち勝つであって、少しも恐るるところないのである。神は最後まで義の味方であって悪の敵である。われらの求むべきは義に歩むの生涯である。自身神の道に立ち、正義公道の命ずるところに歩むの覚悟あらば、われらはすなわち大磐石の上に立って安らかなのである。

碩学老デリッチはこの一節を評して、「暗黒中に打ち上げられしのろしのごとし」というた。光明は暗黒を破って一たび輝きしも、またたちまち消えて再び暗黒となった。十節以後の痛切深刻なる悲哀の発表を見よ。その辞惻々、読む者の心をうたねばやまぬ。人の弱さとしてこれ実にやむを得ないのである。さわれ失望中に一閃の希望ありて、ヨブ記が失望の書にあらず希望の書たることを知るのである。一閃また一閃、ついに暗黒ことごとく去って光明全視界をおおうところまで至るがヨブ記の経過である。

暗黒中に一閃ののろしひらめき、またたちまちもとの暗黒となる。これ人の魂の真の実験である。人間心霊の歴史としてヨブ記の優秀はここにある。人の霊魂の産みの苦しみは実にこれである。かかる道程を経て進歩するのである。さればヨブ記の実験記たるはますます明らかである。第二回論戦に入りては、ヨブの失望は第一回論戦の時よりも一層深くなったように思える。しかしその間に光明の閃耀しだいに著しくして、徐々として進展の階段を攀《よ》ずるのである。ひとりヨブに限らず、すべて心霊の悩みはこれであって、同一の経過を経てついに救いに入るのである。

十四　ビルダデ再び語る

ヨブ記一八章

第二回論戦はエリパズによって開始せられ、それに対してヨブは十六章と十七章をもって報いた。さればこの度はビルダデの語るべき場合となったのである。彼はなかなかの学者である。頭脳明断にして、組織だった宇宙観、人生観を有せる人である。ゆえに彼のいうところは常に理性的にして、その論理は整然としている。彼のごとき明断にして鋭敏なる頭脳の所有者には、ヨブの返答中に前後矛盾の点ははなはだ多きことがすぐわかるのである。ゆえに彼はヨブの返答中、その所言を打ち破らんとしきりに頭脳を働かせおりて、いよいよヨブ口を閉ずるや、猛然としてヨブの弱点をついて肉迫したのである。その論法の整然たる、その用語の簡潔にして有力なる、さすがのヨブも彼の攻撃に会いては大いにたじろいたのである。

そしてビルダデのごとき、論理の一面をもってのみ物を見る人に、ヨブの前章の言が愚劣と見えたのもまことにやむを得ないのである。実際ヨブの返答は論理の上においては不可解の極である。神に訴うるための弁護者として神を見、神を恨みつつその神に対する仲保者を神において求めんとするのである。神を敵としまた味方とし、神をののしりまた神にあわれみを乞う。これ理性と論理においては迷妄の極である。しかしながらその迷妄の中に心霊の切なる要求が潜んでいる。その愚劣の中に魂の哀切なるうめきが聞こえる。その矛盾の中に霊的光明は見えつ隠れつするのである。しかしながら心浅き三友にはこの事はわからない。ことにビルダデにはヨブの論理的欠陥のみ見えるのである。

二節より四節までは、ヨブに対するビルダデの正面攻撃である。ヨブのあざけりのことばが彼を怒らしたのである。四節にいう、

なんじ怒りて身を裂く者よ、なんじのためとて地あに捨てられんや。岩あにその所より移されんや

と。いかに激語を放つとも、そのために地は捨てられず岩は移らない、神をいどむがごとき大いなることばを発するも、なんじのことばをもって地を破壊し岩を移らしむることはできないというのである。すなわち無益なる空言を慎めとの意である。ビルダデのこのヨブ攻撃は、ことに第四節のごときは、罵詈の語としては簡潔雄勁にしてまさに独創的の警句というべきである。けれども余はヨブに代わって答えよう、一人の信仰がよく世界を動かすことあり、神よりの力われに臨めばわれになし得ざること一つもなし、ビルダデよ、なんじの言はあやまれりと。

五節以下、「悪人」を主題として整然たる論理の下に簡潔明快なる語を行（や）る、まさにビルダデが得意の壇場である。五節より十二節までは、悪人滅亡の次第を順序正しくえがきたるものである。まず

悪しき者の光は消され、その火の炎は照らじ。その天幕の内なる光は暗くなり、そが上の燈火は消さるべし

という。悪人が零落の第一歩を踏む時は、その家の中より何となく光が消えて家が暗くなるように感ぜらるるものである。次には

またその強き歩みはせばまり、その計るところはみずからをおとしいる。すなわちその足に追われて網にいたり、またおとしあなの上を歩むに、なわ、そのくびすにまつわり、わな、これを捕う

とある。今まで胸を張って堂々と歩みし者が、胸を狭くし下を俯して悄然として歩むようになる。そして自己の計画が自己を滅ぼす結果となりて、自分の張った網に自分が捕えらるるようになる。悪人の失敗は人の計画に破らるるにあらず、自己の計画をもって自身を滅ぼすのである。次には

恐ろしき事、四方において彼を恐れしめ、その足に従いて彼を追う

そして

　その力は飢え、そのかたわらには災い備わり……

と、以下二十一節までつづく。かくして悪人衰退滅亡の状態は簡勁に順序正しくえがき出されたのである。まことにビルダデ独特の筆法である。

十三節に

　その膚（はだえ）の肢（えだ）は食いやぶらる。すなわち
　死の初子（ういご）これが肢を食いやぶるなり

とあるを見れば、この悪人必滅の主張が明らかにヨブをさしたものであること確実である。「死の初子」とは、死の生みしもののうち最も力あるものの意にて、癩病をさしたものであろう。十四節には

　やがて彼はそのたのめる天幕より引きはなされて、
　恐れの王のもとに追いやられん

とある。家を失いて流浪し、ついには死するならんとの意である。「恐れの王」は死をさしたのである。その上

　彼に属せざる者、かれの天幕に住み……彼の跡は地に絶え、彼の名はちまたに伝わらじ……彼はその民の中に子もなく孫もあらし……これが日（さばきを受けし日）を見るにおいて、後に来たる者は驚き、先に出でし者はおじ恐れん

これ実に悪しき者の最後である。かくビルダデは悪人の運命を断定的に描述して、最後に確信の一語を加えていうた、

　必ず悪しき人の住みかはかくのごとく、神を知らざる者の所はかくのごとくなるべし

と。

　以上、ビルダデの悪人必滅論はヨブの場合をさしたものであること、いうまでもない。ヨブが今難病に悩み、子女ことごとく失せ、死、目前に迫り、その跡、地より絶たれんとするの悲境にある時、悪しき者の受くる運命はそのごとしと説くは、明らかにヨブを「悪しき者」となしたのである。これなんじはまさにこの悪人なりと暗示したのであるが、その暗示はほとんど明示というべきほどのものである。ビルダデは実に残酷にも剣をもって悩めるヨブの心臓を突きさしたのである。

　人はよく「ヨブの苦しみ」という。そして産を失い、妻子を失い、難病に悩む類のことを意味する。しかしこれはたして「ヨブの苦しみ」であろうか。彼はすべての災いには堪えたのである。産を失い、子女を失い、身は

業病の撃つところとなりても、彼はこれに堪えたのである。彼の苦しみはほかにあったのである。神はゆえなくして彼を撃った。神は彼を苦しめている。彼の信ずる神は彼の敵として彼を攻めている。ために彼の信仰は今や失せんとしている。彼の最も信頼する者が彼の敵となった。ために彼はこの者を離れんとしている。しかしながら失せんとしている信仰を思いきって捨ててしまうに堪えない。離れんとしている神をひと思いに離れてしまうことはできない。失せんとするものを保たんとし、離れんとするものをおさえんとす、ここにヨブの特殊の苦しみがある。すなわち暗中にありて、しいて信仰を維持せんとする苦しみである。このことを知らずしてヨブ記を解することはできない。

かくヨブは苦しんでいる。その孤独の苦しみを察し得ずして、友はしきりに彼を責めることに没頭している。そして十八章のビルダデのことばはヨブに対するかなり激しき攻撃である。あるいは病毒のために身体の腐蝕するをいい、あるいは死が近く臨むといい、あるいはその跡ことごとく絶たるるという。まことに毒を含める強き皮肉である。この語を聞きおる間のヨブの心中いかに。友は敵と化して、その鋭峻なる論理を武器として彼を責めたてる。友の放つ矢は彼の心臓に当たって、彼の苦悩はいやまさるのみである。この時ヨブの苦悩悲愁は絶頂に達したのである。

ゆえにビルダデに答えしヨブの十九章のことばは、ヨブのこの心理を知りて後、読むべきものである。この章において、ヨブは初めて友に向かって「われをあわれめ」との哀音を発するに至ったのである。今まで一歩も友に譲らざりしヨブも、ついにわれを悩ます内外の敵の鋭さに圧迫されて、友にあわれみを乞うに至ったのである。彼の心事また実に同情すべきではないか。

十五　ヨブついにあがない主を認む

ヨブ記一九章

論理整然たるビルダデの攻撃に会してヨブ答うるに語なく、その悲寥は絶頂に達してついに友のあわれみを乞うに至る。これ十九章一節—二十二節である。一節—

六節においては友に対する不満を述べ、七節よりは悲痛きわまる哀哭の語を発する。まず神、彼を撃ちしことを述べ、次には

われを知る人々は全くわれにうとくなり

しありさまを精細にえがきて、知人、兄弟、親戚、友人、僕婢、妻さえもわれを離れし現在の寂寥孤独を、うめくがごとく訴うるがごとく述べている。彼はビルダデの辛辣なる攻撃に会して、茫々たる天地の間にただ一人なるわれの孤独を痛切に感じたのであろう。されば彼は二十一、二節においていう、

わが友よ、なんじらわれをあわれめ、われをあわれめ。神の手われを撃てり。なんじら何とて神のごとくしてわれを責め、わが肉に飽くことなきや

と。友の無情を怨じ、またそのあわれみを乞うのである。今までは友の攻撃をことごとく撃退したる剛毅のヨブも、ついに彼らの同情、憐愍、推察を乞うに至る。その心情まことに同情に値するではないか。

十九章を見るに、二十二節と二十三節の間に何らの間隔もないが、実はこの間に一つの休止（Pause）を置いて読むべきものであろう。ヨブは二十二節までの語を発して友の同情を乞い、ここにしばらく発語をやめて三友人の顔を見まもっていたことであろう。そして彼らがいかなる態度をもって彼の言に対するかを見ていたのであろう。彼は心中ひそかに彼らの変化を予期していたのである。しかるに三友の容貌は少しも和らがないのみか、かえって傲然として彼を見下すその態度に、ヨブは彼らの心をかく読んだであろう、

なんじ、ついにあわれみを乞うに至ったか。さらば何ゆえ早くその謙遜を示さなかったのか、なんじ早く謙遜を示せば、われら他にいうべきことがあったのである

と。実に三友はヨブの哀切なる懇求に接しても依然としてヨブを圧する態度を取りて、庇護同情を少しも表わそうとはしなかった。ヨブは三友のこの心を知りて悲憤が胸中にうずまき立つを感じた。彼はこの時、この世にありて絶対の孤独境に入ったのである。しかしながら物窮まれば道おのずから通ずる。この時、今まで友の顔を見つめつつあったヨブは急遽として目を他に転ずることができた。そしてはるかかなたを望み見るを得た。かくて二十三節以下の語が発せられたのである。

二十三、四節には三つの願いがしるされている。第一は

望むらくは、わがことばの書き留められんことを

である。第二は

望むらくは、わがことば、書（ふみ）にしるされんことを

である。第三は

望むらくは、鉄の筆と鉛とをもてこれをながく岩に刻みつけ置かんことを

である。これは友の無情に失望して今の人のたれにも訴うるの無益を悟りて、後世に知己を求めんとの心より出でし言である。まずわがことばの書き留められんことを望み、次には書物にしるされて残らんことを望み、最後にはそのことばが、のみをもって岩に刻まれてその中に鉛を流しこんで永久に残らんことを望む。思想は順を追うて強まるのである。かくして彼がおのれのことばを後世に残すときは、必ず彼の罪なきに受けし災禍を認めて、彼の同情者、弁護者、証人となる者が出づるであろうとの期待をいだいたのである。（王の功績などを石に刻みて、その永久に伝わらんことを期する風は、古代東方諸国においては盛んであったと見え、今日時々この種の石が発見せられて、歴史学および考古学上の有益なる資料となることがある）。

しかしこの願いを発しつつある時、ヨブにまた一つの思想が起こった。よし岩にわがことばを刻して後世に残すも、後世の人もまた人である。現代の人と同様に、また彼の三友と同様に人である。さらば友を後世に求めんとするは焦土に樹木を求めんとする類であって全く無効であると。かくヨブは心に思った。ために失望が再び彼を襲わんとした。その時、忽焉として二十五—二十七節の大思想が彼に光のごとく臨んだ。後世に訴うる要なし。われの弁護者、われの証者、われの友は今天にありとの新光明が、今やこの世においてまた人の中において道窮まりたる彼に臨んだのである。

二十五—二十七節は左のごとくである。

われ知る、われをあがなう者は生く。後の日に彼、必ず地の上に立たん。わがこの皮この身の朽ち果てん後、われ肉を離れて神を見ん。われみずから彼を見たてまつらん。わが目かれを見んに、知らぬ者のごとくならじ。わが心これを望みて焦（こ）がる

「われをあがなう者」はわれの弁護者（われを義なりと証して、われの汚名をそそいでくれる者）の意である。この者が今生きていることをわれは知る――われは確信する――というのである。彼は存在しおるのみならず、今生きて活動しおり、われの味方たりわが正義の保護者であるというのである。これ実に暗中より探り出だした る、光まばゆき信仰の珠玉である。そして

後の日に彼、必ず地の上に立たん

とは、この弁護者が他日地上に出現するとの予感である。そして二十六節においては

わがこの皮この身の朽ち果てん後、われ肉を離れて神を見ん

とて、死後に神を見んとの確信を発表し、二十七節には

われみずから彼を見たてまつらん

とこれを反覆強調し、次に

わが目、彼を見んに、知らぬ者のごとくならじ

と三度繰り返してその確信を発表している。最後の語は、神をわが友として認識せん（今日のごとく敵として相対するごときことあらじ）との意味をいい表わしたのである。

この偉大なる語の最後に

わが心これを望みて焦がる

とあるに注意すべきである。われをあがなう者は後日地上に現われんといい、死後われ神を見んという。実にこれ偉大なる希望である。彼はこの聖望、心に起こりて、心の琴の高く鳴るを感じた。この語を発しつつある時、彼の心は九天の上にまで挙げらるるを感じた。この大希望をもって熱火のごとく彼の心は燃えた。彼の心は湧きたった。大歓喜は彼の全心にみなぎった。ゆえに彼はこの心に燃ゆる熱き望みをいい表わして、「わが心これを望みて焦がる」というたのである。

この語の中に注意すべき二、三の思想がある。第一は、あがなう者は神であるという思想である。二十五節と二十六節をあわせ見れば、この事は明瞭である。第二は、このあがなう者が地上に現わるという思想、第三は、ある時において人が神を見る目を与えられて明らかに神を直視し得るに至るとの思想である。第一はキリストの神性を示すもの、第二はキリストの再臨、第三は、信者の復活および復活後に神を見たてまつることを示すのである。絶望の極、この三思想心に起こる時―いな、

この三啓示、心に臨むとき—絶望の人は一変して希望の人、歓喜の人となるのである。
近世の神学はその本文批評を武器として、右のごとき見方を破壊せんとしきりに努力する。本文を改訂して右のごとき意味を除き去らんとするのである。しかし福音的信者はこれを承認しないのである。救い主の神性、その再臨、信者の復活を、ヨブの右の語に読みてあやまらないと思う。そしてこれをもって必ずしも新約的意味を強(し)いて旧約聖書の解釈に用いたと難ずべきではない。ヨブはおのれの義を証する者、地上に一人もなきを悟りて、ついに神においてこれを求むるに至ったのである。すなわち彼は心の自然の動きに追われて、あがない主の信念にまで到達したのである。彼に限らず、何びとにても、彼の場合に立ちて光明探求の心を捨てずば、ついにここに至るのである。これを特殊の天啓と見ずとも、人間自然の要求と見れば、少しも怪しむを要さない。今日クリスチャンの中に再臨復活等の信仰を喜び受くる者多きは、それがわが本来の要求に合致するからのことである。信者は神学を求めず信条(ドグマ)を要せず、ただ魂の中におのずと湧き出づるものにして同時に天父より啓示さるるものを求むる。すなわちおのれの要求と上よりの啓示と相合致せしところの真理を要するのである。
次に見るべきは二十八、二十九節である。ヨブが上述のごとき心理的過程を経てついにあがない主を発見するに至るや、友に対する彼の態度は一変したのである。前には
われをあわれめ、われをあわれめ
と友に哀願せしに、今は友をさばくに至った。
なんじら、もしわれらいかに彼を攻めんかといい、また事の根われにありといわば、剣を恐れよ。怒りは剣の罰を来たらす。かくなんじら、ついにさばきのあるを知らん
とは、すなわちその語である。もし三友ら、あくまでヨブを罪ありとして、ヨブをいかにして攻めんかと腐心するならば、心せよ、神の恐るべきさばき臨むに至るであろう。神はついにある時ヨブの無罪を証明すると共に、ヨブを苦しめし三友を罰したもうであろう。怒りの剣をもって攻めたもうであろうと。かくヨブは三友に威圧的警告を与えたのである。ヨブは新光明に接せしため、屈辱の極より一躍して勝利の舞台に登り、友らを眼下に見

るに至ったのである。屈辱より栄誉に、敗北より勝利にと、ヨブは一瞬の間に大変化を経たのである。それは光明に接せしためである。わずか一章の間にこの大変化が潜んでいるのである。

第十九章は実にヨブ記の分水嶺である。よってわれらはここに今までの経過を回顧して四、五の真理を学びたいのである。第一、ヨブは議論にては度々負けた形でここまで至ったのであり、ことに十八章においてはビルダデのため手痛く撃たれたのである。しかるにその間、彼は常に実験を積みつつありて、ついに十九章に至りてその霊的実験の高調に達するや、見事なる勝利を占めたのである。ビルダデのために最後の大敗衄をなしたごとく見えしその瞬間、実に新光明は彼に臨みて、主客顚倒の態を表わし、三友はもちろん彼自身すら予期せざりし真理の把握によりて彼らを見事に撃退したのである。負くるは必ずしも負くるにあらず、勝つは必ずしも勝つにあらず、これ注意すべき第一点である。

第二に見るべきは、ヨブの信仰が徐々として進歩せしことである。まず「あがない主」のことを見るに、九章三十三節には

またわれら（神と人と）の間にはわれらふたりの上に手を置くべき仲保あらず

とありて、ただ仲保者のあらんことを切望している。しかるに十章十九節に至れば、

見よ、今にてもわが証となる者、天にあり。わが真実を表わす者、高き所にあり

といいて、証者の天にあることを暗中に悟りはじめしを示す。そして十九章に至ってはついにあがない主の実在を確信するに至り、それが神にして、他日地の上に立つことを予知するに至る。「われ知る」といいて、その確信の言たるをいい表わしたのである。しかしてこの信仰の進歩は「来世存在」のことにおいてもまた同様である。十四章十四節においては

人もし死なばまた生きんや

と来世問題を一つの疑問として提出せしありさまであったが、再生の要求彼に根深くして、ついに十九章に至っては、二十六節のごとき明白なる来世信仰をいだくに至ったのである。かくヨブは友の攻撃に会えば会うほど、ますます明らかに、ますます深く、信仰の境地に入るのである。

第三には、ヨブの苦痛に会いし意味がわかるのである。神が彼に堪えがたきほどの災禍痛苦を下せし目的がわかるのである。それはあがない主を示すにあったのである。ヨブは苦難を経てあがない主を知るに至り、その苦難の意味がよくわかったのである。キリスト出現前のヨブにありて、このあがない主のことは暗中に模索せし宝であった。今日のわれらにおいては、このあがない主をイエスにおいて認めて全光の中の珠玉である。人生の目的いかに。何ゆえの苦悩、何ゆえの煩悶懊悩ぞ。それはキリストを知らんためである。しかしてキリストを知り、その贖罪を信じ、その再臨を望み、そして自身の復活永生を信じ得るに至るときは、われらもまたヨブと共に叫んでいう、「わが心これを望みて焦がる」と。人生のすべての苦難はこの希望とこの信仰とをもってつぐない得て余りあるのである。

第四に、信仰は由来個人的のものである。社交的または国家的または人類的のものではない。ヨブはひとり苦しみてひとりあがない主を発見し、

われ知る……

というに至った。たれもヨブのごとくあらねばならぬ。われらは人類と共にキリストを知るのではない。一人にてキリストを知るのである。今の人はとかく一人にて神を知らんとせず、社会と共に、国家と共に、世界万国と共に神を知らんとする。これ大いなる過誤である。かかる謬見より出発するがために今日の信者には信仰の浅い者が多いのである。われらはヨブのごとく、ひとりみずから苦しみて、ついに「われ知る、われをあがなう者は生く」といい得るに至らねばならぬ。

第五に、この救い主再臨の希望は、おのれに対し、他人に対し、万物に対する態度を一変せしめるものであることを知る。この光に触れしため、今まで失望の極にありしヨブに根本的の変化が臨んだのである。絶望の底より希望の絶頂に上り、悲愁の極より歓喜の満溢に至った。そして友に対するその態度の変化の著しきは実に驚くべきほどである。われをののしる友―罪なきわれを罪ありとして責める友―親友なるわれに無情の矢を放つ友に向かってさえ

われをあわれめ、われをあわれめ

と屈辱的なあわれみを乞うに至ったほどのヨブが、この光に接して後は、友の上に優越なる地歩を維持して、正

はわれにあり曲は彼らにありとなして、彼らに向かって堂々たる威圧的警告を与うるに至ったのである。実に一瞬の前と一瞬の後とのこの大変化は驚くべきものである。そしてヨブの場合においてしかるがごとく、われらの場合においてもしかるのである。この新光明、新黙示に接して、われらは全く別人となるのである。

われらは以上のごとくヨブ記を発端より十九章まで学び来たった。そして今日はヨブ記の絶頂たる十九章を研究し、かつまた全体にわたりて四、五の注意を述べ終えた。かくてわれらはすでにヨブという高山の絶頂をきわめたわけである。ヨブはすでに苦痛の実を受けて人生の秘義を悟り、その目的は達せられたわけである。ヨブ記著者が普通の文士ならばここでヨブ記を終局とすべきであった。しかしながら著者は十九章をもって擱筆しなかった。この信仰の絶頂に達してもなおその後に学ぶべき多くのことがあるのである。あだかも山の頂きをきわむるもなおこれを越えて向うがわを下りつつ種々の新しき風光に接するがごとくである。かくてヨブ記は十九章をもって終わらずして、なおその後に今までよりも多くの二十三章を付加して、ついに全巻四十二章をもって完了するのである。ヨブは信仰の絶頂に達してやむべきでなかった。信仰によって友に勝つは決して最善の道ではない。ヨブはなお学ばねばならぬ。ヨブ記はなお続かねばならぬ。これを十九章をもって終えずして四十二章まで続けたる著者の天才と慎慮は大なるかな。

付　言

二十三節以下の言を発するにあたりて、ヨブの態度に左のごとき変化ありしものと見て、その意味を解することが容易になると思う。

ヨブしばらく三友人の顔をながめつつありしが、少しも同情推察の色の現われざるを見て取りければ、彼の顔を友人らの顔よりそむけ、はるかに遠方を望み、ひとり声を揚げていいけるは、

ああわがことばの書き留められんことを
ああわがことばの書籍にしるされんことを
ああ鉄の筆と鉛とをもてながく岩に刻みつけおかんことを

かくいいてしばらく黙し、目を転じ、天を仰いでいいけるは、

われは、しかり、われは知る、われをあがなう者は

生く
後の日に、彼、必ず地の上に立たん
わがこの皮この身（自己をさしていう）の朽ち果てん後
われ肉を離れて神を見ん
われみずから彼を見たてまつらん
わが目、彼を見たてまつらん。知らぬ者のごとくな
らじ
ああこれを望みて、わが心、内に焦がる
かくいいて後、ヨブ再びその顔を三友に向けて厳然としていう、
なんじら「もしわれらいかに彼を攻めんか」といい
また「事の根源、われにあり」といわば
剣を恐れよ、怒りは剣の罰を来たらす
かくてなんじら、ついにさばきのあるを知らん

十六　ゾパル再び語る

ヨブ記二〇章

ヨブは十九章において大なる啓示に接して光明全心にみなぎるに至り、今は友の上に優逸なる信仰の地歩を占むることとなりて、今までは友に撃たれつつありしに、今は威迫をもって友に臨み得るに至った。一瞬にして局面は一変し、彼は勝利者としてあざやかに現われた。ゆえにヨブ記は十九章をもって終尾とすべきではないかと思われる。しかるに著者は以後に二十三カ章を加えて、なお大いに読者を教えんとするのである。まことにふしぎなことである。

そしてヨブ記のみに限らない、聖書においては他にもこの種のことがある。イザヤ書のごときは、その第五十三章の救い主預言をもって光明の絶頂に達したのである。しかるにこれをもってイザヤ書は終わらずして、六十六章まで続いている。また新約聖書はヨハネ伝の十三章―十七章をもって絶頂に達せりと見らるるにもかかわらず、これをもって終わらないのである。その理いかに。

けだし吾人は信仰の絶頂によじ登り希望の全光明にその身をひたすといえども、これだけで充分ではない。なお吾人に学ぶべきものが残っているのである。

それ信仰と望みと愛と、この三つのものは常にある
なり。この中最も大いなるものは愛なり

という。われらはなお愛について学ばねばならぬのであ

る。さればヨブ記は十九章をもって終わってはならぬのである。

十九章の最後を見よ。そこにヨブは明らかに友に勝っている。しかしそれは信仰による勝利ではあるが愛による勝利ではない。ゆえにこれは最上の勝利ではない。ヨブは信仰によって友を蹴破して終わるべきではなかった。愛をもって友をゆるして終わるべきであった。彼はなおこの上学ぶところがあって、ついに愛をもって友をゆるし得るに至らねばならぬ。すなわち愛による勝利の域に達せねばならぬ。そして彼は四十二章に至って真に友を愛し得るに至った。それまでの道程をわれらは二十章以下において学ぶのである。ヨブ記が十九章をもって終わるべくして終わらなかった理由はここにある。ゆえに二十章のゾパルのヨブ攻撃は実に辛辣非礼をきわめたもので、十八章のビルダデの攻撃にまさるも劣らぬものであるが、これに対してヨブははなはだ平静であって、決して激語をもって報いず、ついには進んで自己を罪人となし、友をゆるし得るに至るのである。

これよりヨブの学ぶべきことはその終局において愛であるが、その中道に学ぶべき二、三の重要なる事がらがあったのである。まず知るべきは「摂理」のことである。神はいかように人間を――また人間会社を導きつつあるか、義人と悪人とに対する神の態度いかに、義人に患難を下す神の摂理の意味いかに、これをヨブは学ばねばならぬ。一言にしていえば、神を認めて上の人生問題の解決を得ねばならぬ。次には自然界のこと、世界、宇宙の秘義を学ばねばならぬ。すなわち宇宙問題を研究せねばならぬ。ヨブは十九章において自己心霊一個の問題をその根源において解きしゆえ、これからは目を広く世界に放って、人生問題、宇宙問題の研究に従わねばならぬ。かくして自己心霊の問題、自己以外の世界宇宙の問題など、およそ世にある大問題を解き終えて、ついにおのれを苦しめし友をゆるし得る愛にまで到達するのである。われらは二十章以後の研究にあたりては上述のことを深く心に留めておかねばならない。

二十章のゾパルの語は、十八章のビルダデの語と同じく、悪しき人の滅亡をえがいたものである。すなわちヨブの目下の惨苦および来たらんとする滅亡をもって悪の結果と断定したのであって、時代思想の罪とはいえ、いかにも峻酷であるといわねばならぬ。そのうち十九節にこは彼（悪しき人をいう、暗にヨブをさす）貧しき者をしいたげてこれを捨てたればなり。たとえ家を奪いとるとも、これを改め作ることを得ざらん

とあるがごとき、貧者をしいたげその家を奪う罪悪をヨブに帰したのであって、理不尽なる非難というべきである。

また二十四、二十五節のごときは文章美の点より注意すべき語である。

かれ鉄の器を避くれば銅の弓これを射通す。ここにおいてこれをその身より抜けば、きらめく矢じり、その肝より出で来たりて、恐れこれに臨む

とある。これ神が悪人を撃ちたもうことを比喩的に述べたのであって、そのえがくがごとき書きぶりのあざやかなること、比類少なきを思わしむる。

また二十七節には

天、彼（悪人）の罪をあらわし、地興（おこ）りて彼を攻めん

とある。これ十九章二十五節にあるヨブの言たる

われ知る、われをあがなう者は生く。後の日に彼、必ず地の上に立たん

に対する嘲笑的皮肉である。われをあがなう者が後必ず地の上に立たんとのヨブの大信仰の披瀝に対して、天はヨブの罪をあらわし地は興りてヨブを攻めんという（明らかにヨブとはいわず。しかしもちろんヨブを意味するのである）。まことに毒を含める嘲笑の語である。ヨブが霊界神秘の域にひとり神と交じわりて得たる黙示は、心なき友のためにかくも汚されんとするのである。

実に二十章のゾパルはヨブに対して毒ある矢を放ったのである。しかし今日のヨブはもはや昨日のヨブではない。彼は今や黙示の深きに接し、信仰の絶巓に登りて、はるか下に友の陋態をながむるの余裕をいだいている。ゆえに友の毒矢は彼を怒らせない。ゆえに彼は二十一章において、決して激語をもってゾパルに報いない。ただ静かに彼らをさとさんとするのである。そしてついにはかかる嘲笑をもってヨブの信仰に対せしほどのゾパルをもたやすくゆるし得て、みずから手を伸ばして彼らと握手するに至ったのである。

さらばわれらの学ぶべきは愛である。われらは信仰をもって人に勝ちて満足してはならない。これいまだ人を敵視することである。愛をもって人に勝つに至って——

すなわち愛をもって敵人の首に熱き火を積み得るに至って、初めて健全に達したのである。信仰よりも希望よりも最も大なるものは愛である。

十七　ヨブの見神（一）

ヨブ記三八章

余はヨブ記の絶頂たる十九章を講じて後、病を得、数回この講壇を休むのやむなきに至った。詩人バイロンは大なる天才であったが三十八歳をもってこの世を去った。ある人、この事を評して、彼はその発見せる真理のあまりに大なるため倒れたのであるといふた。余はみずから真理を発見したためではないが、ヨブ記十九章までに含まるる真理のあまりに大なるに接して病を得たのである。よって余は最初の計画に変更を加え、二十章以後を逐章研究することをやめて、最後の数章のみを講ぜんと欲する。すなわち「第三回論戦」と「エリフ対ヨブ」とのくだりをやめて、最後の「エホバ対ヨブ」を講演の題目とするのである。

ヨブは十九章において希望の絶頂に達した。そして二十章以後においても種々の貴き事を示されるのである。三友人は依然として彼の攻撃に全力を尽くせども、ヨブは従来のごとく激せず、受けた攻撃の主意を自分一己の事とせず、これを人類全体の大問題として考察する。たとえば「神の支配するこの世において、善人にして衰うる者あり悪人にして栄ゆる者あるは何ゆえぞ」等の疑問に対して、これを人類共通の問題として答うるのである。

三友のヨブ攻撃は依然として続けども、ヨブに何ら教うるところなく、次に青年エリフたまりかねて仲裁の語を発し（三二―三七章）、それは多少ヨブを慰むるところあったが、もちろんヨブに充分の満足を与えずして、ヨブはただ沈黙をもってこれに応じたのみであった。けだし最後の問題はヨブが直接神の声を聞くことである。彼はみずから父のみ声に接せずしては満足しないのである。彼はこの神秘境を味わわずしてはその霊魂に真の平安を得ることはできぬのである。人の声は人を救うことはできぬ。神の声のみ人を救い得るのである。

ヨブのこの願いは十三章に示されている。

見よ、わが目これをことごとく見、わが耳これを聞きて悟れり。なんじらが知るところはわれもこれを

知る。われはなんじらに劣らず。しかりといえども
われは全能者にものいわん。われは神と論ぜんこと
を望む（一三・一―三）

とある。また三十一章三十五節には

ああわれのいうところを聞き分くる者あらまほし
（わが花押（かきはん）ここにあり。願わくは全能者
われに答えたまえ）

とある。ヨブは神の声を聞かんことを熱望したのである。そしてこの熱望は次に希望となり確信となっている。

わがこの皮この身の朽ち果てん後、われ肉を離れて
神を見ん。われ彼を見たてまつらん。わが目彼を見
んに、知らぬ者のごとくならじ。わが心これを望み
て焦がる（一九・二六―二七）

とある。ヨブは他日、神と相対して語るべき時あることを確信するに至ったのである。すでにこの熱望を達すべき時来たるとの確信に達した以上は、あるいはすでに充分であるという人があるかもしれぬ。しかしヨブ記著者は詩人である。詩人であると共にまた信仰問題の精髄に達した人である。ゆえに最後に至ってヨブに神を示すのである。ここにヨブの切なる望みはあざやかにとげられて、彼に大なる満足が臨むのである。

見神の実験と叫ぶ人がある。また見神の実験記のしるされしものがある。しかし、いかなる見神であるかが問題である。ヨブの見神の実験いかに。彼はいかように神に接し、いかようにその声を聞きしか――それが問題である。そしてこれをしるすものは三十八章―四十一章である。これがヨブの見神の実験記である。あるいはこれを読みてその無価値を称する人もあらう。しかしこれ真の見神実験記である。人もし信仰と祈禱の心とをもってこれに対せば、これが真の見神記なることを認め得るであろう。いたずらにこれを貶するがごときは、敬虔の念乏しく真摯において欠くるところの態度である。

三十八章一節にいう、

ここにエホバ、大風の中よりヨブに答えてのたまわく

と。「大風の中より」というはいかなる状態をさしたのであるか知るよしもないが、エホバの声はとかく人の道が窮まった時に聞こゆるものである。この世の人々が全く窮するに至って、茫然自失、なすところを知らざる時、エホバの声は預言者の口を通して聞こゆるものであ

る。三友人の非難の語もエリフの慰めの語も共に問題を解くに足らず、ヨブは光明に触れしも、いまだ直接父に接するを得ずして、深き遺憾を心にいだける時、ここにエホバは人間の造る大風の混乱の中よりその声を発したもうたのである。

その声にいう、

無知のことばをもて道を暗かしむるこの者はたれぞや

と。「道」とは、神のご計画、世界を造りたまいし時のご精神という意である。神は光明の道をもって世界を造りかつ導きたもう。しかるに強(し)いて心中の懐疑をもってその道を暗くする者はたれぞというのである。

次に

なんじ腰ひきからげて男のごとくせよ。われ、なんじに問わん。なんじわれに答えよ

とありて、次に左のごとくいう、

地の基をわがすえたりし時、なんじ、いずくにありしや。なんじもし穎悟(さとり)あらばいえ。なんじもし知らんには、たが度量を定めたりしや。たが測りなわを地の上に張りたりしや。その基は何の上に置かれしや。その隅石はたがすえたりしや(三一・四―六)

これ神が世界を造りし時なんじはその計画に参与せしかとの問いであって、造化の秘義に関する人間の無知を諷せし語である。「地」というも、もちろん当時の地文学に従っての語であって、地球を意味せず、地を扁平なるものと見ての言である。ゆえに「地の基をわがすえたりし時」というのである。「たが度量を定めたりしや。たが測りなわを地の上に張りしや」は、地の目方、長さ、幅等をなんじがあずかり知るや。人知の微弱なる、とうていこれを知るあたわず。ただ地を造りし神のみ知るとの意である。六節も同様の主趣の語であって、「基」といい、「隅石」というは、いずれも地を扁平体の大建築物と見てのいい方である。

人は地――おのが足を立てつつあるところの地についてもかく無知である。これを知るは神のみ。造化の秘義、摂理の妙趣は人知の把握の外にある。いたずらに小なる知力をもって神の宇宙について是非得失の論議をなすはむなしききわみであるとの主意である。今日の科学においては、地球の長さ、幅、目方も正確に知られている(太陽や月のそれさえ知られている)。ゆえにヨブ記

のこのことばは何ら肯綮（こうけい）に当たらないという人があるかも知れぬ。しかしこれ愚かなる批評である。数千年前のヨブ記なるがゆえに、かく論じて人間の無知を充分明示し得たのである。もし今日ヨブ記が作らるるならば、他の難問を提起して人間の無知を証し得るのである。人知の進歩と人は叫べども、いまだ人に知られぬ事は宇宙におびただしく存するのである。そして昨の知識は今すでに非なるが常である。人は地に関してすら、いまだはなはだしく無知である。ヨブ記のこのことばは、その精神において今なお有効である。

次の第七節にいう、

かの時には明けの星、相共に歌い、神の子たちみな喜びて呼ばわりぬ

と。地の造られし時、天の星と天使との合唱歓呼せしことをいう。まことに荘大なる言である。ああいかなる合唱（コーラス）なりしぞ。ああいかなる歓呼なりしぞ。人の合唱、人の歓呼すら、荘大高妙をきわむることあるに、これはまた類なき合唱歓呼——明けの星声をそろえて歌い、神の子たちみな喜び呼ばわるの合唱歓呼である。人は宇宙の創造に参与せずして少しもこの事を知らない。そして今いたずらにその貧弱なる知嚢をしぼりつくして宇宙と造化の秘義について知らんとし、少しばかりの推測の上に喋々し喃々する。実にあわれむべき人の無知である。知らずや、地は人の思うがごとくにして現われ出でたのではない。思うだに心おどるところの、荘大といい、厳粛といい、優美というも、とうていいいつくし得ぬところの光景の中に造られたのである。

しかり、地はかかる大賛美の中に勇ましく生まれ出でたものである。すでにかかる地である。神が造りかつ治めたもうかかる地である。かかる賛美の中に生まれて神に治めらるるこの地である。そしてかくのごとき地に生を受けたる人である。さらば人よ、無益なる不平や疑惑を去れ。諸星と天使との大賛美、大歓呼の中に生まれし地に住みて、心に賛美の歌なく歓呼の声なくして生くるは酔生夢死である。小さき理知の生むもだえと疑いを去りて、星と共に、天使と共に、神とその造化とを賛美しつつ、意義あり希望ある生を送るべきである。

ああ人は無知にして造化の秘義を知らぬ。そしてひとりもだえている。しかるに人の立つところの地の造られし時において全宇宙の賛美歓呼があったのである。神は

地とその上に住む人をむなしく造ったのではない。されば われらは地を見てそこに神の愛を悟るべきである。そして安んずべきである。

十八　ヨブの見神（二）

ヨブ記三八章

第三十八章の一―七節は前講の主題であった。造化の妙趣の中に神を悟るべしというがその根本精神である。七節には

かの時には、明けの星相共に歌い、神の子どもみな喜びて呼ばわりぬ

とある。八―十一節はこれを受けていう。

海の水、流れ出で、胎内よりわき出でし時、たが戸をもてこれを閉じこめたりしや。かの時われ雲をもてこれが衣となし、暗やみをもてこれがむつきとなし、これにわが法度《のり》を定め関および門を設けて、いわく、これまでは来たるべし。ここを越ゆべからず。なんじの高波ここにとどまるべしと

海は動揺常なきものにして、とうてい人に御し得ぬものとは、古人の思想であった。黙示録第二十一章は新天新地の成立をえがきしものであるが、その第一節には

われ新しき天と新しき地を見たり。先の天と先の地はすでに過ぎ去り、海もまたあることなし

とある。海すでに無しは、旧世界の混乱、不安、動揺すでに去れりとの意であろう。またヨブ記七章十二節に

われあに海ならんや。わにならんや

と海をわにに比較せるごときも、古代人のこの思想を語るものである。かくのごとく、海は人力のとうてい御し得ぬものである。しかるに神はこの海を造りたまい、そしてやすやすとこれを制御しつつある。もってわれらは神の力の偉大なるを知るべきであると。これ八節―十一節の大意である。

そして八節―十一節は、海をもって嬰児にたとえ、海の創造を嬰児の出産にたとえて、美妙なる筆をふるったのである。海なる嬰児が母の胎内よりわき出でて、浩々蕩々、まさに全地をおおわんとした時、戸をもってこれを閉じて汎濫を防ぎしはたれであるかと八節は問う。けだしこの御しがたき力を制御せしは神にほかならずとの意である。次に九節はこの海てふ《ちょう》嬰児に対して

雲をもてこれが衣となし、暗やみをもてこれがむつきとなし

たのは神であるというのである。雲は海をおおう衣であり、暗やみはこれを包むむつきであるとは、まことに絶妙なる形容であると思う。そして単に形容たるのみならず、おそらくは渺茫たる大洋《わだつみ》の中に幾日かを送る航海者にとりては、ヨブ記のこの語がさながらに事実なるがごとく感ぜらるるであろう。昼は満天の漠々たる雲が海をおおい、夜は底しれぬ暗黒が海を包む光景を親しく見て、この形容の荘大優美にしてかつ如実なるを悟り得るのである。

そしてこの御しがたき奔放自在の海に対して

法度を定め、関および門を設けて

これに向かいて

ここまでは来たるべし。ここを越ゆべからず。なんじの高波ここにとどまるべし

と命じたまいしは実に造物者なる神である。海がその蔵する無限のエネルギーに押し立てられて冲天の勢いをもって陸に向かって押しよせる時は、あだかも陸をひとのみにするかと思わるるほどである。しかるに見よ、「わが法度」は厳としてそこに立つ。神は「関および門」をそこに設けたもうてあやまらない。われらは海岸に立ちて、脚下に襲い来たる丈余の波がたちまち力尽きたるがごとくに引き退くを見て、ヨブ記のこの語の妙味を悟り得るのである。われらは九十九里ケ浜のなぎさに立ちて、寄せ来る太平洋の高波を見て、その強烈なる力に驚く。このエネルギーを利用して電力を起こさしめんと計案しつつある人がある。しかるにそれほどの力をもって寄せ来る浩波も、打ち破りがたきある力に制せらるるごとくにそのまま後退するのである。神は実にある制限を設けて、人の御し得ぬ海を御したもうのである。

ヨブ記のこの見方に対しては、今日の科学者に種々の批評があるであろう。しかし今日の進歩せる自然科学といえども、その幾多複雑なる研究をもってして、つまりはヨブ記と同一の言を発するほかはないと思う。有名なるドイツの科学者フムボルトは、科学者は自然現象を説明し得るもその意味を解くあたわずというた。巨大なる太平洋をして全地をおおわしめざるよう、これを囲みて陸地の大堤防が厳として存するを見る。わが日本島のごときはその堤防の一部であると見られる。南氷洋を囲み

て同様なる陸の堤ありと探険家はいう。まことに神は海の大動揺をある範囲にとどめて、人畜をして安んじて地の上に住ましむるのである。

人の御しがたき海に堤を設けてこれを制するは神である。海は動揺それ自身である。人は各人、難問題をいだいて苦しむ。その時、人の心は一つの海である。動揺混乱、底止するところを知らない。しかし人の御しがたき海を神は御したもう。われらより熱誠なる祈りの出づる時、神はその大なるみ手を伸ばして海を制したもう。かくてわれらの内の海はとどまるのである。

また、今の世界はまことに混乱擾雑の海である。社会の腐敗は底なきがごとく、世界の表は紛乱をもって満たされている。世界大乱一たび収まりしごとくにして実は収まらず、戦いのうわさはうわさを生みて今や全地大洪水におぼれんとするがごとく見ゆる。われらの憂慮も何らの効果なし。われらの努力をもって全地の大海を抑うることはできない。われらはただ熱心に祈るのみである。しかし神はこの祈りを記憶したもう。混乱の海を制する力は彼にのみある。神は全地をのまんとする海に対して

ここまでは事来たるべし。ここを超ゆべからず。なんじの高波ここにとどまるべし

といいたもう。実に彼は人の御しがたき海を御したもう。彼は地の上にその支配権を持ちたもう。この事を知りて、自身としては力なきわれらにも大なる安心がある。

一世紀前、かの大ナポレオンは世界をその飽くなき欲望の餌食たらしめんとした。しかしウォルターローの一戦はついに彼のこの暴威を制した。人はみなこれを評して、英普連合軍ことに英軍司令官ウェリントンと普軍司令官プルーヘルの力に基づくという。ひとり仏の文豪ヴィクトル・ユーゴーはいうた、神はこの朝二、三十分間の小雨を降らし、ナポレオンの勢威をくじいたのであると。けだしこの朝の小降雨が仏軍大砲のわだちを汚し、そのために進軍の予定が数十分おくれた。ために仏軍は普軍到着前に英軍を破るべくして破り得なかったのである。朝の小雨さえなくば、常勝将軍ナポレオンはその異常なる軍事的天才をもって見事に敵を破り得たであろう。かくて欧州全土は彼の暴威の下に慴伏（しょうふく）したであろう。しかしながら神は地を治めたもう。時あってか、その大なるみ手をふるって人力の制し得ぬ海を制

したもう。彼の力は永遠に絶大である。
次に見るべきは十二―十五節である。まずいう、
なんじ生まれし日よりこのかた、朝に向かいて命を下せしことありや。また夜明けにその所を知らしめ、これをして地のふちをとらえて悪しき者を地の上より振り落とさしめたりしや
と。これエホバがその力をヨブに示すのであって、すなわち人力のとうてい及ばぬところに彼の力の存することを示すのである。黎明来たると共に暗黒の悪者どもはたちまち姿を消す、そのさま、あだかもじゅうたんの四隅をとらえてこれよりちりを払いのけるがごとくであるというのである。神は朝に命を下し夜明けにその所を知らしめて、その造りたまえる宇宙に妙（たえ）なる活動を与えつつあるのである。
続いて十四節はいう、
地は変わりて土に印したるごとくなり、もろもろの物はうるわしき衣のごとくにあらわる
と。これ黎明の光景をえがきたるものである。この形容の真なるを知るためには、アラビヤの砂漠にいたらねばならぬ。あるいは大洋の真中における黎明を見ねばならぬ。あるいはわが国にありても、真夏に富士山の絶頂において雲なき空に日の出を見る時はこの語の真なるを知り得るであろう。すなわち日が東の地平線を破りて出づると共に、今まで暗黒なりし全地は急遽として光明の野となり、山川風物、さながら土に印をもって押したるがごとく姿を表わし、地上の万物はうるわしき衣服のごとくに出現ずるというのである。これ実に美尽くし真きわまれる朝の光景の絵画である。ヨブは度々アラビヤ砂漠における種の朝の光景に接して、その絶妙なる詩趣に酔うたことであろう。今や彼はこれが神のなしたもうところなることに初めて気がついたのである。この事なんじに可能なるかと詰問されて、彼は神の霊能の前に首をたれざるを得なかったのである。
次の十五節はいう、
また悪人はその光を奪われ、高く挙げたる手は折らる
と。これまた朝の形容の一部である。暗黒の間、悪人はその悪をほしいままにしてその手を高く挙げて悪に従う。しかし東天を破りて日出づるや、彼らはその武器とする暗黒を奪われてその悪を断たるるのである。神は日

をもって悪を追いたもう。神は朝を世にあらわして悪人を撃ちたもう。神の力は絶大である。

八節より十五節までを通読せよ。そこにヨブの見神が現われている。彼は海を見、また海を制する陸を見、また黎明の荘大なる光景に接せしこと一再にとどまらなかった。しかしこの時まではそこに神を見なかったのである。そしてこの時になって初めてそこに神を見得たのである。神の造りし荘大なる宇宙とその深妙なる運動、神の所作と支配、そこに神は見ゆる。海を制する力に、また黎明の絶美の中に、彼は明らかに見ゆる。人はこれを無意味に看過する。しかし信仰の目をもってすれば、そこに神は見ゆるのである。しかり、そこに神は見ゆるのである。

一人の人を真に知らんためにはその人の作物を見るを最上の道とする。もし文士ならば、彼の著作を見ればそこにその人の真の姿が見える。肉眼をもって彼を見ることはかえって彼を誤解する道となる。少なくとも彼を正解する道ではない。神を見ることは決して肉眼をもって彼を見ることではない。真に彼を見んには、彼の所作物たる宇宙とその中の万物を見るべきである。その中に彼の真の姿が潜んでいる。

十九　ヨブの見神（三）

ヨブ記三八章

地の事、海を制する事、黎明の事を述べて、そこに神の力を見るは、三十八章一節―十五節の骨子であって、前回の講演の主題であった。今日は十六節以下について語らんとする。十六節より三十八節までは、自然界の現象を幾つもかかげて、これを起こす神知の不可測を示し、これが根源を知らざる人知の狭小を示すのである。各節について精細に説明すべき時を持たぬゆえ、その中の二、三について語ろう。

十六節には

なんじ海のみなもとに至りしことありや。淵の底を歩みしことありや

とある。海水の湧起するみなもとと深き水底は人の達し得ざる所である。そこにおいて永遠に隠されたる秘密を探り得ざる人知の弱さを見よとの意である。十八節には

なんじ地の広さを見きわめしや。もしこれをことご

とく知らば、いえ

とある。これまた地の広さの知れざりし時においては人知の極限を有力に示す語である。二十四節には

光のひろがる道、東風の地に吹きわたるところの道はいずこぞや

とある。光は東よりたちまち全視界に広がり、東風はたちまち吹き来たって地を払う。光と風の通り来る東の道はいずこぞ。たれもこれを知らずというのである。その他の各節いずれも同一意味を伝うるものであって、自然界の諸現象を起こし得ず、またきわめ得ざる人間の無力を指摘して、神の知恵と力とを高調したのである。

次に注意すべきは、三十一、二節の有力なる語である。

なんじ昴宿のくさりを結ぶや。参宿のつなぎを解くや。なんじ十二宮をその時に従いて引き出だすや。また北斗とその子星を導くや（改訳）

邦訳聖書には各成句（クローズ）の結尾を「得るや」と訳してあるが、むしろ右にかかげしごとく訳すべきものである。空気清澄にして夜ごとに煌々たる満天の星辰を仰ぎ得たるアラビヤ地方に住みて、ヨブはいかに天を仰いで星を歎美しつつあったことであろう。隊商（カラバン）に加わりて砂漠の夜の旅を続けし時のごとき、彼の心は天にきらめく星の神秘に強く打たれたことであろう。そしてかく星天の美妙を歎称しつつありし彼の心に、あたかもアブラハムに向かいて

天を望みて星を数え得るかを見よ

と告げたまいしごとく、神はこの時このことばを下したもうたのである。彼は神のさとしとして、この時特に強くこのことばを聞いたのである。

この語はヨブ記が各国の語に訳せらるると共に人々の注意を引きて、崇高麗美の語として名高きものとなった。各国の人々に天文思想を喚起せし点において、この語に及ぶものはあるまいと思う。まことにヨブ記においてこのうるわしき文字に接して、天をうかがわんとする心を起こすは当然である。

九章九節にもすでに北斗、参宿、昴宿の語があったが、今またこの三つが出で、なおその他に十二宮が出でたのである。ヨブ記の読者は天文について少なくともこれぐらいは知っておらねばならぬ。これだけの星を知るも、大なる夜の慰めとなるのみならず、神のみ心を知る

においても益せらるるところ少なくない。実に天然は聖書以前の聖書である。その中に神のみ心がこもっている。ただ人の心浅くしてこれを悟り得ざるを遺憾とするのである。

まず参宿とはオリオン星座（Orion）のことである。シナにては二十八宿の一つとして参宿という。日本にて「三つ星」と称し来たりしものである。中央に三星の一列に並ぶあり、これを遠く囲む四つの星あり、いずれも強き光を放つ星にして、巨星の一群として他に類例なく、古来各国の人の注意を引きしも当然である。ヨブは幾千年前、アラビヤの荒野にこの星を仰ぎ見て、神の力と愛とを思ったのである。われら今日この星を仰ぎ見て、同じく神を思い、古人と心相通ずるの感をいだかざるを得ない。次に昴宿はプライアデス（Pleiades）のことで、オリオンの西北部に見ゆる小星の一群をいうのである。日本にてはこれを「スバル星」といい来たった。これ、しばる星の意であって、幾つもの小星が連らなりて一団をなしておるをもって名づけたのであろう。また六連星（むつれぼし）ともいう。これ普通の視力ある人に六つだけ星が見ゆるからである。しかし実はたくさんの星の集団なのである。参宿と昴宿ははなはだわかりやすくして特色があるため、古代より人の注意を引いたのである。

なんじ昴宿のくさりを結ぶや。参宿のつなぎを解くや

とは何を意味するか。古代人はすべて天象を動物になぞらえたものゆえ、「結ぶ」「解く」等の語を用いたのであるというのが普通の見方である。しかしそれだけでは文意は充分明らかとならず、従って注解者は大いに苦心し来たったのである。しかして最近の天文学上の新原理がきわめてあざやかにこの語を解し去るのはまことにおもしろき一事実である。「昴宿のくさりを結ぶや」というは、昴宿の各星をつなぐ無形の連鎖ありと考え、それを結びつつあるは造物者にして、とうてい人に不可能なりとの意味をいい表わしたのである。また「参宿のつなぎを解くや」は、参宿の各星のつなぎを解きつつあるは神にして、人間のなし得るところにあらずとの意である。ゆえにもし昴宿の各星は永久に結ばれ、参宿の各星はしだいに分離しつつありとすれば、この意味はすこぶる的確になるのである。

そしてふしぎなことには、最近の天文学上の新学説が

このことを語りつつあるのである。宇宙には二大星流ありて、すべての星は二大星流のいずれか一に属して流動しつつありとは最近の学説である。すなわち宇宙のすべての星は二大系統に分かれて全虚空を運動しつつあるのである。かくのごとき星の運動の結果、昴宿の各星はいずれも同一方向に動きつつあるため、全団が一つとなりて流動しつつあるわけにて、そのつなぎは永久に不変であるが、参宿の各星は別々の方向に動きつつあるため、五万年の後にはついに分散し去るべしとのことである。(フラムメリオンのごとき天文学者は明らかにこのことを断定している)。ヨブ記著作の時代において、昴宿の永久的不変と参宿の漸々的分散とが天文学上にわかっていたとは断じがたい。しかし最近に発見せられたるこの科学上の新事実をもって、ヨブ記のこの語をあざやかに解き得るというはおもしろきことである。

なんじ十二宮をその時に従いて引き出だし得るやとは何を意味するか。「十二宮」とはいわゆる黄道十二宮にして、地球より見て太陽の通る道に当たる十二の星座をさすのである。そしてその現わるる期節はおのおの異なるのであるから、「その時に従いて引き出だし得るや」というたのである。また

北斗とその子星を導き得るや

とは、北斗七星が北極星の周囲を廻りつつあるをとらえて、なんじこの事をなし得るやと問うたのである。すなわち十二宮の各星をその時にかなうよう誤りなく東方に上らしめ、かつ北斗七星を北極星の周囲に動かすことのごとき、とうてい人力のなし得ざるところにして、そこに全能者の力と知恵を認めざるを得ずとの意味である。(今日の人にして、十二宮の名を知れる人、またこれを天において認め得る人が幾人あるか。数千年前の天文学のあなどるべからざると共に、ヨブが信仰家なるほかにまた天然学者なりしことを知るのである)。

ヨブは右のごとく天の星を見た。彼は人力の及ばざるその所に神の無限の力と知恵とを見た。人の小と神の大とを知った。彼は星夜にひとり天を仰いでそこに神を見た。神と彼とただ二人相対して、前者の声はきらめく神秘の星を通じて後者に臨んだのである。これ彼の実験的に味わいし聖境にての聖感であった。星を見るも何ら感ずるところなしという人もある。しかしそはその人の低劣を自白するだけのことである。星を見て神を見るの実

感が起こらざる人にはヨブの心はわからない。神の所作を見て神を知り得ぬはずがない。われらは彼の作物たる万象に上下左右を囲まれて呼吸している。さればそれによりてますます神を知らんと努むべきである。

三十八節をもって無生物の列挙は終わり、三十九節より動物のことに移りて、そのまま次の三十九章に及ぶのである。すでに神の第一の所作なる無生物を見終えたれば、これよりは第二の所作たる生物に及ぶのである。そのくわしきはこれを次回に譲ろう。

神の造りたまいし万物に囲繞されて、われらは今すでに神のふところにある。われらは今神に守られ、養われ、育てられつつある。神を見んと欲するか、さればかの天然を見よ、海を見よ、地を見よ、あけぼのを見よ、天の諸星を見よ、空の鳥、野の獣を見よ。森羅万象、一として神を吾人に示さぬものはない。われらは今神を見つつある。ただ神を見ておりながら、みずからそのことを知らぬのである。しかしながら、少しく心を開き目を深くすれば、われらが今神を見つつあることを悟るのである。万象の中に神を見る、これヨブの見神の実験にして、またわれらの最も確実健全なる見神の実験である。

二十　ヨブの見神（四）

ヨブ記三八章三九節―四二章六節

次回をもってヨブ記研究を終えんため、今日は三十八章三十九節より四十二章六節までの大意を語ろう。三十八章の一節より三十八節までは宇宙の諸現象の中に神の顕知と力を認めたものであったが、三十九節以下四十一章までは、生物界において神の顕知と愛を―ことに愛を強く―認めたものである。各動物の特徴をまことによくとらえし文字である。今日の動物学者はたぶんこれに何の価値をも見出ださぬであろう。しかしもしわが国の動物画家たる応挙にこの文字を示したならば、彼は大いに喜んでこれ真の動物描写であるというであろう。あたかも日本画が僅少の線をもってえがきて自然物を躍如たらしむるがごとく、数語をもって各動物を読者の前におどらせるのである。

まず第一に、ししを挙げてあるが、これこの動物が当時の人の生活にはなはだ近かったことを示すのである。次にはからすを挙げ、三十九章に入りては、やぎ、雌じか、野ろば、野牛(野生の牛)、だちょう、たか、わしを挙げて、おのおのの特徴を述べ、神の与えし知恵による各動物の活動をしるして、人知のこれに関与し得ぬ弱さを示している。その一々の叙述について述べる時なきを遺憾とするが、十九―二十五節の馬(軍馬)の描写のごときは最もうるわしきものである。カーライルはその『英雄崇拝論』中に、この馬の描写に対して大なる賛辞を呈している。アラビヤの勇壮なる軍馬の姿は生けるがごとくにえがかれているのである。聖書注解者よりもむしろ騎兵として実戦に臨みし人はこの描写の真に迫れるを知るであろう。(読者はヨブ記を開いてみずからここを読まれたし)。

なお一例として、三十八章末尾のからすの記事を見るに、

またからすの子、神に向かいて呼ばわり、食物なくしてゆきめぐる時、からすにえさを与うる者はたれぞや

とある。まことに簡単なる数語である。しかし意味は浅くない。神はからすを養いたもうとは詩篇に度々出づる思想であり、また主イエスは

からすを思い見よ。まかず、倉をも納屋をも持たず。されども神はなおこれらを養いたもう(ルカ伝一二・二四)

というた。からすは人にきらわるる鳥である。このからすを神が養いたもうというところに意味がある。

からすにえさを与うる者はたれぞや

と神はヨブに問いを発して、からすをさえ養いたもう神の、人に対する愛と守りとを彼に悟り知らしめたのである。

以上のごとく、エホバは諸現象を引き、また動物を引きて、神知神力の無限と、人知人力の有限とを教えた。そして次の四十章を見るに、

エホバまたヨブに答えていいたまわく、非難する者よ、エホバと争わんとするや。神と論ずる者よ、これに答うべし

とある。しかしすでに人の無知無力を充分に悟りたるヨブは

ああわれは卑しき者なり。何となんじに答えまつらんや。ただ手をわが口に当てんのみ

というほかはなきに至った。毅然として友にくだらざり

しヨブも、今は神ご自身の直示に接してこの謙遜の心態に入るに至ったのである。しかも彼の悟りしところはなお足らざりしと見え、エホバはなお教えたもうたのである。

エホバはまた大風の中より左のごとくヨブにいいたもうた、

なんじ、わがさばきを捨てんとするや。われを非としておのれを是とせんとするや。なんじ神のごとき腕ありや。神のごとき声にてとどろきわたらんや。さらばなんじ威光と尊厳とをもてみずから飾り、栄光と華麗とをもて身にまとえ…高ぶる者を見てこれをことごとくかがませ、また悪人をたちどころに踏みつけ、これをちりの中に埋ずめ、これが顔を隠れたる所に閉じこめよ。さらばわれもなんじをほめて、なんじの右の手なんじを救い得るとせん

もしヨブに神のごとき力あらんか、もし高ぶる者と悪人とを即座に打ち砕く腕あらんか、神もまたヨブがみずからおのれを救い得ることを認むるであろう。しかしながら事実はその正反対である。神は絶対の力であるにヨブは絶対の無力である。かくてもなおヨブは自己を是とし神を非となし得るであろうか。神のさばきに対してつぶやき得るであろうか。―かく神はヨブに告げ、ヨブは自己の心に問うた。ここに彼の魂はますます砕くるのみであった。彼はへりくだるよりほかに行き道がなきに至った。

次にまたエホバは二つの動物を挙げてヨブに教うるところがあった（四〇・一五以下）。まず出づるは河馬である（四〇・一五―二四）。次に出づるはわにである（四一章全部）。これ熱帯地方にありては最も恐ろしき二つの動物である。エホバはヨブに向かって、なんじ、かかる恐ろしき生物を御し得るやというのであって、神の力と人の無力がますます強く示されるのである。

一たび謙遜に達せしヨブは、右のごとく再び大風の中より出づる神の声に教えられたのである。ここにおいて彼はついに四十二章二節―六節の語を発せざるを得ざるに至った。

われ知る、なんじはすべての事をなすを得たもう。またいかなるおぼしめしにてもなすあたわざるなし。無知をもて道をおおう者はたれぞや。かくわれはみずから悟らざることをいい、みずから知らざる

測りがたきことを述べたり。請う、聞きたまえ。われいうところあらん。われなんじに問いまつらん。われに答えたまえ。われなんじのことを耳にて聞きいたりしが、今は目をもてなんじを見たてまつる。ここをもてわれみずから恨み、ちりと灰との中にて悔ゆ

まずヨブは神の全能を賛美し、次におのれ無知にして神の摂理に暗き陰影をみずから投じたる不明を恥じ、これよりは全然神に服従せんとの意を表わし、以後、神と彼との間に直接なる思想の伝達あらんことを願い、最後に五節、六節の著しき語を発したのである。

われなんじのことを耳にて聞きいたりしが、今は目をもてなんじを見たてまつる

という。ヨブは今まで神を知っていると思っていた。けれどもそれは真に神を知っていたのではない。神について聞いていたにすぎなかった。神に関する知識を所有していたにすぎなかった。しかるに今や万象を通じて神を直観直視するの域に至ったのである。彼の喜び知るべきである。かく神を事実上に見てその全能を悟るや、自己の無力汚穢は何よりも痛切に感ぜらるるに至り、驕慢にして自己にたよりし既往のあさはかさは懺悔の種とのみなった。されば最後に彼は

ここをもてわれみずから恨み（自己を忌みきらい）、ちりと灰との中にて悔ゆ

と悔い改めの涙を出すに至ったのである。

以上ヨブ記三十八章以下の「エホバ対ヨブの問答」について、ここに二、三の注意を述べたいと思う。

（第一）ここに各種の現象と動物についてしるされて、植物に関して一言もいわざるは何ゆえであるかと批評家は問題を起こすであろう。思うにこれヨブ記が砂漠を舞台とせるためであろう。ヨブは植物に乏しき砂漠の住人として、神の力を植物において充分にうかがうことはできなかったのである。ヨブ記はたしかにこれ「砂漠文学」である。

（第二）ある人は抗議を提出していうであろう、ヨブは天然物を見て神を悟り得しならんも、今の時代において、煩悶苦悩せる人に向かって「からすを見よ、馬を見よ」というも何らの効果あるべからずと。そして今や悩める人に向かっては、教会に行けとか宗教書類を読めと

かいうのが普通である。さりながらヨブの三友人は当時の神学をもって彼に迫って失敗に終わった。もしこの上ギリシャ、ローマの哲学をもってするも、とうてい彼に満足を与え得なかったことは明らかである。人の言をもってしては、とうていヨブを安心せしむるを得なかったのである。この時、彼は神の所造物において神を拝するを得て、自己の罪を懺悔するに至り、ために事は喜ばしき解決を告ぐるに至ったのである。そしてこのことは今日といえども変わるべきはずがない。苦悶者の真の行き場所は教会にあらず、教師にあらず、宗教書類にあらず、神の所作物たる自然の万物万象である。それに親しみて神を見、かつおのれの真相を知り、もってヨブのごとき平安と歓喜を味わうに至るのである。ヨブ記はこのことを教うる書物である。

英の天然詩人ウォルズオス、彼は少時より天然を熱愛せしといえども、しかも初めより天然をもってことごとく足れりとした人ではなかった。少壮にして彼は社会の改善に心を労し、一度は仏国革命に投じて理想の実現を計りし英気勃々たる青年であった。しかし彼はついに文化世界の中に真理と生命を求むるの無効なるを悟りて、カムバランドの片田舎に退きて天然世界の中に神のみ手を拝し人生の本趣を見たのである。彼が天然を賛美したのはただ天然を賛美したのではない。彼は天然において神を賛美したのである。われらはまた彼にならうべきである。

（第三）ヨブの最初の言によって見るに、彼はもとから天然に親しめる人である。しかるに今に至って天然を示されて神の前に平伏するにいたりしは何ゆえか。これ明らかに一つの難問題である。ことに今日の聖書注解者にとってはそうである。彼らは思う、人生問題は天然物などをもってして解き得るものにあらず、ゆえにヨブにこのことありしは不可解であると。余は思う、これヨブの味わいたる患難痛苦が彼の天然を見る目を変えたのであると。彼、異常の災禍に会い、かつ友の理不尽なる攻撃に会し、幾多の悲痛なる経験をなめて、自己が砕かれて自己が新しくなり、かくして天地万有を見る目が全く一変したのである。余はかく説明するよりほかに道なしと思う。年少にしていわゆる青雲の志をもって燃ゆる時、眼中、天然物なきを常とする。しかしながら人生の実相に触れ幾多の経験を味わいて、疑義重く心を圧するに至る時、その時ヨブのごとく天然の中に神と福音とを認むるに至り、もって大なる慰藉を得るのである。

さらば右のごとくヨブの目を変えしものは何なるかとの問題が起こる。その問題を解くものは、十九章において彼の達せし希望の高頂である。かの時、ヨブはすでに心において、信と望みとにおいて神を見たのである。しかるがゆえに天地の万象に対して新しき目を見張るを得るに至ったのである。彼の受けし苦難、彼のいだきし希望、これが彼の天然観を変えたのである。かくてついに神を事実において見るに至ったのである。

(第四)ヨブは最後に至って神の何たるかを知った。彼は神を宇宙の主人公と知った。従って自己は神のしもべであると知った。それで問題は解けたのである。人はよくいう、「われは宇宙の主宰者たる神を信じ、自己がそのしもべたるを知る」と。しかし口でかくいえばとて真に心から信じおるかいかがは問題である。その証拠には、少しく苦難にでも会えば、愛の神に似合わしからずととなえてたちまち神を疑わんとする。これ神の主宰者たるを真に知らざると共に、自己のそのしもべたるをも真に知らぬのである。しもべは絶対に主に従うべきもの、主人には主人の心がある。主人のなすところが今不可解なりとて、ただちに抗議を心にいだくがごときは、自己のしもべたるを知らぬものである。神の摂理を認め、おのれを神のしもべと信ずる上は、苦難災禍われを襲い来たるとも、「み心をして成らしめたまえ」といいて静かに忍耐すべきである。これしもべたる者の取るべき唯一の道である。ヨブはこの信仰に達して真の安心に入ったのである。人もし神の絶対知と絶対力を悟り、おのれを力なき神のしもべと認めるに至る時は、人生のあらゆる境遇に処してそれをみ心となして安んじ得るのである。「み心をして成らしめよ」との黙従に入り得るのである。

二一　ヨブの終末

ヨブ記四二章七―一七節

ヤコブ書第五章十一節にいわく

なんじら、かつてヨブの忍びを聞けり。主いかになしたまいしか、その終末(おわり)を見よ。すなわち主は慈悲深く、かつあわれみある者なりと。まことにそのとおりである。

ヨブの「終末」をしるすヨブ記の結末を語る前に既往を回顧するに、ヨブの異常の災禍に会えるを三友は罪悪の結果と見、この罪を告白し懺悔せば災いはおのずから去るべしとなして、経験と神学と常識とをもってヨブを責める。しかもヨブは罪を犯せし覚えなしと称して強硬に友の言をしりぞける。青年エリフまたヨブに説くところありしも、効果少なく、ここにおのれの力も他人（ひと）の力もヨブを救うあたわざるに至ってエホバの声ついに大風の中に聞こえる。エホバは彼にその所造にかかる万有を指示し、ヨブはここに心に平安を得るに至る。彼がかく天然を見て平安を得しは、単に天然に教えられたるにあらず、種々の苦悩の経験を味わいてついに十九章二十五—二十七節の大希望をいだくに至りしため、神に対する見方が変わりて、天然に対する見方も変わったのである。かくしてヨブはついに四十二章の劈頭にしるさるる大告白を発するに至ったのである。

われ知る、なんじはすべての事をなすを得たもう

といい、また

われ、なんじのことを耳にて聞きいたりしが、今は目をもてなんじを見たてまつる。ここをみてもかずら恨み、ちり灰の中にて悔ゆ

という。さればヨブ記はここをもって終結とすべきではないかと思われる。

しかるにヨブ記はここをもって終わらずして、七節以下、ヨブに物的幸福の臨みしことをしるしている。最後に物的幸福をえがかずして、ただヨブが「ちり灰の中にて悔い」しままにて、すなわち孤独と病苦のままに放置して、ヨブ記全体を悲劇（トラジデー）となした方、はるかに大文学らしくあるという人があるであろう。近ごろの文学者のごときは、人生の悲痛をもって終わるをもって人生に徹底したのであると考えている。しかしながら大文学の多くは決して悲劇をもって終わらないのである。ダンテの神曲のごときはその著しき一例である。原名 Divina Commedia は「聖なる喜劇」の意である。悲痛をもって終わるは不健全のしるしである。喜びをもって終わって、真に人生に徹せる健全なる文学というべきである。もちろんヨブは霊魂の聖境に入ったのであって、その上に何らこの世の幸福を望まなかったのであるが、ヨブ記をここまで読み来たりし人は、いずれもここをも

って終わっては満足できぬのである。

まず七節、八節を見よ。

エホバこれらのことばをヨブに語りたまいて後、テマン人エリパズにいいけるは、われ、なんじとなんじの二人の友を怒る。そはなんじらがわれにつきていい述べたるところは、わがしもべヨブのいいたることのごとく正しからざればなり。さればなんじら雄牛七頭、雄羊七頭を取りてわがしもべヨブに至り、なんじらの身のために燔祭をささげよ。わがしもべヨブ、なんじらのために祈らん。われ彼を受けいるべければ、これによりてなんじらの愚を罰せざらん…

かく、エホバのさばき三友人の上に下って、その愚は明示せられたのである。彼らは論理において精確なりしも、その根本思想において全然愚妄であったのである。これに反してヨブは所論支離滅裂なりしもその精神において正しく、その心は三友よりもかえって神と真理とに近かったのである。理論の精確にして徹底せる者必ずしも真理を体得せるにあらず、理論の不精確にして乱れがちなる者必ずしも真理より遠きにあらず、理論周到にして知識精確なる神学者の言説かえって福音の真髄をはずれ、無学にして発表に拙なる一平信徒の信仰かえって福音の中心的生命に触る。これ往々してわれらの見るところである。今や神の判定エリパズらの上に臨みて、その愚妄は明瞭となったのである。

さてエリパズらは命ぜられしごとく燔祭をささげ、エホバはヨブを受けいるるに至った。その時ヨブは三友人のために祈った(四二・九―一〇)。見よ、彼は三友のすべての悪罵と無情とをゆるして彼らのために祈るに至った。この大いなる愛はいかにして生まれしぞ。いうまでもなく

ここをもてわれみずから恨み、ちり灰の中にて悔ゆ

との彼の大なる謙遜の結果である。愛は謙遜に伴う。大なる謙遜に入りし彼は大なる愛を表わし得たのである。おのれに高ぶりある時は愛において充分なるを得ない。わが心、神の前に深くへりくだるに至って、無常なる友をも、またいかなる敵をも愛し得るのである。

ヨブ、この高き境地に入るに至って、エホバが彼に災禍を下せし理由は全く消失した。されば

エホバ、ヨブの艱難(なやみ)を解きて旧に復し、しか

してエホバついにヨブの所有物（もちもの）を二倍に増したもうた。エホバはかくして彼を恵みたもうた。

　ここにおいて、彼のすべての兄弟、すべての姉妹、およびそのもと相知れる者どもことごとく来たりて、彼と共にその家にて飲み食いをなし、かつエホバの彼にくだしたまいしすべての災いにつきて彼をいたわり慰め、またおのおの金一ケセタと金の環一個をこれに贈れり

と十一節にある。ヨブの病中はそばに寄りつくことだにしなかった兄弟、姉妹、知友たち、今ヨブが病癒えて昔日以上の繁栄に入るや、にわかに彼の家を訪（おとな）うて飲食し、すでに慰めいたわる必要なきヨブを慰めいたわり、また銀一ケセタと金の環一個を彼に贈ったとある。人情の薄き、東西古今別なきを思って、ほほえまるるのである。（金一ケセタとあるは、銀一ケセタの誤訳である。ケセタはたぶん銀貨の名であったと思う。一ケセタはむしろ少額の貨幣であったと思われるが、かかる際に習慣として贈られた額であったのであろう）。

　十二節は、彼の財産の二倍となりしことをしるし（第一章と比較せよ）、次に十三—十五節にいう、

　また男子七人、女子三人ありき。彼その第一の娘をエミマと名づけ、第二をケジアと名づけ、第三をケレン・ハップクと名づけたり。全国の中にてヨブの娘らほど美しき女は見えざりき。その父、これにその兄弟たちと同じく産業を与えたり

女子の名のみ挙げ、そしてその女子が全国にたぐいなく美しく、かつ男の子同様、産業を分与せられたと特記したのは、女子をば特別に貴ぶ当時の風習の現われとして注意すべきである。エミマは「鳩」を意味し、ケジアは「肉桂（香料として）」を意味し、ケレン・ハップクは「目に塗る化粧薬の角（つの）」を意味す。原名においてはいずれも優雅な名であったことと思う。

　この後、ヨブは百四十年生きながらえて、その子その孫と四代までを見たり。かくヨブは年老い日満ちて死にたりき

と十六、十七節は語りてヨブ記は大尾となる。実に悔い改め後のヨブはこの世の幸福という幸福をもって見舞われたのである。

　人は苦難に会いしのち謙遜と悔い改めに達すれば、必

ずヨブのごとくこの世の幸福をもって恵まるるであろうか。ある人はヨブ記の始めと終わりのみを読みて、物的恩恵は必ず悔い改めに伴うべきものとなし、前者において足らざるは後者において足らざるによると考う。従って災禍の下るはその人の信仰足らざるためであると見なす。かくなっては三友人と全くひとしき愚妄におちいったのである。見よ、ヨブは決して物的幸福を願ったのではない。彼はこの世のことは全く忘れて、ただ霊において生きんと努めたのである。そして今苦難の中にあるそのままにて歓喜の人となったのである。ゆえにヨブは最後の物的幸福に入ることなくして充分幸福であったのである。従ってこれはなくもよかったのである。ゆえにヨブ記は物的恩恵が悔い改めに伴うことを教えた書であるとなす人あらばこれ大なる誤りである。

ヨブは所有物において前の二倍となり、家富み子女栄えて、長寿と健康とを恵まれて、その境遇において完全なる幸福を享受するに至った。ゆえにある人はいう、ヨブは前の苦難をことごとく忘るるほどの幸福に入ったのであると。はたしてしかるか。ヨブは後の繁栄のゆえをもって、悲痛きわまりし過去を全く忘れ得たであろうか。いな！　とわれらは叫ばねばならぬ。たれか子を失いし親にして新たに子を賜わるも前の悲痛を忘れ得ようか。一人の子を失いて十人の子を賜わるも、その損失と悲哀を忘るることはできぬのである。これたれにおいてもしかるところである。ヨブは後の繁栄にありても必ず過去の災禍を想起したことであろう。去りし妻のこと、失いし子のこと、雇い人のこと、その他自身の病苦と人の無常、いずれも彼の心に深く食いこんだものであって、とうてい忘るるを得ないことである。ゆえに彼は新しき幸福に浴せしために古き災いを忘れて満足歓喜に入ったのではない。十九章にしるさるる

われ知る、われをあがなう者は生く。後の日に彼必ず地の上に立たん。わがこの皮この身の朽ち果てん後、われ肉を離れて神を見ん。われみずから彼を見たてまつらん。わが目彼を見んに、知らぬ者のごとくならじ。わが心これを望みて焦がる

との大希望に入りしゆえ、ヨブに満足と歓喜が臨んだのである。これに比すれば物の恵みのごときは数うるに足らぬのである。

初めのヨブの繁栄と後の繁栄との間に、ある大なる相

違があることをわれらは認める。初めは、おのれに信仰がありて神に仕えて正しきゆえこの幸福をもって恵まれていると彼は考えた。すなわち自己の善き信仰と善き行為の結果としての物的繁栄を認めた。これ権利または報賞として幸福を見たのである。しかるに今は、何ら価値なき自分に全く恩恵として幸福の与えられしことを認むるに至ったのである。実にこの差別は天地霄壌もただならざる差別であって、ヨブは大苦難のさかずきを飲みしためについにかくのごとき霊的進歩をとぐるに至ったのである。今日をもっていえば、前の状態は不信者のそれであって後は信者のそれである。不信者は物の所有をもって正当の権利と考う。ゆえにそれにおいて薄き時は不平が堪えない。しかし信者は僅少の所有物をもって満足する。これすべて自己の功によらず全く神の恩恵によると思うからである。（畔上賢造筆記）

（一九二〇年六月―一九二一年一月「聖書之研究」、一九二二年三月「ヨブ記講演」として初版）

本文および聖句書きかえ　内村美代子

解説

本巻は著者（内村鑑三）のヨブ記に関する注解を集めたもので四編からなる。これらの諸編は「角笞（つのはず）聖書　ヨブ記」の前半部をのぞき、すべて一九〇五年（明治三十八年、四十五才）から一九二一年（大正十年、六十一才）の間に、著者主筆の『聖書之研究』誌上に発表されたものである。

ヨブ記は内村鑑三の聖書であった。「日本のヨブ」と呼ばれるにふさわしい人であった著者は、ヨブ記をば、信仰問題と人生問題の解決書として特別に重視し、また愛して、その注解に全力をそそいだ。

著者をしてヨブ記の人たらしめたものは著者の生涯――苦難の生涯であった。一八九一年（明治二十四年、三十一才）八月九日、越後高田からアメリカの友人ベルへ送った手紙の中で、著者は次のように言っている。この時著者はいわゆる「第一高等中学校不敬事件」によって職を追われ、重病の床に生死の間をさまよい、ついで愛妻を失い、不敬漢、国賊の汚名をきせられて国中枕するところなく、心労の余り強度の不眠症におかされ、北海道札幌をまわって高田の弟のもとへたどりついて静養中だったのである。

（前略）本年は、私にとり、初めから実に怖ろしいまでに不幸な一年でした。宸筆に敬礼することをこばんだため、私は事実上この島帝国内に於ける生存権をうばわれてしまい、続いて肺炎に冒されて再度生死の境をさまよい、私はひとしお恥かしい思いをしました。しかも二ヵ月後辛うじて病床を出ると、今度は妻が長い、いたましい病気の後、取り去られてしまったのです。それでも私は希望をすてませんでしたが、やがて精神過労による猛烈な、連続的な不眠症に襲われるに及んで、一切合切うち砕かれてしまいました。親戚や周囲の者は、これこそ異国人の宗教（キリスト教）を信じた罪であると言い始め、私の生みの母までがその信仰をすてようとするに至りました。友人たちは実に親切にしてくれ、あらゆる方法を講じてこの不幸を喰い止めようと試みてくれました。私はその援助でしばらく旅行に出て、今この地まで来て、一時弟の家に病兵として留っています。もう大分快く、読書執筆もできます。今の私の心持ちは、落雷に家をやられた人の心持ちそっくりです。ふしぎなほどにハッキリしていながらも、こわれた家をながめて涙にくれ、どうして取り戻したらよいかと途方に暮れているのです。くり返しヨブ記を読みましたが、いつも第三十章十六—三十一節でやめてしまいます。その先が読めないのです。エリ、エリ、ラマ、サバクタニ！（わが神、わが神、なんぞわれをすてたまいしや！）神よ、なんじいましたまわざるにや、はたまたなんじに対するわが信仰誤まれるにや、われは光明を望みしに、見よ暗黒来りぬ！　など、など。悪魔はエリパズ、ビルダデ、ゾパルと手を組んで私の罪過と短所とを数え立てます。（後略）（山本泰次郎著『内村鑑三の生涯〈ベルへの手紙〉』五四頁）

時に著者は三十一才であった。そして著者のこのヨブのような苦難の生涯は、この時に初めて始まったのではなく、またこの時かぎりで終わったのでもない。この時までに著者はすでに、結婚、離婚、アメリカへの私費留学、ペンシルバニヤ州立精薄児病院の看護人生活、アマスト大学の苦学生活、帰朝後の新潟北越学館における宣教師団との決定的な衝突などいくたのにがい体験をなめて来たが、この不敬事件によりその生涯はさらにきびしいいばら道となった。失職と貧困と迫害のうちにさまよった後、わずかに活路を求めた文書生活も生計をささえるにはたらのず、正月のモチさえつけないような状態で、きびしい饑餓線上をさまよった。家族と共に「生涯に三度まで餓死の覚悟をした」ほどに、彼は人生のあらゆる苦難をなめつくしたのである。

しかも著者の苦難は外のことだけではなかった。著者は生涯を通じて時のキリスト教界にいれられず、常にただ一人で孤独のうちにいなければならなかった。その上、たえず同志、友人、弟子たちからさえ誤解され、離叛されとおした。『東京独立雑誌』の廃刊直後に開かれた夏期講談会の席上では、同誌の旧同人たちが現われて「偽善者の仮面をはぐ」と叫んで著者を壇上から引きおろそうとしたとさえ伝えられる。著者はまた、生涯を通じて、数え切れないほど度々、弟子たちにそむかれた。実に七十才でこの世を去る臨終の床まで、弟子との分離問題に苦しみ、悩みぬいたのである（同上書三一六頁以下）。世に伝道者は多いが、著者ほどに友情と人情との苦難をなめつくした人はまれである。

さらにまた、著者には肉親の苦難があった。妻とは離婚し、また死別した。三度目の妻は良く彼をたすけて琴瑟相和したが、彼らの最愛の一人娘は若くして先立ってしまった。また著者は弟妹たちにそむかれとおした。弟の達三郎は妹たちをかたらって、兄の鑑三を精神的に殺してしまうのだと公言して反抗し（山本泰次郎著『宮部博士あての書簡による内村鑑三』三〇三頁）、母の葬儀式の式場で著者が会衆に挨拶しようとするや、弟は立ち上って会衆の面前で著者に侮辱を加えたほどであった（同上書二一四頁）。耳を疑わせるようなことであるが、しかし事実であった。著者のいうとおり、まことに「奇態な」事実である（同上書二一三頁）。そしてこの兄弟の反目と離叛とは、著者が墓に入る日までついにとけなかったのである。著者ほどに肉身の苦難に泣いた人はまれである。

かくて著者は霊魂の苦悶のほかに、内にも外にも、あらゆる苦難――想像を絶するほどに重く、はげしく、深く、するどい苦難のうちにその生涯を終わったのである。かつて著者は無二の親友宮部金吾へあてて

生活は依然困難です。家庭の面倒、経済上の面倒、その他多くの面倒が引きつづき僕を苦しめます。しばしば生まれて来なければよかった、と思います（同上書三〇一頁）

とヨブの言葉をかりてうったえたが、著者こそはヨブの苦難を苦難した人であり、ヨブの苦難を解し、説き、語る資格を持った人だったのである。したがって著者もまたヨブ記に特別の愛情をいだき、精根をかたむけてヨブ記を注解したのである。本巻はその記念すべき遺作である。

本巻は三つの注解からなる。第一は「ヨブ記の研究㈠」「ヨブ記の概要」、第二は「角筈聖書　ヨブ記」、第三は「ヨブ記の研究㈡」である。第一はヨブ記の大意と精神とを紹介したもの、第二は第一―一七章を字句、意味につき詳細に注解したもの、第三は晩年に行なったヨブ記全体に関する講演である。ゆえにこの三者によって、著者がヨブ記について言おうとするところは、ほぼあますところなくつくされている。

「ヨブ記の研究㈠」および「ヨブ記の概要」の二編は一九一五年（大正四年、五十五才）に自宅の日曜集会で五回にわたって行なった講演を、二人の若い聴講者がそれぞれ筆記したものである。

この講演はヨブ記の大意を紹介しようと試みたものであるが、短編ながらよくその目的をはたしている。著者はヨブ記をその問題点と、解決の方法と、最終解決との三点から明らかにする。すなわち、ヨブ記の問題は、神が人に災いを降すのは必ずしもわれわれの罪のためではなく、何か他に深い理由があるのであるという、人生の最も深刻な、不可解な問題にほかならず、このような問題は三友人のような冷静な、整然たる理論で解決しうるものではなく、ヨブの深い体験と鋭い苦悶のみが最後の勝利をかちうるものであり、最後にヨブが到達した解決は問題の具体的説明や理論解決ではなく、苦痛の絶頂において神を仰ぎ、キリストにすがって、不可解のまま、未解決のまま解決されてしまった信仰の解決である、とするのである。まことによくヨブ記の精神を適確につかんで、簡明に語ったものである。

なおこの二編は、著者の同一の講演を別々の筆記者が筆記したものとして、本全集中ただ一つの例である。われわれは、この著しく趣きを異にした二つの筆記によって、いっそうに生き生きとした強い印象を与えられると共に、著者の在りし日の講演が、聴く者に強い個性的印象を与えるところの一種独特の雄弁であったことを知ることができる。

「角筈（つのはず）聖書　ヨブ記」の角筈とは、著者が一八九九年（明治三十二年、三十九才）の秋から一九〇七年（明治四十年、四十七才）秋まで住んでいた東京府豊多摩郡角筈村（現在の中央線新宿駅西口付近）の角筈からとったものである。当時付近一帯はくぬぎ林で、著者の住家もくぬぎにかこまれていた。

「角筈聖書　ヨブ記」ははじめ第一―七章をまとめて『角筈聖書　ヨブ記注解　第一篇』の書名で発行し、続いて第八―一七章を『聖書之研究』誌に発表したものである。「角筈聖書」発行のいきさつは左のとおりである。

著者は一九〇〇年（明治三十三年、四十才）に月刊雑誌『聖書之研究』を創刊し、かたわら日刊新聞『万朝報』の客員として健筆をふるっていたが、日露戦争に反対して非戦論を唱えたため退社のやむなきに至った。一九〇三年（明治三十六年、四十三才）十月のことである。このため著者は働きの上では余力を生じたが、生活上には痛手を受けた。「角筈聖書」はこの頃に、月刊誌『聖書之研究』と並行して発行すべく計画されたものである。すなわち、翌一九〇四年（明治三十七年、四十四才）五月発行の『聖書之研究』に次のような広告がかかげられた。

謹告『角筈聖書』発刊について　霊力に少しく余りあるを感ず、よって本誌編集の余暇をもってかねての志望にしたがい、さらに順序的に聖書の解釈に着手せんと欲す。これを『角筈聖書』と命名し、おおよそ二ヶ月毎に一回発行せんと欲す。毎巻四六版にて百頁以内とし、その体裁は拙著『ルツ記』にならわんとす。第一巻はこれを六月下旬に発行し『ヨブ記』をもって始めんとす。余はこの事業の完うせらるるまで霊力の余に絶えざらんことを祈る。一冊定価二十銭とし外に一冊につき郵税として二銭を請求せんとす。六冊分金一円二十銭（大よそ一ヶ年分）を前以て送らるる方へは郵税は当方にて負担仕るべし。ここに謹んで年来の誌友諸君の賛助を乞う。内村鑑三（『内村鑑三全集』第十九巻「雑篇」六一四頁）

八月に入って『角筈聖書　ヨブ記注解　第一篇』が聖書研究社から発行された。著者はこれに「『角筈聖書』の性質」なる文を付けて、その目的、方法などを明らかにした。

角筈聖書の目的は読者をして、注解者の注解釈によること成るべく少なくして、聖書をその本文において解せしむるにあり、ゆえに編者は力を専ら本文の訂正ならびに配列にそそぎ、評注は簡潔を主として必要と認むるもののみを加えたり。

訳文は普通日本訳聖書によれり。しかしてその辞句の難渋なるもの、あるいは意義の透明を欠くものに対しては、自由に編者の改竄を加えたり。されども編者の改竄なるものの果たして改善なるやいなやは、これを読者の判断にまかすよりほかに道なきなり。

読者に聖書の独創的見解をうながさんと欲する編者は自身また、各章に彼の評注を付するにあたって、彼の独創的解釈を主とし、多く先哲の意見によらざりき。されども彼の見解の多く誤謬に陥らざらんがために、彼もまた普通の注解書はこれを渉猟するに怠らざりしと信ず。ことにヨブ記の本旨のある所をさぐるにあたっては、彼は米国アマスト大学教授J・F・ジナグン氏の著 Epic of the Soul に負うところはなはだ大なりき。また、本文の意義をきわむるにあたって、彼は多く英国聖書学者A・B・デビッドソン氏のヨブ記注釈に学ぶ所ありたり。しかして探求の遺漏なからんがために、彼は常にドイツ神学者博士F・デリッチ氏の大著を参照せり。簡潔は彼の目的なれども、浅薄は彼の欲する所にあらず。彼は彼の力量以内において、およぶべきだけ該博ならんことをつとめたり。

されども神の聖書を研究するにあたって、よるべきは人の説にあらずして、聖霊の光なり。考証、いかに該博をきわむるとも、研鑽いかに深遠にわたるとも、もし天よりのこの光なかりせば、聖書はわれらにとりて一大謎語たるにすぎず。この光なくして、ドイツ哲学も英国神学も聖書の真義についてわれらに何等の伝うる所あるなし。聖書の聖書たるゆえんは、人の知恵をもってしてはこれを解し得ざるにあり。聖書研究についてはヨブ記におけるブジ人バラケルの子エリフよくその秘訣を語れり。彼はいわく、「われは年わかく、なんじらは年老いたり、これをもてわれ、はばかりてわが意見をなんじらにのぶることを、あえてせざりき。……されども人のうちには霊のあるあり、全能者の気息（Inspiration—インスピレーション）人にさとりを与う、大なる人すべて知恵あるにあらず、老いたる者すべて道理に明らかなるにあらず」（三二・六—九）。聖書研究については博学おそるるにたらず、老練たのむにたらず、ただ、直接に神に教えられし者のみ、真正の知識を有す。われらはもちろん、博識、練磨をあなどらざるべし。されども聖書にかくれたる神の聖旨をさぐるにあたっては、われら何人といえども、上よりの独創的見解に接するの特権を有す。この書、いとちいさきものなりといえども、また多少この恩恵のあとをとどめざるにあらずと信ず。明治三十七年（一九〇四年）七月二十五日、東京市外角筈村において　内村鑑三（『内村鑑三全集』第十九巻「雑篇」六一五頁）

著者の聖書研究と注解との精神と所信とを言いつくしてあますところのない、まことに力強い一文である。著者はこの聖望と確信と、用意と意気とをもって順次聖書の詳細な注解を試みるべく、まず第一着手としてこのヨブ記第一—七章の注解を『角筈聖書第一巻』として刊行したのであろう。

しかしこのさかんな意気込みにもかかわらず、つづいて発行さるべき角筈聖書第二巻は十月に入って、「家に病人あり、かつ編集室改築などにて混雑をきわめ、思うようにはかどり申さず」との理由で延期され、さらに十二月には母の死などもあり、事実上中止するむねが公告されて、角筈聖書はついに再び追加されることなしに終わってしまった（同上書六一八頁）。

しかしこえて一九〇五年の二月から、第八章以下に関する注解が、ほぼ同じ形式で『聖書之研究』誌に連載され、一九〇六年十月に第十七章十六節を終わった。本巻ではこれらを一括して、特に「角筈聖書」の名称をとどめて掲げた。

本編において著者がヨブ記をいかなる書と見ているかは、冒頭の「ヨブ記の性質」に明らかである。すなわち著者は、一、ヨブ記は苦痛の哲学的説明を与えるための哲学書ではなく、苦痛の摂理的作用を教えるための実験録であり、二、ヨブ記は心の深所から湧き出た深遠な書であるから自然に詩的となっており、三、ヨブ記は特別な真理、すなわち罪のあがない主なるイエス・キリストに中心する「福音以前の福音」を説くものであるとする（五〇－五一頁）。この三つの中心的命題をば、各章ごとに、詳密な辞解と大胆な意解とをもって、明快に説明してゆくのである。ヨブ記注解の最大の適任者が、最大の意欲と努力とをもってものしたこの注解は、よしその細部には時と共に古びるものがあろうとも、ヨブ記の精神と信仰と恩恵とを語る書として、永くのこるであろう。

「ヨブ記の研究」は大手町講演の一つであるヨブ記講演の筆記である。

著者は一九一七年（大正六年、五十七才）の十月、東京神田のキリスト教青年会館で行なったルーテル宗教改革四百年記念講演会をキッカケとして、十五年ぶりに市中に出たが、ついでキリスト再臨講演会を連続して開き、翌年秋から同じ青年会館で日曜日ごとに聖書講演会を開くに至った。しかし著者が無教会主義者であるという理由で同青年会館を追われたので、会場を丸ノ内大手町の大日本私立衛生会講堂に移した。時に一九一九年（大正八年、五十九才）六月のことであった。この時から関東大震災（一九二三年、大正十二年、六十三才、九月）によって同講堂が壊滅するまで四年間、この講堂によってダニエル書講演、ヨブ記講演、ロマ書講演、キリスト伝講演などの諸講演を行なった。著者の最高潮時における記念すべき諸講演であった。

ヨブ記の講演はダニエル書の講演に引き続いて一九二〇年（大正九年、六十才）四月二十五日から始められた。その翌日の日記に次のように記されている。

一九二〇年四月二十六日（月）雨　無為の一日であった。昨日の講演にすべての能力《ちから》を奪われ、今日は何事をもなし得ず、ただ心の水門を開いて生命の水をもって空虚をみたされんとのみ努めた。ブリンジャーの

『ヨブ記解訳』にヨブに臨（のぞ）みしすべての患難は彼をして「余は賤（いや）しき者なり」との一事を知らしむるためであったとの事を読みて、大いに蒙（くらき）を啓（ひら）かれた（ヨブ記四〇・四）。自己に関するこの知識を得んがためには、全然価値なき者である事を知らんがためには、余はいかに苦しんでもよいと感じた。（『内村鑑三全集』第十七巻「日記上」二七三頁）

著者がもえるような熱意と大きな意気込みとをもってこの講演を始めたことがわかる。そして九月十九日には第十六章を講じた。

九月十九日（日）半晴　秋冷の好き聖日であった。朝の集会に五百人以上の聴衆があった。ヨブ記第十六章を講じた。自身ヨブになったような気持ちがした。

視よ、今にてもわが証（あかし）となる者天にあり
わが真実（まこと）を表わす者高き処にあり
わが朋友（とも）はわれをあざける
されどわが目は神に向かいて涙をそそぐ
ねがわくはかれ人のために神と論弁せんことを
人の子のために朋友と論弁せんことを

との言について語りし時に、自分の目にも涙がたまり、聴衆の内にも眼をぬぐう者を大分に見受けた。これは教会者または神学者の声ではない。人間の声である。人間が身の患難と教会の無情とにおいつめられて、天に仲保者あるを認むるに至りし時の声である。ゆえに同情すべき、共鳴すべき声である。ヨブ記は最も福音的の書であって、同時にまた最も人間的の書である。（同上書三三四頁）

そして十月十日、ヨブ記第十九章を講じて、ついに病にたおれるに至った。

十月十日（日）快晴　朝の講演会、非常の盛会であった。空（から）椅子一脚もなく、起立者も多数あり、多分八百人以上おったろうとのことである。ヨブ記中心の啓示、第十九章第二十五節を講じた。熱せざるを得なかった。講演おえて後に眩暈（めまい）の徴候あり、彼女に守られて家に帰り、直ちに床についた。こんなことは講演会を開いて以来初めてである。夕刻に至り少しく快し。小祈禱会を開いた。来会者二十余名、静かなる恵まれたる会合であった。

十月十一日（月）半晴　眩暈いまだ去らず、頭をひやし、終日床にあった。床中に彼女に看護せられながら言うた、「ヨブ記第十九章を講じてこんな位のことは当たりまえである。床につく位に一生懸命にならざればヨブ記がわかったということはできない」と。しかしこれで峠をこえて、あとは楽である。ひとまず大安心である。こんな力のいる部分は聖書の中にも多くはないのである。（同上書三四三頁）

この後も四回休講したが、十二月十九日に、全二十一回をもってヨブ記全巻を講了した。この講演は畔上賢造によって筆記され、逐次『聖書之研究』に連載されたが、一九二二年に『ヨブ記講演』と題して発行され、著者の生前に五版をかさね、死後創元選書中に収録された。

本編は、すでにさきの三編によって明らかにされたヨブ記観を、さらに系統的に、徹底的に明らかにしたものである。しかしこの時著者は齢六十に達し、人生の老兵（ベテラン）であると共に、霊的生涯の最高峰に立っていた。その上、著者は信仰的に最後の大事件であった再臨信仰をいだき得て、世を驚かせるほどの再臨運動を展開し、そのため教会側からはげしい迫害をうけるに至った直後のことであった。若い日から、たぐい稀れな苦難と迫害と孤独のうちにあり、今またこの生なましい傷手を負うて、このヨブ記の講演に当たったのである。著者が感動のあまり病に倒れるに至ったのも、まことに無理からぬことである。したがってこの講演が、深刻な感動的なものとなるに至ったことは、これまた当然のことである。今日これを読む者は、筆記者の筆を通じて読まねばならぬといううらみはあるが、そのうちにみなぎる気魄と、深刻な信仰と、あたたかい人間味とに打たれざるを得ないのである。

かくて本巻は、著者の聖書研究と信仰とを語る典型的な一巻である。

著者の聖書注解に関する一般的の解説については第一巻の解説につかれたい。

本巻の本文および聖句の書きかえは既刊分同様内村美代子夫人の手になった。

山本泰次郎

内村鑑三聖書注解全集　第4巻
(オンデマンド版)

Digital Publishing

2005年12月1日　発行

著　者　内村　鑑三
編　者　山本泰次郎
発行者　渡部　満
発行所　株式会社 教文館
〒104-0061　東京都中央区銀座4-5-1
TEL 03(3561)5549　FAX 03(5250)5107
URL http://www.kyobunkwan.co.jp

印刷・製本　株式会社 デジタルパブリッシングサービス
URL http://www.d-pub.co.jp/

配給元　日キ販
〒162-0814　東京都新宿区新小川町9-1
TEL 03(3260)5670　FAX 03(3260)5637

AD139

ISBN4-7642-0236-0　Printed in Japan